내 작은 숲속
오두막으로

일러두기

- 이 책은 국립국어원 표준국어대사전의 표기법을 따랐다.
- 독자의 이해를 돕기 위한 옮긴이 주는 본문 중 괄호 안에 '—옮긴이'로 표기하고 기술했다.
- 이 책에 사용된 설비 및 공구 관련 전문 용어는 대부분 우리말로 옮겼으나 일부는 관용 표현에 따라 음차하여 표기했다.
- 국내 번역 출간된 도서는 한국어판 제목을 표기했으며, 미출간 도서는 원어를 병기했다.

내 작은 숲속 오두막으로

패트릭 허치슨 지음

유혜인 옮김

도망친 곳에서 인생을 다시 짓다

웅진지식하우스

이 책을 먼저 읽은 이들의 찬사

'우당탕탕 좌충우돌 유쾌 발랄 Z세대 자아 찾기' 정도로 여기고 읽다가 점점 진지해졌다. 오두막을 사서 고치고 가끔 찾아가 머무는 작은 일화 속에 정말 많은 이야기가 담겨 있다. 무엇보다 많은 현대인이 태어나기도 전에 잃어버린 것들을 이야기한다. 삶을 무엇으로 채워야 하는가, 그리고 그것을 왜 자신의 손으로 직접 채워야 하는가. 많은 독자들에게 이 책 자체가 마음의 숲속 오두막이 되리라 생각한다. 내게는 그랬다.

— **장강명**(소설가)

작은 마을 오두막에 살아보고 싶지만 대도시의 안락함이야말로 꿀이라고 생각한다면, 일단 읽어보시길. 『월든』과 〈나는 자연인이다〉를 오가며 펼쳐지는 통찰과 유머 속에서, '(어떤 집에서) 어떻게 살 것인가'의 물음표가 천천히 해답을 찾아간다. "어떤 날은 아무렴 어때 하는 일들로만 가득했다."라는 말에 담긴 완벽한 만족감을 아는 독자들에게 꼭 알맞게 이 책이 가닿기를 바란다.

— **이다혜**(《씨네 21》 기자)

『내 작은 숲속 오두막으로』는 충동적으로 낡은 오두막을 사들인 한 청년이, 수많은 망치질과 실패를 거치며 자신만의 터전을 만들어가는 과정을 담은 유머러스한 에세이다. 일견 힐링물처럼 보이는 이 책은 그러나 '더 안정적인 삶을 살아야 한다'는 강박을 뛰어넘어 기꺼이 자기 자신과 마주하는 한 인간의 진정성 있는 내면의 고백이다. 그럴듯한 아파트 하나쯤 마련해야 비로소 '어른의 삶'이 시작된다는 강박을 가진 현대인들에게 『내 작은 숲속 오두막으로』는 가장 신속한 처방전이자, 달콤한 휴식처가 되어줄 것이다. — **박상영(소설가)**

유쾌하면서도 사려 깊다. 오두막에서 주말을 보낸 뒤 시애틀로 돌아가야 할 때 허치슨이 느끼는 두려움은, 많은 사람들이 공감하는 '월요병'과 다르지 않다. 그가 점점 더 나은 삶의 방식이 있다고 확신하게 될수록 그 감정은 더욱 증폭된다. 숲으로 돌아가 손으로 일하고 싶어 하는 그의 열망이 고스란히 전해진다. 우리 모두 그렇지 않은가?

— **《뉴욕타임스》**

목공 기술을 전혀 몰라도 회사를 때려치우고 숲으로 들어가 '자기만의 오두막'을 짓고 싶어지게 만드는 책이다. 배꼽 잡게 웃기는 이야기들 사이사이에 단단한 감정이 깔려 있고, 짧고 경쾌한 장들로 구성돼 있어 다음 모험을 떠날 때 가방에 쏙 넣어가기 딱 좋다. — **〈더투데이쇼〉**

숲속 오두막이 1만 달러도 안 된다고? 허치슨은 그 유혹을 견디지 못했다. 그는 워싱턴주 캐스케이드 산맥의 작은 오두막을 사서 사람이 살 수 있는 공간으로 만들기로 결심한다. 친구들과 함께한 6년간의 작업은 그의 인생을 바꿨다. 한때 카피라이터였던 그는 이제 전업 목수가 됐다. 그는 맥주를 마다하지도, 자기 자신을 웃음거리로 만드는 기회를 놓치지도 않는다.

—**《로스앤젤레스타임스》**

헨리 데이비드 소로와 시트콤 〈아빠 뭐 하세요〉가 만났다. 허치슨의 매력적인 데뷔작은 호감 가는 직설법과 전염성 강한 헝그리 정신으로 완성된 자기 발견의 단단한 찬사이다.

—**《퍼블리셔스위클리》**

한 편의 시트콤을 보는 듯한 유머 감각, 기묘한 인물들, 자연재해, 인생의 교훈들, 그리고 목적을 찾는 한 남자의 여정이 담긴 회고록.

—**《북리스트》**

빌 브라이슨이 숲속에서 산책을 하다 자리를 잡고, 찰스 부코스키에게 캐스케이드산맥 깊은 곳의 폐가를 함께 고치자고 했다면 바로 이런 이야기가 나왔을 것이다. 허치슨은 트럭을 삼킬 듯한 진흙더미, 화장실 주인을 노리는 거미들, 은둔형 마약 중독자들, 번뜩이는 눈의 퓨마를 넘나들며 오두막의 변화뿐 아니라 자신의 변화까지 기록한다. 웃기고도 뭉클한 책.

— **밥 드루리**(작가)

헨리 데이비드 소로라면 이 책을 사랑했을(아마 지금도 사랑하고 있을) 것이다.

— **링커 벅**(작가)

망치와 못으로 이어가는 작은 서사시. 자기 자신을 기꺼이 웃음거리로 만들 줄 아는 문장가가 역동적인 이야기를 들려준다. 허치슨은 '지으면 지을수록 더 나아지는' 완벽한 초보 건축가다.

— **조지프 모닝거**(작가)

인생의 어느 순간, 누구나 숲으로 들어가 오두막을 짓고 싶다는 생각을 한다. 패트릭 허치슨은 생각에 그치지 않고 그것을 실제로 해냈다. 현대판 『월든』이라 부를 수 있는 이 책은 디지털 세계를 벗어나 소박한 현실로 들어가며 겪는 좌충우돌과 뜻밖의 기쁨을 유머러스하게 기록한다. 공상에 머물지 말고 행동하라고 독자를 격려하는 책, 소로가 말했던 '공중의 성에 기초를 놓는 일'을 그대로 실천한 이야기다.

— **브렛 맥케이**(작가)

GRACE

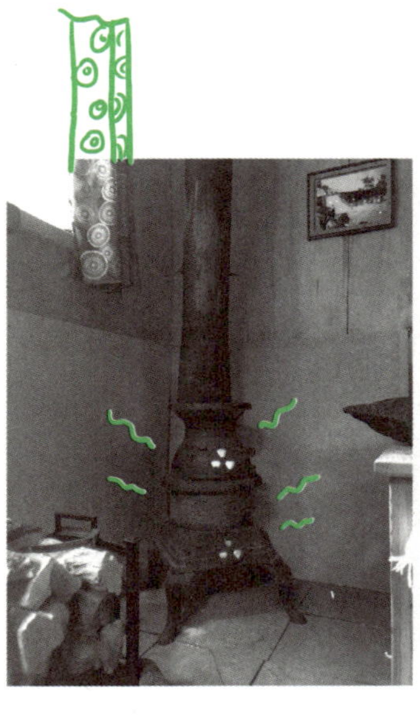

HUNGRY
JACK

위즈엔드의 작은 오두막에

한 번이라도 머물렀던 모든 이들에게.

그곳과 이 책은

여러분 덕분에 영원히 존재할 거예요.

차례

01 어느 날 오두막을 사기로 했다

크레이그리스트Craigslist(온라인 직거래 사이트—옮긴이)에서 한 남자에게 7,500달러를 주고 오두막을 샀다. 그 남자는 예인선 선장이었다. 이름은 토니Tony.

나름의 이유는 있었다.✖

그때 나는 20대 중반으로 이른바 청년의 위기를 겪고 있었다. 주변 사람들, 그리고 내가 친구라고 생각했던 이들이 갑자기 황당한 짓을 벌이는 게 아닌가. 경력을 관리하고, 대학원에

✖ 토니가 예인선 선장인 이유나 토니라 불리게 된 이유 말고 내가 오두막을 산 이유이다. 아마 배를 끄는 일이 토니의 적성에 맞았고, 그의 부모님이 토니라는 이름을 좋아했으리라 추측하지만 누가 정확히 알겠는가. 토니 본인은 빼고 말이다. 본인은 그 이유를 알 테지.

가서 학위를 따고, 결혼해서 자식을 낳고, 강아지를 기르는 등 막중한 책임감을 하나둘 장착하기 시작했다. 그들은 Roth IRA나 401(k)가 뭔지를 알았다(미국의 개인·직장인 은퇴연금 제도이다—옮긴이). 최소한 그게 뭐냐고 궁금해하는 녀석에게 문제가 있다는 것 정도는 인식하고 있었다. 나로 말할 것 같으면 생각이 좀 달랐다. 나는 대학을 졸업하든가, 적어도 대학에 들어갔다 나올 만큼의 나이가 지나면 우리가 모두 피자를 먹고 〈심슨 가족〉을 보고 놀면서 여생을 보내기로 합의한 줄 알았다. 괜찮은 계획 아닌가? 하지만 나 말고는 아무도 약속을 지키지 않았다. 내가 뭘 원하는지 나조차도 알 수 없었다.

나는 시애틀에서 작가가 되려고 노력하던 중이었다. 하지만 잘 풀리지 않았다. 일단 대학은 나온 상태였다. 한때는 의사가 될 계획도 있었다. 그런데 정작 전공으로 선택한 것은 인류학과 역사학이었다. 단 한 번의 진로 변경으로 취업 가능성을 완벽하게 박살 낸 사례라고 하겠다. 졸업 후에는 방랑자처럼 떠돌아다녔다. 파타고니아에서 반년, 콜롬비아에서 한 달을 살았다. 한 주소로 1년 이상 우편물을 받은 적이 없었다. 바텐더, 샌드위치 배달원, 일식집 주방 보조 등 닥치는 대로 일했다. 방황을 거듭하던 사회과학 전공자가 마침내 찾은 꿈은 곤조 저널리스트 겸 여행 작가였다. 곤조 저널리즘gonzo journalism(객관성을 추구하기보다 기자의 주관적 경험을 과감하게 드러내는 보도 형태—옮긴이)의 창시자인 헌터 S. 톰슨Hunter S. Thompson에 여행 작가 폴 서루Paul Theroux와 앤서니 보데인Anthony Bourdain을 섞은 느낌이랄까. 하여간 기묘한 이야기와 괴상한 인물을 찾아다니고 싶었다. 그러면 매일 흥미진진한 일상이 보장될 것만 같았다. 하지만 그런 일거리를 얻기는 쉽지 않았다. 실제로는 노트북 앞에 앉아서 편집자의 눈길도 받지 못할 기획안이나 뿌려댈 뿐이었다. 일거리는 어쩌다 하나씩 들어왔다. 보수는 형편없었다. 고생이 끊이질 않았고 나날이 스트레스만 쌓이며 의욕은 꺾여갔다.

나는 작가가 되겠다는 꿈을 조금씩 팔아넘기기 시작했다. 집세와 건강보험료를 내야 했고, 컵라면 대신 제대로 된 음식을 사 먹고 싶었다. 폼은 나지만 돈은 안 되는 잡지 일을 포기하고 광고 문구를 쓰는 사무직으로 옮겨 갔다. 몇 년 전에 대학을 졸업할 때만 해도 세상을 누비며 아름다운 광인들의 이야기를 쓰겠다는 포부로 가득했던 내가 이제는 사무실에 틀어박혀 배관공을 대상으로 한 광고 이메일의 템플릿을 만들고 있었다. 어쩌다 이 지경이 됐을까.

내가 완전히 길을 잃었다는 사실을 어디에도 말할 수 없었다. 삶의 방향과 목표가 없다는 것이 부끄러웠고 내 존재가 불완전하게 느껴졌다. 주위를 둘러보면 다들 자신의 삶을 잘 꾸려나가는 듯했다. 미래를 철저히 대비하고 차곡차곡 돈을 모았다. 5년 후, 10년 후, 그 후의 계획까지 세우고 있었다. 내게 장기 계획이란 집에 남은 중국 요리가 언제 상할지 알아두는 게 전부였는데 말이다.

처음에는 진심으로 문제를 해결하고 싶었다. 새로운 목표를 찾아내서 인생을 걸고 도전하고 싶었다. 하지만 그런 일은 일어나지 않았다. 애초에 엉뚱한 곳을 헤매고 있었나? 아니면 마음가짐이 너무 안이했나? 모르겠다. 확실한 것은 몇 주, 몇 개월, 몇 년이 지나도록 삶의 목표를 찾지 못했고 점점 더 절박해졌다는 사실이다.

목표를 찾고 싶다는 열망은 서서히 곪아가더니 급기야 목표가 있는 사람처럼 보이기만 해도 된다는 발악으로 변했다. 병을 고칠 수 없다고? 그럼 증상을 완화할 방법을 찾으면 되잖아? 책임감처럼 보이는 것들을 찾아서 착시 효과를 노려야 했다. 내가 뭘 하며 살고 있는지 머리 싸매고 고민할 동안 세상의 눈을 속일 교묘한 장치가 필요했다.

책임감을 증명할 수 있는 몇 가지 대표적인 지표가 있다. 대학원 진학, 결혼, 자녀 출산, 입대 같은 것들 말이다. 하지만 다시 학교에 들어간다는 건 말도 안 되는 이야기였고, 그러다 보니 직종을 바꾼다는 아이디어도 현실성이 떨어졌다. 결혼은 다른 사람의 협조가 없이는 어려웠고, 아이를 갖는 일은 같은 이유로 결혼보다 몇 배나 더 까다로웠다. 군대는 여전히 뛰어다닐 일이 많다고 하니 패스.

그 무렵, 사귀던 여자 친구가 집을 사겠다고 선언했다. 대체 무슨 소리인가 싶었다. '대출 자격 심사'라는 말을 듣고는 전자제품 유통업체인 베스트바이Best Buy에서 디브이디플레이어를 샀을 때 할부 승인이 났던 일이나 떠올리는 녀석이 오죽했겠는가. 자신감 있게 일을 척척 해내는 여자 친구를 보며 내가 분수에 안 맞는 여자를 만나고 있다는 의심마저 들었다.

주택 매매 과정을 본 건 그때가 처음이었다. 정말 경이로웠다. 온갖 서류, 약속, 통화, 이메일, 은행 업무 등 책임감을 발산하는 일들의 연속이었다. 문득 부동산 매매야말로 내 문제를 해결할 최선의 방법이라는 생각이 들었다. 나는 장장 2주간 사람들이 안부를 물을 때마다 "집을 사려고 알아보는 중이야."라고 말하며 즐거워했다. 기분이 짜릿했지만 환상은 오래가지 못했다. 알아보니 나도 집을 살 순 있었다. 우편번호가 익숙한 동네가 불가능할 뿐이었다. 당시는 시애틀의 집값이 10년 만에 바닥을 찍었다는 2012년이었다. 집을 사기에 이보다 완벽한 때는 없었다. 하지만 내 형편으로는 가당치도 않았다.

시애틀 외곽으로 빠지면 그나마 선택지가 생겼다. 컴퓨터 앞에 앉아서 지도 영역을 점점 넓혀가니 내 재정 수준에 맞는 매물이 보이기 시작했다. 도시와는 한참 떨어진 곳이었다. 차도, 가로등도 드문 곳이었다. 농지와 강 유역은 물론, 저 멀리 워싱턴주 캐스케이드산맥Cascade Mountains의 기슭에도 매물이 있었다.

대부분은 주택조차 아니었다. 그냥 오두막이었다.

나는 시애틀 남쪽으로 한 시간 반쯤 가면 나오는 작은 숲에서 자랐다. 어릴 적 우리 집에서는 머드Mud라는 이름의 강아지를 키웠다. 초콜릿색의 래브라도 리트리버였던 머드는 나뭇가지와 사슴 똥을 좋아했다. 그 녀석과 함께 솔송나무와 더글러스전나무가 가득한 숲을 거닐고 고사리와 블랙베리 덤불을 헤치며 돌아다니는 게 내 일상이었다. 낮이 긴 여름이면 친구들과 숲에 모여서 아버지의 녹슨 연장으로 나무 요새를 지었다. 요새를 완성한 뒤에는 그 안에서 부대끼며 욕설을 연습하고 방귀를 뀌고 치즈 크래커와 미지근한 마운틴듀로 입맛을 버리며 시간을 보냈다.

부동산 사이트에서 오두막 사진을 쭉 스크롤하고 있으니 나무 요새에서 지내던 시절의 추억이 걷잡을 수 없이 밀려들었다. 어른이 돼서도 여름 캠핑을 자주 즐겼지만 숲에 대한 향수는 여전했다. 휴가용 별장은 분명 내가 찾던 책임감의 상징이었다. 하지만 오두막 사진들을 본 순간 내 집 찾기에 불을 붙인 것은 책임감보다는 숲의 마법을 다시 한번 느끼고 싶다는 욕망이었다. 절친한 친구들과 아늑한 공간에 빽빽이 들어앉아 가끔 망치질도 하던 때로 돌아가고 싶었다.

그런데 문제가 하나 있었다. 오두막을 살 돈은 있었지만 동시에 도시에서 살 집까지 구할 여유는 없었다. 도시를 벗어나 숲속에서 휴양하고 싶었지만 완전한 은둔 생활은 사절이었다. 그런데도 도무지 눈을 뗄 수 없었다. 눈 덮인 산속의 통나무집을 넋 놓고 쳐다보고, 강가나 호숫가에 자리한 소박한 산장을 보고 군침을 흘렸다. 아침에 일어났을 때, 회사에서 화장실 변기에 앉아 있을 때, 늦은 밤에 잠이 오지 않을 때 무의식적인 습관처럼 노트북이나 휴대전화를 꺼내서 오두막 사진을 구경하곤 했다. 이 짓을 몇 달이나 계속했다.

그렇게 2013년 초가을을 맞이했다. 어느 날 저녁, 나는 크레이그리스트에서 광고를 보고 있었다. 얼마 전에 우리 집을 털어 간 강도가 크레이그리스트에 물건을 내다 팔진 않았을까 싶었지만 별다른 소득은 없었다. 문득 충동적으로 검색창에 '오두막cabin'을 입력하고 엔터를 쳤다. 열한 살짜리가 구글에 '여자 가슴'을 쳐보는 것만큼 단순하고 유치한 행위였다. 원하던 정보가 바로 나왔다는 점도 비슷했다.

내 시선이 첫 번째 검색 결과에 꽂혔다. '인덱스의 작은 오두막Tiny Cabin in Index.'

인덱스Index라면 잘 알았다. 험준하지만 아름다운 산에 둘러싸인 작은 마을이었다. 허름한 구멍가게의 매대에는 먼지를 뒤집어쓴 콩 통조림과 유행이 지난 캠핑 장비가 놓여 있었는데 갈 때마다 상품들이 그대로였다. 작은 커피숍은 항상 '영업 중'이라고 적힌 전광판에 불을 켜놓고 있었지만 한 번도 문이 열린 꼴을 보지 못했다. 스카이코미시강Skykomish River에서 가이드 투어를 제공하는 어드벤처 래프팅 회사도 하나 있었다. 자원봉사로 운영되는 소방서, 학교, 오두막 몇 채, 끊임없이 교체되는 새 소유주들의 원대한 리모델링 계획에도 수십 년째 방치 중인 노후화된 여관도 있었다. 나는 하이킹이나 캠핑을 하러 가는 길에 인덱스를 잠깐씩 들르곤 했었다. 산속으로 더 깊이 들어가기 전 싸구려 맥주 두어 상자나 얼음을 비축할 마지막 기회였기 때문이다.

하지만 내 시선을 사로잡은 것은 마을 이름이 아니었다. 사진과 가격이었다. 작고 단순한 모양의 오두막이 이끼로 뒤덮인 숲을 배경으로 서 있는 사진이 보였다. 오두막은 가로 3미터, 세로 3.6미터 크기라서 사람이 사는 집이라기보다는 커다란 닭장 같았다. 내 주변에는 잔디 깎는 기계를 보관하는 창고가 이 오두막보다 더 큰 집을 가진 사람도 있었다. 건축 양식은 유치원생의 그림에서 영감을 받은 듯했다. 아래는 사각형이고 그 위에 삼각형을 얹은 그림 말이다. 오두막 주변의 땅은 밝은색의 고사리로 뒤덮여 있었다. 오두막 위로 단풍나무 몇 그루가 우뚝 솟아 있었고, 나무에서 갓 떨어진 가을 낙엽이 여기저기에 금색과 주홍색을 수놓았다. 숲속에 폭 안긴 오두막이 들어와서 편히 쉬라며 나를 유혹하는 듯했다. 그 안에서 불을 피우고 위스키를 한 모금 홀짝이며 세상사 근심을 잊으라고 말이다. 중고 현대차 한 대 값이면 전부 가능한 일이었다. 7,500달러만 있으면 됐다.

나는 곧바로 판매자에게 메일을 보냈다. 너무 적극적으로 보이지 않도록 짐짓 무심한 말투로 더 자세한 정보를 부탁하면서 한번 구경하러 가도 되냐고 물었다. 다음 날 오후에 온 답장은 내 메일 못지않게 간결하고 무심했다.

그래도 됩니다. 열쇠는 문 위에 있어요. 위츠엔드길Wit's End Pl.에 진입해서 왼쪽으로 네 번째에 있는 오두막입니다.

오두막 주인의 이름은 토니라고 했다. 강아지와 기후 변화에 관해 이야기해도 이보다는 반응이 뜨겁겠다 싶을 만큼 오두막에 별 관심이 없어 보였다. 나는 애달은 티를 내고 싶지 않았으므로 '혹시나' 시간이 나면 오두막을 보러 가겠다고 했다. 메일을 받고 20분도 채 지나지 않아 북동쪽으로 달리기 시작했다는 사실도 토니가 모르기를 바랐다. IT 기술자 부대의 퇴근 행렬이 고속도로를 점령하기 전에 무분별한 난개발로 거대해진 시애틀 외곽을 한시라도 빨리 벗어나야 했다. 오후 3시 무렵에 2번 국도를 탈 수 있었다. 동서로 뻗어 있는 이 2차선 도로는 캐스케이드부터 퓨젓사운드Puget Sound까지 구불구불 흐르는 스카이코미시강을 따라서 나 있었다.

겨울철 고속도로는 스티븐스 패스Stevens Pass에 있는 리조트로 향하는 스키광들로 붐볐다. 여름철 고속도로는 주말마다 혼잡한 시애틀을 떠나 하이킹과 캠핑을 즐기려는 사람들로 똑같이 붐볐다. 어느 계절이든 고개를 넘어 레번워스Leavenworth로 향하는 도시인의 행렬은 끊이지 않았다. 레번워스는 한때 아름다운 경치를 자랑하는 산악 마을이었지만, 이제는 커다란 프레첼과 값비싼 맥주를 파는 독일풍 테마파크로 변해버렸다. 나로선 이해하기 힘든 일이지만 그곳의 인기는 지금까지도 식지 않았다.

동쪽으로 계속 달려가자 차창 밖의 경치가 달라지기 시작했다. 프랜차이즈 레스토랑과 꽉 막힌 교차로는 사라지고 신호등이 하나뿐인 작은 마을과 완만한 경사에 자리 잡은 농지가 나타났다. 출발한 지 한 시간쯤 됐을 때는 스카이코미시강의 넓은 강둑을 따라서 나란히 뻗은 도로를 달리고 있었다. 낚시복까지 제대로 갖춰 입고 낚시를 즐기는 은퇴자들이 점점이 보였다. 나는 술탄Sultan, 스타트업Startup, 골드바Gold Bar를 차례로 지났다. 아주 작은 규모의 이 마을들은 서로 엇비슷해서 혼동하기 쉬웠다. 전에 몇 번 장거리 여행을 하면서 술탄에 타이어만 한 시나몬롤과 1달러도 안 되는 커피를 파는 빵집이 있다는 사실을 알게 됐다. 스타트업에는 최고의 밀크셰이크와 짜디짠 감자튀김을 파는 드라이브인 식당이 있다. 골드바에는 프로스펙터Prospector라는 이름의 레스토랑이 있으며 거기서 이따금 아이들을 위한 노래방 행사가 열리면 식당이 임시 보육원으로 변신한다는 사실도 기억했다.

나는 어느새 인근의 소박한 가게들을 제집처럼 드나드는 상상에 빠져들었다. 어릴 때 아버지와 그랬던 것처럼 작은 목재 가게에서 못을 한 묶음 구매하는 내 모습을 상상했다. 오두막에서 장기간 머물 때 원룸 아파트만 한 크기의 스타트업 우체국에 들러서 가족과 친구들에게 편지를 보내는 모습도 상상했다. 저 멀리 상류에서 거친 물살을 타고 관광객들을 내려보내는 래프팅 업체들을 지나치다가 '새 시즌 가이드 모집 중! 교육 제공!'이라고 적힌 표지판이 갑자기 눈에 띄었다. 문득 여름에 래프팅 가이드로 활약하는 내 모습이 머릿속에 그려졌다. 그렇게 나는 오두막을 보기도 전에 오두막 주인에게 어울리는 새로운 인생을 결정해 버렸다.

골드바를 지나면 인덱스였지만 바로는 아니었다. 인덱스까지는 음악의 전주처럼 느껴지는 구간이 있었다. 그 몇 킬로미터를 이동하는 사이에 도로가 좁아졌다. 농장과 전원주택 단지도 종적을 감췄다. 이제 공터를 찾아볼 수 없었고 평지도 보이지 않았다. 커다란 더글러스전나무와 삼나무가 파수꾼처럼 갓길을 지켰다. 골드바의 끝자락에서 긴 다리에 오르니 저 아래로 스카이코미시강이 보였다. 강도 더는 넓고 잔잔하지 않았다. 변화무쌍한 푸른색의 향연 속에서 짙은 코발트색, 청록색, 순백색으로 시시각각 변하는 강물이 거품을 일으키며 미니밴만 한 크기의 화강암 바위를 타고 넘었다. 계곡 사이를 지나는 도로도 강의 영향을 받은 듯 구불구불해지기 시작했다. 굽이를 돌 때마다 인덱스산Mount Index이 감질나게 보일락 말락 했다. 해발 1,800미터에 달하는 산봉우리가 그 아래의 숲에 그림자를 드리웠다.

미국 2번 국도는 위험하기로 악명이 높았다. 사망자 발생 사고로부터 며칠이 지났는지를 보여주는 현황판을 설치한 고속도로는 워싱턴주에서 2번 국도가 유일하다고 들었다. 10년 넘게 이 지역을 왔다 갔다 했지만 25를 넘는 숫자는 웬만해선 보지 못했다. 현황판이 인덱스 초입에 있다 보니 이런 생각도 자주 했다. 사고 원인이 겨울철 도로 결빙이나 높은 제한 속도(굽이진 산악 도로인데도 제한 속도가 시속 96킬로미터나 된다) 때문이 아닐 수도 있지 않을까? 그보다는 이곳의 순수한 아름다움 때문일지도 모른다. 인덱스가 가까워지면 화강암 산봉우리를 5퍼센트만이라도 더 감상하려고 본능적으로 몸을 앞으로 기울여 운전대 위로 내밀게 된다. 이 산에는 자동차 전면 유리라는 장애물을 뚫고 사람을 밖으로 끌어당기는 마력이 흐르는 듯했다.

숲을 지나치지 않고 그 속으로 더 깊숙이 들어가고 있다니 꿈꾸듯 황홀했다. 그림같이 완벽한 모습으로 강가에 은밀히 숨어 있을 산장과 오두막을 상상해 봤다. 이곳에 집을 지은 사람들은 자신에게 맞춰 주변 환경을 바꾸기보다는 자연과 어우러지기를 바랄 것 같았다. 겨울철 추위를 대비해 장작을 패는 사람들을 만나게 되리라. 잔잔한 강에서 낚싯줄을 드리우고 연어 낚시를 하는 아버지와 아들을 볼 수도 있겠지. 강아지를 데리고 산책하며 초가을 날씨를 만끽하는 사람을 만날지도 모른다.

여기까지는 그리 어렵지 않게 찾아왔다. 국도에서 나와 우회전을 하자 가슴이 뛰기 시작했다. 잘 관리된 자갈길을 지나서 강을 끼고 구불구불 뻗어 나가는 도로를 천천히 달렸다. 작은 언덕을 넘으니 여기서부터 마운트 인덱스 리버사이츠Mount Index Riversites라는 수제 아치가 나를 반겼다.

크게 커브를 돌자 갑자기 가파른 내리막길이 나타나서 브레이크를 밟았다. 그 아래에 괴물이 있었다. 자세히 보니 괴물의 정체는 긴 협곡에서 거대하게 쏟아져 내리는 물줄기였다. 마치 「구약성서」의 한 장면 같았다. 나중에 알아보니 선셋폭포Sunset Falls의 낙차는 32미터밖에 되지 않지만 폭포수가 바위를 타고 흐르는 영역이 축구 경기장만큼 길다고 했다. 일반적인 폭포는 우아한 느낌을 풍긴다. 자유롭게 가장자리를 넘어간 물이 외부의 영향 없이 아래로 떨어지는 순간의 아름다움이 있다. 하지만 선셋폭포는 우아함과 거리가 멀었다. 수중 댄스파티의 한복판에 들어온 기분이었다. 포세이돈이 직접 설계하고 코카인으로 작동시키는 워터슬라이드 같기도 했다. 나는 창문을 내리고 폭포 아래의 못을 감싸는 도로를 따라 천천히 움직였다. 폭포에서 피어오르는 물안개가 차 안으로 들어와 대시보드에 내려앉았다. 삼나무 냄새가 코끝을 스쳤다.

폭포를 지나자 도로가 갑자기 꺾이더니 직선 구간의 철로 위에 놓인 오래된 나무다리와 이어졌다. 목적지에 거의 다 왔다는 뜻이었다. 토니 말대로면 다리 부근에 위츠엔드길이 있어야 했다. 하지만 그런 이름은 어디에도 보이지 않았다. 슬슬 의심이 들기 시작했다. 길 안내를 제대로 받은 게 맞나? 그보다, 나는 정말 이런 마을에서 살고 싶은 걸까?

이제까지 독특한 건물, 오두막 몇 채가 간간이 눈에 띄었을 뿐 특별히 이상한 점은 보이지 않았다. 하지만 마을 안쪽까지 깊숙이 들어오니 전혀 다른 풍경이 나타났다. 블랙베리 덩굴의 굵은 줄기가 녹슨 자동차 부품 더미를 뒤덮고 있었다. 질척한 도로에는 수십 년째 방치 중인 것처럼 보이는 차량이 가득했다. 코너를 돌자 커다란 공터와 불에 타서 시꺼멓게 변해버린 캠핑카들의 잔해가 보였다. 아직도 나뭇가지에 접근 금지 테이프가 걸려 있었다. 한창 번창하던 마약 제조 사업이 폭발로 날아갔다는 것 말고는 다른 이유를 상상하기가 어려웠다.

유일하게 화사하고 새것처럼 보이는 물건은 빨간색과 주황색이 뒤섞인 출입 금지 표지판뿐이었다. 꽤 많은 수의 표지판이 나무, 울타리, 폐기물 여기저기에 붙어 있었다. 둘 중 어느 쪽이 더 무서운지 모르겠다는 생각이 들었다. 표지판 뒤에 도사리고 있을 위험일까. 아니면 그걸 보고도 부득부득 안으로 들어가려는 사람일까.

나중에 안 사실이지만 원래 마운트 인덱스 리버사이츠는 2,000제곱미터 남짓의 구획 수백 개가 모여서 만들어진 마을이었다. 한때는 아름다운 산을 배경으로 휴가용 별장들이 모여 있는 청정 주거 지역이었을 것이다. 하지만 언제부터인가 마약 중독자들이 유입돼 마을을 아주 난장판으로 만들어놓았다. 과거의 모습이 어쨌든 현재의 리버사이츠에서 볼 수 있는 모습은 딱 두 가지였다. 쓰레기가 뒹구는 마약 소굴과 그 외 나머지 장소. 독특한 마당 장식으로 미루어 보건대 나머지 장소는 대개 노인이나 은퇴자의 집 같았다. 스키 덕후의 집도 간혹 보였다.

길 끝까지 차를 몰았지만 이 길은 커다란 회전 구간을 지나서 곧바로 돌아 나오는 구조였다. 서너 개의 표지판을 지나치는 동안 위츠엔드길과 비슷한 도로명은 보지 못했다. 휴대전화를 확인했다. 국도에서 빠져나온 뒤로는 줄곧 신호가 잡히지 않았다. 오두막을 찾아가는 방법을 다시 읽어봤다. 딱히 도움이 되는 정보는 없었다. 휴대전화가 터지지 않고 사방에서 섬뜩한 분위기를 풍기는데 아무 집에나 가서 문을 두드리고 싶지는 않았다. 그래서 돌아가기로 했다. 토니에게 더 자세한 길을 알려달라고 연락하거나 아예 구매 계획 자체를 포기할 생각까지 했다.

온 길로 다시 나가는데 무언가가 반짝였다. 들어갈 때 미처 보지 못했던 쪽에 녹색 표지판이 있었다. 기둥 대신 커다란 단풍나무에 박아놓은 표지판에 '츠엔드길's End Pl.'이라고 적혀 있었다.

앞의 글자는 나무껍질에 파묻혀 보이지 않았다. 수십 년 전에 표지판을 설치한 뒤로 나무가 자라면서 껍질이 그 위를 덮은 듯했다. 조만간 '츠' 자도 잡아먹힐 것처럼 보였다. 단풍나무는 계속 자라면서 이 길의 이름을 조금씩 바꿔가겠지. 사라진 앞 글자가 제발 '위Wit'이기를 빌면서 나는 필요도 없는 깜빡이를 켜고 좌회전을 해서 자갈길을 따라 천천히 나아갔다. 오두막은 길 왼쪽으로 네 번째에 있다고 했지. 잡초가 우거진 길모퉁이에 스프레이 낙서로 뒤덮인 채 서 있는 스쿨버스도 집으로 쳐야 하나 잠깐 고민했다.

위츠엔드길은 가파른 언덕 위에 있었다. 언덕 위에도 버려진 건물이 줄줄이 있었지만 아래쪽과 미묘하게 달랐다. 위쪽에 있는 집들 대부분은 아담한 오두막이었다. 생김새도 단순했다. 전문 건설회사의 작품은 아니고 아마추어가 주말에 대충 뚝딱뚝딱 만들었을 법한 모습이었다. 홈디포Home Depo나 코스트코 주차장에 허물어지기 직전의 상태로 방치된 조립식 창고처럼 보이기도 했다. 하지만 개성만큼은 이곳의 소박한 집들이 한 수 위였다. 삼나무 쉐이크shake(통나무를 쪼개 만들어 거칠고 자연스러운 질감이 특징인 목재 지붕재—옮긴이) 지붕 위로 굴뚝이 삐죽 솟아 있었고, 장식용 스테인드글라스 창문은 조각조각 강렬한 색감을 자랑했으며, 낡은 데크에서 강과 산의 경치를 감상할 수 있었다. 진입로에 풀이 무성하고 지붕 홈통에도 잡초가 가득해 사람이 사는 집 같지 않았다. 그런데도 묘하게 정돈된 분위기가 있었다. 부랑자들의 아지트 같은 느낌은 전혀 없었다. 그보다는 숲속의 은신처 같았다. 지금은 기억에서 잊혔을지언정 한때는 사랑을 넘치게 받았던 것이 분명했다.

차가 언덕 꼭대기를 넘어섰을 때 세 번째 오두막이 나왔다. 그리고 바로 그 옆, 왼쪽으로 가파르게 떨어지는 내리막길에 내가 찾던 작은 건물이 있었다. 물결 모양의 금속 지붕은 말라붙은 이끼와 적갈색 단풍잎으로 뒤덮인 상태였다. 오두막의 진입로처럼 보이는 길 한가운데에 차를 세웠다. 좋게 말해 길이지, 새먼베리 덤불 몇 개를 제외하면 아무것도 없는 진흙탕이었다. 시동을 끄고 차에서 내려 앞에 펼쳐진 풍경을 눈에 담았다.

기대감은 생각보다 대단한 감정이다. 앞으로 일어날 일에 대한 모든 가능성이 한꺼번에 밀려들면 이제 곧 내 인생에서 최고의 순간이 시작되리라는 설렘을 지울 수가 없다. 돌이켜 보면 신나는 모험이나 첫 데이트를 앞뒀을 때의 기대감이 실제 그 일들을 하는 동안 느낀 감정과 대등한 경우가 많았다. 때로는 현실이 기대감을 못 따라오기도 했다. 나는 잠시 한 자리에 서서 친구들과 함께할 주말에 대한 기대감을 만끽했다. 쌀쌀한 가을에는 낙엽을 태우고, 긴긴 여름밤은 강가에서 보내겠지. 겨울이 오면 따뜻한 실내에 모여 앉을 테고. 폭설, 사슴, 곰, 술, 연기, 불, 나무, 도끼가 떠올랐다. 우리가 함께할 땀과 눈물과 웃음이 눈앞에 그려졌다. 나는 한 발자국도 떼지 않고도 이 오두막에 벌써 평생의 추억을 새겨 넣고 있었다. 휴대전화를 보니 네트워크 연결이 끊겨서 긴급 모드로 전환돼 있었다. 아래쪽 길에서는 911에 신고할 일이 생길 것 같았지만 이곳은 왠지 안전하게 느껴졌다. 도로와 오두막 사이의 질척한 땅에 발이 빠지지 않도록 널빤지 조각이 걷기 좋게 놓여 있었다. 나는 휴대전화를 청바지 주머니에 넣고 널빤지 다리를 건넜다.

오두막은 생각보다 컸다. 경사가 가파른 지붕은 녹이 슬긴 했어도 튼튼해 보였다. 외벽 일부에는 삼나무 셰이크를 가지런히 붙였지만 나머지 부분에는 원목 느낌을 내려고 작은 홈을 판 싸구려 외장 패널을 사용했다. 창문은 새로 단 것 같았다. 하지만 창문만 빼면 전체적으로 굴러다니는 자재를 마구잡이로 주워 만든 건물이었다. 전면의 데크는 골조만 설치하고 아직 상단을 덮지 않은 상태였다. 썩은 합판 몇 장을 얹어놓았을 뿐이었다. 나는 유일한 문 위의 작은 선반에 손을 올려서 커튼 같은 거미줄을 헤치고 열쇠를 찾았다. 희한하게도 문고리는 없었고 데드볼트 두 개가 육중한 문을 고정하고 있었다. 열쇠는 각 자물쇠에 쉽게 들어갔고 곧 문이 열렸다. 하지만 끝까지 다 열리진 않았다.

3분의 1쯤 열린 지점에서 문짝 아래가 바닥에 턱 걸렸다. 문짝과 바닥 중 하나는 수평이 아니라는 뜻이었다. 둘 다 수평이 아닐 수도 있었다. 안에서는 고급 스카치위스키, 젖은 흙, 썩은 나무 냄새가 났다. 집이든 오두막이든 습도가 적당한 실내에서 날 만한 냄새는 아니었다. 창문이 세 개나 있는데도 빛이 잘 들어오지 않았다. 바닥의 주재료는 지저분한 합판이었고 구석에는 더 지저분한 리놀륨 장판 조각들이 널려 있었다. 벽의 일부는 삼나무 판자로 아무렇게나 덮여 있었는데 한때 그 위에 분홍색 페인트를 칠했던 듯했다. 이 페인트 색을 DIY 매장에서 발견한다면 '어쩌다 회색으로 물든 딸기우유'라는 이름이겠다는 생각이 들었다. 판자를 대지 않은 곳에서는 분홍색의 유리섬유 단열재가 덩어리째 드러나 오두막의 뼈대 사이로 축 늘어져졌다.

두 개의 창문 밑에는 작은 수납장이 있었지만 괜히 열었다가 겁에 질린 야생동물이 튀어나올까 봐 건드릴 수 없었다. 수납장 반대쪽에 있는 조잡한 사다리를 타고 올라가니 비좁고 어두운 다락이 나왔다. 다락 바닥도 합판을 깔고 못으로만 고정한 것 같았다. 녹슨 못들이 반쯤 들어가다 만 채로 주르륵 튀어나와 있었다. 사다리 맞은편에 창문이 하나 있었지만 마지막으로 언제 파상풍 주사를 맞았는지 기억이 가물가물한 상황에서 창문이 잘 열리는지 확인하겠다고 바닥을 기어갈 엄두가 나지 않았다.

다시 1층으로 내려와 뭘 어디에 두면 좋을지, 어떤 작업이 필요한지를 머릿속으로 정리해 봤다. 일단 바닥재를 바꾸고 도배를 새로 해야겠지. 문 또는 바닥의 수평도 맞춰야 했다. 둘 다

고쳐야 할 수도 있고. 데크를 덮고, 화장실을 정하고, 진입로의 늪도 메워야 했다. 즉석에서 떠오른 목록만 해도 그 정도였다. 실제로 와서 본 오두막은 어둡고 퀴퀴한 시궁창이었다. 사방에 깔린 거미가 고질라 영화의 엑스트라처럼 바닥을 기어다녔다. 신발을 위한 신발이 있다면 신기고 싶었다. 전기, 수도, 배관, 전선, 욕실, 조명, 와이파이, 휴대전화 신호 등 설비라고는 무엇 하나 없었다. 중력과 비도 기본 설비로 칠 수 있나? 그렇다면 그 두 가지 설비가 끝이었다. 이 오두막은 그냥 지붕을 얹고 문을 낸 나무 상자였다. 그래서 완벽했다.

쭈글쭈글한 신생아를 품에 안은 부모가 된 것처럼 내 눈에는 아무런 흠도 들어오지 않았다. 그 순간에는 보고 싶은 것만 봤다. 바닥에 난 구멍들을 눈치채지 못했다. 수평을 맞춰서 똑바로 서 있는 기둥이 단 하나도 없다는 사실을, 사이딩의 틈이 벌어져 있다는 사실을 몰랐다. 오두막 한쪽의 모서리를 지탱하는 가장자리보(특정 구조에서 서까래 끝부분의 강도를 높이기 위해 사용하는 들보—옮긴이)가 썩었다는 것도 나중에 알았다. 전부 몇 주가 지나 모기떼에 당하며 신고식을 톡톡히 치르고 나서야 발견한 사실이다. 그때는 정말 하나도 보이지 않았다. 지붕이 새고 쥐가 들끓는 집이라는 흔적이 있었지만 대충 넘겼다. 진입로의 늪, 파상풍에 걸리고도 남을 다락, 낡은 목재, 구부러진 못도 전혀 신경 쓰이지 않았다. 그 대신 종일 스노슈잉snowshoeing(특수 신발을 신고 눈 속에서 트레킹을 즐기는 겨울 스포츠—옮긴이)을 하고 빨갛게 상기된 친구들의 얼굴이 보였다. 화목 난로 옆에 부츠를 말리고 냄비에 수프를 따뜻하게 데우는 장면이 보였다. 이곳에서 보낼 여름이, 새 목재를 가득 실은 차가, 공구로 꽉 찬 트렁크가 보였다. 이곳에는 가능성밖에 존재하지 않았다. 상상 속의 나는 이 오두막을 더 괜찮게 바꿀 수 있는 사람이었다. 완벽할 필요는 없었다. 지금보다 나아지기만 해도 충분했다. 하지만 진짜 이유는 따로 있었다. 실로 오랜만에 어딘가 거창하고 대담한 활동에 마음이 끌렸다. 이렇게 색다르고 흥미로운 도전 과제라니. 나는 오두막을 사서 수리할 수 있었다. 해보자고 생각했다. 안 될 거 없잖아?

문을 잠그고 열쇠를 제자리에 놓는데 전에 없던 기대감으로 가슴이 부풀어 오르기 시작했다. 돌아오는 길에는 마약 소굴과 쓰레기가 뒹구는 마당이 보이지 않았다. 내 시선은 폭포와 숲과 산에 가 있을 뿐이었다. 나는 풍경을 눈에 담으며 원형 톱은 얼마나 할지 생각하고 있었다.

02 제가 살게요. 근데 돈은 없어요

돌아오는 차 안에서 약간 정신이 돌아왔다. 교통 체증을 뚫고 집으로 가는 동안, 오두막을 수리하는 섹시 쿨가이가 되는 꿈을 되새김질하다 보니 무시할 수 없는 몇 가지 문제가 보였다. 심각하진 않지만 사소한 문제들이 있었다. 일단 나는 오두막을 수리하는 법을 몰랐다. 그림을 걸거나 이케아 가구를 조립하는 일은 누구보다 잘할 자신이 있었지만, 나무 요새를 짓던 철부지 시절 이후로 톱을 만져본 적이 없었다. 튼튼한 요새를 만들려면 꼭 나무 수액을 접착제로 써야 한다고 생각했던 때가 마지막이었다는 소리다. 당연히 내게는 오두막의 현 상태를 객관적으로 파악할 능력이 없었다. 발로 몇 번 툭 차면 허물어질 것도 같았고, 미감을 해치는 요소들 때문에 단순히 겉모습만 엉망인 것 같기도 했다. 경험이 워낙 부족하니 어느 쪽이 맞는지 판단할 수 없었다.

오두막과 상관없는 문제도 있었다. 공포의 전당 같은 그 마을에서 도무지 살고 싶다는 생각이 들지 않았다. 위츠엔드의 오두막들은 디스토피아 영화의 배경처럼 보여서 매력적이긴 했다. 문제는 그 오두막들이 폐가처럼 방치됐다는 사실이었다. 숲속에 아늑한 도피처를 마련하는 꿈을 꿨던 사람이 내가 처음은 아닐 터였다. 하지만 먼저 온 이들이 전부 꿈을 포기했다는 증거가 눈앞에 있었다. 혹시 그럴 만한 이유가 있는 건 아닌지 걱정됐다.

그리고 처음에 오두막을 사려고 생각했을 때와 비교하면 목적이 달라져 있었다. 책임감의 상징을 원해서 시작한 일이 아니었나? 나는 책상에 앉아서 마케팅 메일을 뿌려대는 대신 더 의미 있는 일을 하며 살고 있다고 남들에게 혹은 나 자신에게 보여줄 증거를 갖고 싶었다. 하지만 이끼투성이에 구멍이 숭숭 난 나무 상자 하나로 과연 어른의 세계에 진입할 수 있겠는가. 그야말로 황당한 발상 아닌가? 그런데도 이 길이 정답이라는 느낌이 들었다. 시애틀로 돌아온 뒤 서두르지 않겠다고 결심했다. 이 오두막을 진심으로 원하는지 며칠간 고민해서 결정한 다음에 5,000달러를 제시하자고 마음먹었다. 6,000달러는 절대 넘기지 않기로 했다. 거기까지 생각하고 토니에게 전화를 걸었다. 토니는 두 번째 신호음이 가기 전에 전화를 받았다.

가볍게 인사말을 주고받은 뒤 오두막에 관해 전부 이야기해 달라고 했다. 사연은 단순했다. 시애틀에서 예인선 선장으로 일하는 토니는 예전부터 작은 산장을 갖고 싶었다. 그래서 세금 체납 때문에 경매에 부쳐진 오두막을 구매했다. 시간이 날 때 수리를 해서 주말 별장으로 쓸 작정이었지만 좀처럼 시간이 나지 않았다. 예인선 사업이 너무 잘되는 바람에 여유로운 주말은 꿈에서나 가능했다. 결국 토니는 자기가 못다 한 프로젝트를 이어서 해줄 사람에게 오두막을 넘기기로 했다. 그러면서 자기 친구가 근처에 더 크고 수리까지 다 끝난 오두막을 샀다고 했다. 이 오두막보다 몇 배는 더 좋다나 뭐라나(당연한 소리를). 자기는 수리로 고생하는 과정을 건너뛰고 친구에게 빌붙겠다고 했다.

내가 본론을 꺼냈다. "네, 확실히 손볼 곳이 많더라고요. 며칠 생각해 본 뒤에 말씀드릴게요."

"뭐, 사겠다는 사람이 몇 명 있긴 해요. 아직 가능하다고 그쪽에 연락해야겠……."

"제가 살게요." 내가 불쑥 말했다.

"그래요. 서류는 내가 준비할게요. 내일 저녁에 만나서 계약할까요?"

"네."

"그럽시다. 적당한 곳을 찾아서 연락할게요. 공증인이 필요할 테니까요."

"좋네요." 대답이 끝나기 무섭게 컴퓨터로 가서 공증인이 무슨 뜻인지를 검색했다. 이제는 정말 현실이 돼가고 있었다. 나는 두려워졌다.

매매 결정을 내리자 오두막 구매 프로젝트의 마지막 문제가 떠올랐다. 내게 7,500달러가 없다는 문제 말이다. 하지만 걱정은 없었다. 별로 큰 금액도 아닌데 은행에서 빌려주겠지.

그래, 대출 담당자 중에서 내가 사려는 오두막 사진을 보고 노골적으로 비웃은 사람은 단 한 명도 없었다. 그 점은 감사해야 마땅하다. 하지만 그들의 반응만 보면 내가 무슨 피자를 연료로 쓰는 타임머신을 만들 테니 돈 좀 빌려 달라고 한 줄 알겠다. 대출 상담은 금세 끝났다. 누구도 뾰족한 해결책을 찾지 못했다. 더 연락할 은행이 남지 않았을 때 내 마지막 희망인 엄마에게 전화를 걸었다. 자식이 사업 제안 같은 말을 하면 부모 입장에서 심장이 떨릴 법도 한데 우리 엄마는 참 대단도 하지. 사실상 구걸에 가까운 내 이야기를 끝까지 들어줬다. 나는 예금보다 높은 이자를 붙여서 갚겠다고 약속하고 엄마에게서 돈을 빌렸다. 젊은 녀석이 쓸데없이 구질구질한 나무 집에 돈을 낭비하지 말고 대학원 같은 데나 가라는 엄마의 속마음이 훤히 보였지만 어쨌든 나는 돈을 구했다.

자금도 확보했겠다, 이제는 본격적으로 계약을 할 차례였다.

전에 내 집 마련을 하겠다고 부동산을 열심히 알아볼 때 일반적인 매매에는 다양한 안전장치가 존재한다는 사실을 배웠다. 주택 검사, 감정 평가 등의 절차가 있고 보험회사에서도 무지한 사람들이 괜스레 잘못된 결정으로 돈을 날리지 않게끔 보호해 줬다. 하지만 내가 사려는 집은 도시에 있는 50만 달러짜리 고급 주택이 아니었다. 7,500달러밖에 안 되고 전기조차 들어오지 않는 숲속의 판잣집이었다. 그런 주제에 전문가를 고용한다? 식기세척기에 몸을 숙여 접시를 꺼내면서 안전모를 쓰는 꼴이었다. 토니와 나, 두 사람이면 충분했다. 아직은 서로 잘 모르는 사이지만 그래도 토니를 믿어도 된다는 희망이 있었다. 토니가 우리끼리 계약을 진행하자고 했을 때 나는 기꺼이 받아들였다. 이렇게 하면 양쪽 다 비용도 줄일 수 있고 말이다. 나는 우리의 계약이 옛날 서부 영화 속 한 장면 같으리라 상상했다. 머리가 희끗희끗한 카우보이가 바텐더에게 동전 몇 닢을 던지고 쪽지에 대충 서명을 한 뒤 위스키 원샷을 하고 땅 주인이 돼 술집에서 걸어 나가는 모습과 비슷하지 않을까? 실제로 비슷하긴 했다. 위스키가 빠지고 술집 대신 UPS(미국의 물류 업체로 일부 매장에서 공증 서비스를 제공한다—옮긴이), 상스러운 바텐더 대신 갈색 모자를 쓴 여드름투성이 소년이 등장했을 뿐이다.

실제로 만나보니 토니는 예인선 선장의 전형이었다. 178센티미터쯤 되는 키에, 페인트가 묻어 있는 운동복 상의와 두꺼운 면바지를 입었고, 허름한 야구모자를 눌러 썼다. 그는 예인선이 아니라 조각배 한 척으로도 화물선을 끌 수 있을 만큼 강인해 보였다. 토니가 웃으면서 내 손을 으스러지게 잡고 악수했다. 인사를 주고받은 뒤에 바로 서류를 꺼냈다. UPS 직원이 우리 서류에 착착 도장을 찍어서 공증을 마쳤고, 나는 토니에게 7,500달러짜리 은행 수표를 건넸다. 그게 다였다. 5분 만에 모든 절차가 마무리됐다. 토니는 내 전 재산을 가져갔고, 내 손에는 달랑 종이 한 장이 남았다.

작별 인사를 나누며 토니에게 물었다. "아, 혹시 이 마을에 관해 꼭 알아야 할 정보가 있을까요?"

토니는 천천히 뒷걸음질을 치며 가벼운 말투로 대답했다. "음, 아니. 별로 없어요. 가끔 소란스러워질 때가 있긴 한데 그냥 모르는 척해요. 그 오두막 한쪽이 자기 땅인 줄 아는 옆집 남자도 신경 쓸 필요 없고요." 더 말하지 않겠다는 듯 토니가 손을 흔들었고 그 인사와 함께 인파 속으로 사라졌다. 나는 아무래도 사기를 당한 것 같다고 생각하면서도 어떤 전동공구부터 살지를 고민하기 시작했다.

03 홈디포에서 길을 잃다

한두 개쯤 무언가를 만들어볼까 그저 상상만 하던 사람치고 나는 공구를 꽤 많이 갖고 있었다. 대부분 일하다가 얻었거나 우연히 내 손에 들어온 것들이었다. 대학생 시절에 샌드위치 프랜차이즈인 지미존스Jimmy John's에서 '드라이버driver'로 일한 적이 있었다. 왜 '드라이버'라고 부르냐면, 술에 취한 대학생들에게 야식으로 샌드위치를 배달하기 위해 자전거를 모는 것이 우리의 업무였기 때문이다. 아르바이트를 그만두고도 좋은 친구 몇 명과 렌치 세트, 타이어 교체 장비는 남았다. 자전거 수리에나 유용한 도구들이지만, 일단은 내 방 한쪽 구석에 마련한 '오두막 물품 보관소'에 가져다 뒀다. 낡은 망치, 줄자, 금속 전용인 듯하지만 날이 무뎌진 소형 톱까지 내가 가진 공구를 전부 긁어모았다. 머리가 평평한 일자형뿐이었지만 스크루드라이버도 여러 개 모아 뒀다. 전동공구는 형한테서 빌린 드릴 하나밖에 없었다. 하지만 제일 가까운 전원 콘센트가 오두막에서 400미터는 떨어져 있는 상황에서 전동 드릴은 구색 맞추기용으로 내 오두막 물품 보관소에 입주한 셈이었다.

실제로 그 드릴은 한 번밖에 사용한 적이 없기도 했다. 석고보드를 살짝 뚫어서 작은 고리를 달 계획이었지만 드릴의 힘은 내 생각보다 약 600만~700만 배는 더 강력했다. 드릴 비트는 물론이고 드릴 본체까지 벽을 뚫고 들어갔다. 벽을 부수고 등장하는 쿨에이드맨Kool-Aid Man(분말주스 브랜드 쿨에이드의 마스코트—옮긴이)이 따로 없었다. 그래도 계속 시도하면서 구멍 크기를 줄여 나갔고 마침내 딱 알맞은 크기의 구멍을 뚫을 수 있었다. 고리에 걸 액자의 크기가 마침 대형이라서 구멍들을 가려주기도 했고 말이다. 이제 나는 어엿한 오두막 주인이 됐지만 자격만 갖췄지 자질은 턱없이 부족한 상황이었다. 몇 군데 손을 봐서 휴가용 별장으로 꾸미려면 무조건 새 공구를 장만해야 했다. 우선은 배터리로 작동하는 드릴이 필요했다. 전기가 들어오지 않는 숲에서 사용해야 했기 때문이다. 하지만 어떤 드릴을 살지 알아보는 일은 상상 이상으로 골치가 아팠다. 시중에서 파는 전동공구의 종류가 어마어마했고 조합까지 따지기 시작하니 정신이 나갈 것만 같았다.

어느 날 저녁, 내 룸메이트인 인디Indy가 가스레인지 앞에 서서 무쇠 프라이팬에 두툼한 햄버거 패티를 철퍼덕 던져 넣는 모습을 보고 그에게 내 고민을 토로했다.

"뭘 사든 250달러에서 400달러는 들겠더라. 지금 무선 드릴하고 원형 톱이 필요한데, 여기까지는 간단해. 문제는 합리적인 소비를 하려면 둘을 같은 브랜드로 통일해야 한다는 거야. 그래야 배터리를 같이 쓸 수 있으니까. 그게 낫다더라고." 내가 주방을 서성이며 말했다.

"그렇지." 인디도 아직은 내 말을 잘 받아주고 있었다. 프라이팬에서 나온 연기가 갑자기 주방에 가득 차면서 옆문을 열어야 했다. 나는 부채처럼 문을 앞뒤로 흔들면서 마당으로 연기를 내보내는 와중에도 설명을 이어나갔다.

"그런데 무슨 이유 때문인지 드릴 하나와 배터리 하나, 드릴 하나와 톱 하나, 아니면 드릴 하나만 파는 회사가 없어. 드릴 두 개와 배터리 두 개를 세트로 팔지. 드릴 두 개 중 하나는 용도도 모르겠어. 드릴 하나만 사면 20달러는 아낄 수 있는데 말이지. 어디에 쓰는지 용도도 모르는 드릴에 20달러를 더 쓰는 게 맞을까?"

여분의 드릴까지 함께 판매하는 이유를 이해하는 소비자도 있겠지만 나는 아니었다.

"그뿐만이 아니야. 톱도 사야 하잖아? 일반적인 톱에는 드릴

보다 더 큰 배터리가 들어가서 드릴 세트에 있는 배터리랑 호환이 안 된다더라고. 그런데 홈디포에서는 배터리가 포함된 톱 세트를 안 판대. 톱 하나만 달랑 팔고 있어. 그럼 톱에 넣을 더 큰 배터리를 사야 하나 싶은데 그건 또 너무 비싸고. 차라리 전부 다 들어 있는 세트를 살까 고민해 봤는데 손전등이랑 필요도 없는 파우치까지 들어 있다잖아. 뭐, 의미 없는 얘기지. 어차피 재고가 없으니까. 브랜드가 세 종류나 있으니까 뭘 사야 할지 모르겠어서 계속 서 있다가 홈디포 직원한테 상담했어. 그 직원은 쉰네 살인데 자식이 셋이고 손주는 일곱 명이라더라고. 30년 동안 공구를 팔았다면서 자기 말만 믿으래. '지금 보시는 밀워키Milwaukee 사의 제품들은 반품이 많아요.'라고 하더라."

"이 아저씨 이름이 폴Paul인데, 보쉬Bosch 사의 드릴이 '완전 파격 세일 중'이래. 내가 '그렇군요, 폴. 보쉬 톱도 이 매장에 있나요?'라고 물어보니까 폴이 뭐라고 대답한 줄 알아? '아뇨. 그건 온라인에서만 팔아요.' 결국 다시 원점이야. 전부 같은 브랜드로 맞추지 않으면 배터리끼리 호환이 안 되잖아."

인디는 그저 미소만 짓고 있었다. 이성을 잃어가는 내 모습이 웃겼는지, 정신줄을 놓아버린 사람을 건드리고 싶지 않았는지, 어느 쪽인지는 모르겠다. "좋아, 다 됐다." 인디가 가스레인지 불을 끄고 햄버거 패티를 접시에 옮겨 담았다.

그사이에 연기는 밖으로 거의 다 날아갔다. 물론 뒤늦게 이런 생각이 들기는 했다. 화재경보기가 울릴까 봐 걱정하기 전에 화재경보기 배터리부터 갈아야 하지 않았나? 아니, 애초에 화재경보기가 있긴 했나? 아무튼 나는 문을 닫고 냉장고에서 맥주 한 병을 더 꺼내서 식탁에 앉았다. 인디가 일주일은 쌓인 듯한 우편물을 옆으로 치우고 내 쪽으로 햄버거 접시를 밀었다. 사이드 메뉴 없이 햄버거만 잔뜩이었다. 당시 우리의 식사법은 그랬다.

나는 빵 위에 패티 하나를 얹고 머스터드를 듬뿍 짜면서 계속 떠들어댔다.

"어제 홈디포에서 한 시간 반 넘게 그러고 있었다니까. 문 닫을 시간이 됐다고 나가라 할 때까지 말이야. 이상한 사람 취급받기는 싫어서 아무 드릴 세트나 사서 나왔어. 그래서 지금 내 방에 반품이 안 될까 봐 뜯지도 못한 공구 상자가 쌓여 있지." 내가 말했다. 아마 내 입에서 으스러진 햄버거 파편도 튀어나왔을 테다. "그런데 반품하려면 노스 시애틀에 있는 홈디포 매장까지 가야 해. 보쉬 드릴 말고 다른 드릴을 반품하는 걸 폴한테 들켰다가는 수치스러워서 죽을 것 같거든. 그래서 뭔지도 모르는 물건을 처음부터 다시 알아보는 중이야. 지금 내 컴퓨터에는 탭이 열여덟 개나 열려 있어. 어떻게 켜는지도 모르는 드릴의 토크비 사양이 적힌 엑셀 파일도 열려 있지. 믿을 수 없을 정도로 많은 차트랑 매뉴얼이 여기저기 있어."

인디가 차분하게 물었다. "전부 반품하고 맥렌던스McLendon's

에 가지 그래?"

"뭐가 맥렌던스야. 거긴 보쉬를 안 판다고." 내가 한숨을 쉬며 말했다. 한나절 전만 해도 '보쉬는 전동공구 브랜드로 품질이 우수하다는 평이 많으며, 맥렌던스는 DIY 매장인데 보쉬 제품을 취급하지 않는다.'라는 사실을 전혀 몰랐던 주제에 말투만은 참 당당했다.

"보쉬가 최고라고 전 세계가 합의라도 했대?" 인디가 물었다.

"그게 나한테 제일 잘 맞을 거래. 폴이 그랬어. 유소년 야구단 코치 같은 사람이라 그런지 꼭 폴이 시키는 대로 해야겠다는 기분이 들더라고. 또 보쉬는 다들 좋다고 하니까. 마끼다Makita 톱이랑 배터리 두 개짜리 드릴을 반품하고 18달러만 추가하면 보쉬 드릴이랑 배터리 네 개, 톱까지 살 수 있을 거야. 그러면 준비는 다 끝났다고 봐야지."

인디가 그릇을 싱크대에 넣으며 물었다. "잠깐, 마끼다를 샀어?! 디월트DeWalt는 어쩌고?" 어느새 내 이야기에 몰입한 모양이었다.

"야." 나는 모르는 소리 하지 말라는 의미로 쿡쿡 웃었다. "디월트는 배관공들이 쓰는 거야. 폴이 그렇다고 했으니까 맞겠지. 참, 나보고 직장을 때려치우라는 말도 하더라. 내가 커브볼을 던질 때 손이 자꾸 내려간다고도 했고."

설거지를 마치고 나서는 맥주를 한 병 더 들고 방으로 돌아가 드릴 조사 프로젝트를 재개했다. 여전히 명확한 답은 보이지 않았다. 하지만 이제 결정을 내려야 했기에 가장 구하기 쉬운 제품으로 타협했다. 주말 내내 써도 배터리 용량이 충분하기를 기도하며 2종의 제품으로 구성된 드릴 세트를 샀다. 원형 톱과 왕복 톱도 같이 골랐다. 원형 톱은 다양한 작업에 활용할 수 있을 듯했고, 왕복 톱은 살벌하게 생겼지만 조만간 착수할 각종 철거 작업에 유용할 것 같았다.

공구들을 사 들고 방으로 돌아와 문을 닫았다. 차례대로 조심스럽게 개봉하고 이리저리 살펴봤다. 설정 버튼, 다이얼, 게이지가 이렇게나 많을 줄은 미처 몰랐다. 손안에서 묵직하게 만져지는 느낌이 제법 근사했다. 매뉴얼을 꼼꼼히 읽으며 설정을 하나씩 건드려봤다. 밖에 누가 있었다면 밤새 비닐 포장이 바스락거리는 소리와 간헐적으로 윙 하고 돌아가는 전동 모터 소리만 들었을 것이다. 밤이 깊어가도록 계속 연습했다. 드릴 비트를 이것저것 끼워보고, 손에 익을 때까지 원형 톱을 움직이며 절단 깊이를 조절했다. 잠깐 흥분을 주체하지 못해서 집주인 눈에 띄지 않을 옷장 구석에 구멍을 몇 개나 뚫어버리기도 했다.

그날 밤 침대에 누우니 어린 시절 크리스마스 밤에 느꼈던 행복감이 떠올랐다. 새 장난감이 생겼다는 사실, 앞으로 즐거운 나날이 계속되리라는 사실을 떠올리며 잠들던 그때와 기분이 아주 비슷했다. 당시 나는 몇 달째 불면증에 시달리던 중이었다. 시간을 어떻게 써야 할지 고민스러웠다. 회사를 그만두고 다른 일을 찾아봐야 할까? 운동 루틴을 바꿔야 하나? 새로운 취미를 좀 찾아볼까? 밤은 내가 하루를 잘 보냈는지 자신을 의심하는 시간으로 변해 있었다. 먼 훗날 오늘을 돌아보며 좋은 기억으로 간직할지, 아니면 후회하며 땅을 칠지 생각하곤 했다. "요새 뭐 하고 지내?"라는 질문에 딱히 대답할 말이 없다는 두려움을 떨칠 수가 없었다. 거울을 보고 자문자답을 할 때면 두려움은 더 커졌다. 하지만 더는 아니었다. 찰나의 기분 전환이라고 할지라도 오두막 덕분에 답을 찾은 것만 같았다.

몇 주간 공구를 보고 다녔을 뿐인데 나를 괴롭히던 잡념들이 싹 사라졌다. 본격적인 작업을 시작하기도 전이었는데 해묵은 무기력증이 벌써 해소된 느낌이었다. 반가운 변화였다. 정확히 무엇이 나를 고통에서 해방시켜 줬는지는 모르겠지만 그 속으로 더 깊이 빠져들고 싶었다.

드릴과 톱 말고도 초기에 장만한 공구가 하나 더 있다. 당시 나는 배터리가 방전될 경우를 대비해 휘발유로 작동하는 혼다Honda 사의 소형 발전기를 크레이그리스트에서 구매했다. 친절한 여성 판매자는 그 발전기를 버닝맨(미국 네바다주 블랙록사막에서 매년 개최되는 행사로, 사막에 임시 도시를 건설해 일주일간 생활하다가 마지막에 전부 불태운다—옮긴이)에서 캠핑할 때 전력 공급원으로 사용했다고 했다. 자그마한 엔진이 거기서 어떤 혹사를 당했을지 생각하면 꺼림칙했지만, 적당한 가격이었고 판매자의 권유에 따라 코드를 당겨보니 부르릉 소리와 함께 시동도 바로 걸렸다. 부피가 큰 공구는 소형 발전기가 마지막이었지만 그 뒤로도 내 쇼핑은 멈출 줄 몰랐다. 출근길에 DIY 매장이 보이면 지나치질 못하고 들어갔다. 그리하여 오두막을 사고 몇 주도 지나지 않아 나는 수평자, 질 좋은 가죽 장갑, 매우 긴 길이를 측정할 수 있고 엄청난 기세로 케이스에 탁 말려 들어가는 줄자를 새로 사들였다. 귀마개와 보안경도 샀다. 잃어버리기가 쉬워서 아마도 사용하지 못할 게 뻔했지만 말이다. 다행히 나는 눈을 찌푸리고도 오래 버틸 수 있었다.

04 일단 맥주부터 마시고

공기가 선선해지기 시작한 10월 중순의 어느 날, 새벽 여섯 시에 휴대전화 알람이 울렸을 때 바깥은 아직 캄캄했다. 길 건너 우유 공장의 희미한 불빛이 내 방을 옅은 녹색으로 물들였다. 창문 너머로 어설픈 궤적을 그리며 떨어지는 단풍잎이 어렴풋이 보였다.

사실 알람은 필요 없었다. 몇 시간 전부터 깨서 머릿속 목록을 훑고 있었으니까. 벽 패널로 사용할 합판은 1/4인치 두께로 18개. 출입문과 창문 몰딩에 사용할 삼나무 판자는 1×4인치 크기로 16개. 데크를 덮을 삼나무 판자는 28제곱미터. 부족하려나? 32제곱미터로 늘리는 게 낫겠다.

오두막을 산 지 거의 한 달이 되는 기간 동안 거기에 두 번을 다녀왔다. 한 번은 형에게 보여주기 위해서였다. 형은 사랑하는 가족만이 보낼 수 있는 의심의 눈초리로 오두막을 바라봤다. 겉으로는 흥미롭다는 표정을 지었지만 그 아래에는 걱정이 깔려 있었고 심연에는 두려움이 도사리고 있었다. 형이 그렇게 복잡한 심경으로 가느다란 골조를 밟고 서 있는 동안 나는 이 자리가 곧 근사한 데크로 변신할 것이라며 자신 있게 말했다.

두 번째 방문 때는 줄자로 창문, 벽, 바닥을 측정해 치수를 꼼꼼히 기록했다. 모눈종이를 가져가서 자세한 도면도 그렸다. 이렇게 해야 데크와 진입로 공사에 무엇이 필요할지 계획할 수 있으니 말이다. 지금의 진입로는 부츠를 잡아먹는 숲속의 늪과 다름없었다. 진득한 진흙 웅덩이에 구부러진 못과 썩은 나무토막이 토핑처럼 둥둥 떠다녔다.

곧 있으면 겨울이었다. 겨울은 기본적으로 눈이 내리고 비도 많이 오는 계절이다. 수리를 웬만큼 해놓아야 추운 계절에 오두막 안에서 편히 쉴 수 있을 텐데 시간이 너무 부족했다. 주말만 써서는 굵직한 프로젝트를 제때 끝낼 수 없을 터였다. 침대에서 일어나 낡은 청바지를 주워 입으며 백 번 넘게 살펴본 머릿속 목록을 다시 훑었다.

지금은 데크에 골조만 있어서 현관문까지 가려면 곡예에 가까운 묘기를 부려야 했다. 나는 오두막에서 서쪽으로 20분쯤 거리에 있는 목재 아울렛에서 산 삼나무 판자로 데크를 덮을 계획이었다. 현관문은 정체불명의 이유로 반쯤 열리다 말고 바닥에 걸렸다. 바닥이 핀볼 테이블 받침대로 써도 될 만큼 기울어졌기 때문인지, 문 자체가 평평하지 않기 때문인지 알 수 없어서 해야 할 일 목록에 그저 '문 고치기'라고 올려뒀다. 진입로는 자동차 두 대를 앞뒤로 길게 주차할 수 있을 정도로 널찍했지만 늪처럼 질척거렸으므로 그 위에 자갈을 깔아야 했다. 인근의 자재 업체에 연락하니 오전 중으로 자갈을 배달해 주겠다고 했다.

내부 벽면은 커다란 삼나무 판자로 덮여 있었지만 납치범이 신문에서 글자를 일일이 오려서 붙인 협박 편지처럼 배열이 엉망이었다. 나는 벽면을 전부 뜯어내고 최저가 합판을 구해다 붙일 계획이었다. 바닥에는 할인가로 구매한 라미네이트 바닥재를 깔기로 했다. 나뭇결무늬에서 가짜 나무 티가 팍 났지만, 내가 가진 예산으로 수리를 하려면 가짜 냄새가 나는 나뭇결무늬 자재를 애용하는 수밖에 없었다.

마지막으로, 오두막 옆에 있는 커다란 구덩이는 우리의 화장실이 될 예정이었다. '우리'라고 하는 이유가 있었다. 숲에서 친구들과 요새를 짓던 어린 시절의 추억을 재현하려면 이 오두막을 나 혼자만의 공간으로 둘 수 없었기 때문이다. 이 공간은 주말 동안 군소리 없이 무급 노동을 바칠 마음씨 좋은 친구들의 손 위에서 탄생하고 발전할 예정이었다. 다 함께 즐거운 시간을 보내는 가운데 내가 미지근한 맥주와 공짜 샌드위치도 제공할 계획이었지만 친구들에게는 또 다른 보상이 기다리고 있었다. 우리 중 누구도 우리가 무슨 짓을 하고 있는지 모른다는 현실에서 비롯하는 짜릿함이었다.

유년 시절 나와 내 친구들은 영화 속에서 아버지가 자녀에게 알려주는 것 같은 가르침을 받지 못했다. 그런 아버지가 있었던 경우에도 어리석었던 우리는 아버지의 말에 귀를 기울이지 않았다. 우리는 집을 짓는 법도, 차를 고치는 법도 몰랐다. 직쏘jigsaw와 실톱scroll saw의 차이를 몰랐고, 오비탈 샌더orbital sander가 팜 샌더palm sander보다 나은 이유도 알지 못했다. 여자 앞에서는 엔진이 고장 나도 고칠 수 있는 척했고, 악수할 때는 상대의 손을 최대한 꽉 움켜쥐려고 했다. 평소에는 손에 뭘 쥔다고 해봐야 고작 닌텐도 컨트롤러 아니면 기타 넥이었던 주제에. 이런저런 시행착오를 겪으며 집 고치는 법을 배워야 정상이지만 성인이 되고 나서는 집 보증금을 날릴까 봐 두려워 감히 시도조차 할 수 없었다. 하지만 한 번쯤 시도해 보고 싶다는 마음은 분명히 있었다.

오두막은 그런 의미에서 완벽한 연습장이었다. 심지어 우리가 뭘 하는지 지켜보며 싫은 소리만 내뱉을 참견쟁이들과 멀찍이 떨어져 연습할 수 있었다. 오두막은 타인의 시선으로부터 안전한 장소였다. 아무도 쳐다보지 않는 듯이 춤추라는 말도 있지 않나. 우리는 비꼬는 말투로 "흠, 그것도 하나의 방법이겠지."라고 한마디 툭 던지는 사람 없이 집을 짓고 싶었다. 이 오두막에서는 절단면이 직선이 아니어도, 못이 구부러져도 괜찮았다. 바닥이 조금 기울어져도, 진입로가 단단하지 않아도 신경 쓰는 사람이 없었다. 전동공구로 재밌게 나무를 자르면 그만이었다. 드릴의 전원 스위치를 꾹 누르고 톱으로 판자를 잘라내면 충분했다. 우리끼리 있을 때는 플러그를 꽂아야 하는 상황에서 누군가가 "전기 발사!"라고 외치면 발전기 작동법을 몰라도 발전기에 시동을 걸어야 한다는 뜻임을 다 알아들었다. 우리를 평가하는 관찰자들은 숲의 나무들뿐이었다. 반창고 한 움큼만 있으면 모든 문제를 수습할 수 있었다. 우리는 어린 시절에 배우다 만 기술을 터득하며 우리만의 요새를 건설하고 집을 짓는 법을 다시 배워나갈 터였다.

나는 주방에 불을 켜고 그라인더를 꺼내서 커피 원두를 갈기 시작했다. 분쇄 소리와 커피 향이 거실에서 잠든 친구를 깨워줬으면 하는 마음도 있었다. 브라이언Bryan이 새빨간 침낭에 반쯤 파묻힌 채로 일어나서 앉았다. 서로 눈이 마주쳤을 때 우리는 이제 무엇을 해야 하는지 이해하고 고개를 끄덕였다. 가방을 싸고 커다란 텀블러 몇 개에 커피를 채워서 밖으로 나오기까지 몇 분도 걸리지 않았다. 짐을 싣는 동안 미리 차 안을 따뜻하게 하려고 1994년식 빨간색 포드 레인저에 시동을 걸었다. 주말 동안 쓰려고 엄마에게서 빌린 픽업트럭은 우리가 앞으로 할 작업과

절묘하게 잘 어울렸다. 나는 합판과 바닥재가 들어 있는 적재함에 새로 산 공구와 양동이 몇 개를 더하고 집주인 몰래 빌린 알루미늄 연장 사다리로 그 위를 덮었다. 짐을 다 싣고 나서는 화물이 도로로 튕겨 나가지 않도록 30미터짜리 밧줄을 몇 번이나 X 모양으로 엮고 촘촘한 매듭으로 고정했다.

북동쪽으로 달리는 동안 하늘이 점점 밝아졌다. 30분가량 지나자 캐스케이드산맥의 삐죽삐죽한 실루엣이 보이기 시작했다. 잠시 멈춰서 발전기에 기름을 채우고 다시 출발했다. 커피를 다 마셔갈 즈음 국도에서 리버사이츠로 빠져나왔다. 트럭은 강과 나란히 있는 자갈길을 달리며 덜컹거렸고 선셋폭포를 지난 뒤 철로 위의 다리를 넘어 위츠엔드에 도착했다. 진흙 웅덩이 같은 진입로에서 몇 걸음 떨어진 길 한가운데에 차를 세우자마자 두 번째 차도 도착했다. 마지막으로 세 번째 차까지 주차를 끝냈다. 세 대의 차를 나눠 타고 온 여섯 명의 바보 군단이 차에서 내렸다. 우리와 오두막 사이에는 목재 수백 달러 치와 아무도 사용법을 모르는 공구가 한가득 든 트럭이 서 있었다. 오전 아홉시, 이제 작업을 시작할 시간이었다. 하지만 그전에 맥주를 샷건 스타일(캔 옆면에 구멍을 뚫어서 맥주를 빠르게 마시는 방식 —옮긴이)로 마시면 딱일 것 같아서 친구들에게 맥주를 한 캔씩 건넸다.

인디는 우리 중 막내였다. 꼭 아빠 같은 성격이라 우리가 자주 놀렸는데 자기 이미지에 걸맞게 아빠들이나 하는 액세서리를 애용했다. 벨트에 차는 휴대전화 홀더라거나 본인이 다니는 볼링용품 제조사의 이름이 박힌 야구모자라거나.

맷Matt은 유능한 뮤지션이자 내 절친한 친구로, 내가 누군가와 논쟁을 벌이거나 함께 폭소를 터뜨리고 있다면 상대가 맷일 가능성이 컸다. 논쟁보다 웃는 일이 더 많았지만. 맷은 한 고집하는 성격이라 문제가 생기면 늘 자신의 의사를 확실히 밝혔다.

브라이언은 몇 년 전에 만난 동료 작가로, 나만큼이나 이 직업에 염증을 느끼고 있었다. 캘리포니아 출신이며 오직 나를 돕겠다는 이유 하나만으로 콜로라도에서 여기까지 왔다.

켈런Kellen은 맷의 매형이자 우리가 술 취한 대학생들에게 샌드위치를 배달하기 위해 픽시 자전거를 타던 시절 그 샌드위치 가게의 매니저였다. 우리 다 실력이 고만고만했지만 집수리 경험으로 따지면 켈런이 꼴찌였다. 그래도 뜨거운 열정으로 부족한 경험을 만회했고 수염만큼은 우리 중에서 최고로 멋있었다. 그러면 됐지.

마지막 멤버인 루커스Lucas는 자기가 제일 경험이 많다는 말을 지겹게 하는 친구였다. 결국 우리는 참지 못하고 폭발했고 루커스에게 샛노란 안전모를 씌우고 화장실 만드는 일을 맡기면서 "반장님"이라고 불렀다.

나는 다 마신 레이니어Rainier 맥주 캔을 트럭 적재함에 던지고 친구들에게 앞으로의 계획을 설명하며 각자 역할을 고르게 했다. 할 일은 산더미인데 우리에게 주어진 시간은 얼마 없었다. 저마다 아이디어도 제각각이었다. 맷은 진입로에서 시선을 떼지 못했다.

"야, 여기 물이 너무 많다. 어떻게든 빼야겠는데." 맷이 내게 말했다.

"자갈 업체에서 두 시간 안에 도착할 거야. 시간이 없어. 그리고 너 데크 담당 아냐?"

"데크는 내가 알아서 할 거야. 그런데 이 늪 좀 보라고, 응?"

맷의 말이 틀리지는 않았다. 진입로에 물이 흥건하게 고여 있었다. 하지만 나는 배수 작업을 어떻게 하는지 몰랐다. 생각한 적이 없으니 방법을 알아보지도 않았다. 내가 아는 사실이라고는 지금 그 문제까지 처리할 여유가 없다는 것뿐이었다. 맷은 진흙 밭에 도랑을 파서 배수구를 만들자고 다른 친구들과 상의하고 있었다. 아니, 그러면 자갈이 전체적으로 퍼지지 않고 도랑에 빠질 텐데? 나는 트럭에서 짐을 다 내린 뒤 맷을 똑바로 보며 말했다. "무슨 말인지 알겠는데 그럴 시간이 없어. 자갈 업체에서 두 시간 안에 온다니까. 그만하자고."

"그래, 알았어." 맷이 옆에 있는 삽을 힐끗 보며 말했다.

"난 삼나무 가지러 간다. 땅 파기만 해."

"그래, 안 한다고."

"배수로 말고 데크 작업이나 해. 재밌을 거야."

"그럼, 당연하지."

나는 트럭 뒷문을 쾅 닫고 운전석에 올랐다. 길 끝에서 방향을 틀어 천천히 차를 몰았다. 맷이 다른 친구들에게 뭐라고 말하는 모습이 보였다.

"하지 마!" 옆을 지나며 내가 외치자 친구들은 손을 흔들며 미소를 지었다. 베이비시터로 위장한 연쇄 살인마가 아기 부모를 안심시키려 할 때 지을 법한 미소였다.

두 시간 뒤, 나는 트럭에 데크용 자재를 가득 싣고 돌아왔다. 자갈 업체에서 곧 도착할 시간이었다. 오두막 위로 살짝 솟은 언덕을 넘는데 맷과 몇 명이 삽과 양동이를 들고 진흙 범벅이 돼 있는 꼬락서니가 보였다. 주변에는 아까보다 더 많은 빈 맥주 캔이 굴러다녔다. 오두막은 그대로였지만 진입로를 따라 도랑이 파여 있었고 커다랗고 굵은 파이프가 거기에 놓여 있었다. 나는 본 적도 없는 물건이었다.

"이럴 줄 알았어!" 내가 트럭에서 뛰어내리며 말했다. "자갈 업체에서 오고 있다고! 이럴 시간 없다고 했잖아! 자갈을 깔려면 저거 다 막아야 한다고!"

다급한 외침을 듣고 다들 우르르 모여서 도랑을 메우기 시작했다. 우리는 마치 타임랩스로 찍은 개미 떼 같았다. 맷은 더 낮은 지대를 찾아서 계속 도랑을 파고 있었고 다른 친구들은 오두막 뒤편의 낙엽 더미 아래에서 발견한 파이프 조각들을 더 가져오고 있었다. 우리는 그렇게 도랑을 다시 덮었다. 낡은 판자, 나뭇가지, 금속 지붕 조각, 땅에 묻혀 있던 유리병 등 손에 잡히는 모든 물건을 총동원했다.

숲에 있는 쓰레기를 다 때려 넣고 있을 때 대형 트럭이 부르릉거리며 위츠엔드길을 올라오는 소리가 들렸다. 이제 구덩이는 근처의 낙엽으로 급하게 위장한 대형 부비트랩처럼 보였다. 엔진 소리가 점점 커지자 우리는 차에 올라탔다. 트럭이 들어오려면 차를 빼줘야 했기 때문이다. 언덕 꼭대기에 운전석이 보이더니 이윽고 빛바랜 노란색의 디젤 트럭이 내리막길을 내려왔다. 트럭은 진입로 바로 앞에 덜컹하고 멈춰 섰다. 문이 열리면서 낡아빠진 가죽 부츠, 맨다리, 짧은 카고바지, 하와이안 셔츠, 사파리 모자가 차례로 모습을 드러냈다. 모자 아래로 보이는 얼굴에는 건조한 미소가 걸려 있었고 긴 수염 때문인지 꼭 마법사처럼 보였다.

"안녕하십니까. 칼Cal이올시다. 이거 어디다 깔면 될까나?"

자신을 칼이라고 소개한 남자가 트럭에서 내렸다. 뒷바퀴에 복륜 타이어를 장착한 대형 트럭의 뒷부분은 덤프트럭 형태였고 앞부분은 트럭 몇 대의 앞면을 용접해서 붙인 듯한 생김새였다. 부드러운 공회전 중에도 프랑켄슈타인의 얼굴처럼 생긴 운전석은 요란하게 흔들렸다. 칼은 턱에 듬성듬성한 흰 수염을 길게 기르고 있었다. 수염 가닥들이 따로 놀면서 작은 번개처럼 얼굴 밖으로 뻗쳐 있어 시뻘건 얼굴이 더 빨갛게 보였다. 햇볕을 너무 오래 쬤나? 아니면 과도한 육체노동 때문인가? 아니면 어딘가에 돌을 와르르 쏟아부을 수 있다는 생각에 기쁨이 벅차올라서 얼굴에 드러난 걸까? 내가 품었던 의문은 향후 몇 년간 칼에게서 자재 배달을 받는 동안 서서히 해소됐다. 정답은 마지막이 확실했다. 칼과 악수를 나누고 진흙 구덩이로 같이 걸어갔다. 맷이 숲속 어딘가에서 아직도 부지런히 도랑을 파는 소리가 들렸다. 이 오두막의 경계를 아무리 후하게 잡아도 이미 한참 전에 그 경계선을 벗어난 것 같았다.

"여기쯤이 어떨까 해요, 칼." 내가 진입로의 끝이 될 지점을 가리키며 말했다. "자갈을 부으면서 땅을 평평하게 고를 수도 있을까요?"

"네, 물론이죠." 칼이 자신 있게 대답하고는 민첩한 체조 선수처럼 트럭에 올라탔다. 얼굴은 70대 같았는데 점프하는 모습은 꼭 열여덟 살로 보였다.

나는 자갈이 내려올 곳 옆에서 친구 몇 명과 함께 삽과 갈퀴를 들고 대기했다. 무거운 자갈을 직접 나를 일은 없으리라 생각했다. 칼이 짙은 회색의 자갈을 길게 깔면 우리는 튀어나온 가장자리만 다듬으면 되리라. 그렇게 20분 뒤면 진입로가 생기리라 믿었다. 후진을 예고하는 날카로운 신호음이 삑삑 울렸고 트럭이 덜컹 흔들리며 후진을 시작했다. 하지만 5미터를 조금 넘게 이동하고는 갑자기 멈춰 섰다. 적재함이 휙 올라가더니 자갈을 앞으로 가지고 가는 대신 길옆에 와르르 쏟아부었다. 원래 자갈을 투하하기로 했던 지점은 10미터를 더 가야 하는데? 뿌듯한 얼굴로 트럭에서 뛰어내린 칼이 자갈 더미 위로 올라가 정상의 풍경을 감상한 뒤 말했다. "역시, 저쪽은 진흙이 너무 많아. 여기가 딱이네. 비용은 200달러예요."

칼의 밝은 기운에는 전염성이 있었다. 그의 기분을 망치고 싶지 않았던 나는 현금을 건네고 칼이 다시 트럭에 오르는 모습을 바라봤다. 그는 창밖으로 손을 흔들더니 매캐한 연기와 소음을 일으키며 도로 저편으로 사라져버렸다.

나는 졸지에 도로 작업반이 된 친구들의 불평불만을 예상하면서 뒤로 돌았다. 그런데 뜻밖에도 그들은 뭉툭한 삽과 허접한 갈퀴로 돌산에 맹공격을 퍼붓고 있었다. 타이어가 터진 녹슨 손수레(이것도 근처 숲에서 발견했다)에 자갈을 한가득 붓고 진창과 우리의 쓰레기 구덩이를 지나 진입로 끝까지 끌고 갔다.

그러는 사이에 맷의 작업이 끝났다. 우리는 배수로의 시작점에 있는 물웅덩이를 다 같이 점검했다. 파이프는 삽으로 자갈을 두껍게 얹어서 덮어놓은 상태였다. 마음의 눈으로 파이프를 따라서 가보니 끝에서 물이 졸졸 흘러나오고 있었다. 정말로 물이 빠지고 있었다. 우리는 맷의 노고에 감사하는 의미로 이 배수로에 배저 개울Badger Creek이라는 이름을 붙이고(맷의 성이 배저다)

기념으로 맥주를 한 캔씩 더 마셨다.

다른 작업도 이어갔다. 삽질하다가 팔이 아프면 다음 사람과 교대했으며 다들 한순간도 쉬지 않고 열심히 일했다. 오두막은 활기를 띠고 시끌벅적해졌다. 아이팟과 연결된 미니 스피커에서 음악이 쿵쿵거렸고 배터리를 충전하는 발전기에서도 굉음이 났다. 톱은 위이잉 소리를 내며 삼나무를 잘랐고 망치는 오두막의 골조에 박혀 있던 구부러진 못들을 리듬감 있게 내리쳤다.

데크를 맡은 브라이언과 맷은 삼나무 판자를 자르고 나사로 고정했다. 인디는 달걀 껍데기를 벗기듯 손쉽게 문을 경첩에서 떼어내 나를 놀라게 했다. 하지만 원형 톱으로 문짝 아래를 사선으로 자르는 모습은 걱정스러웠다. 문이 바닥에 걸리는 문제를 해결하려는 걸까? 나는 그렇게 생각하며 인디를 말리지 않았다. 한편 집 안에서는 켈런이 벽면의 낡은 패널을 뜯어내고 있었는데 망치로 못을 뽑는 족족 귀가 찢어질 듯한 금속성이 들렸다. 루커스는 야외 화장실의 기초 공사를 시작했다. 낡은 패널이 사라진 자리에는 깨끗한 합판을 붙였다. 가장자리가 대체로 들쭉날쭉했지만 우리는 한바탕 웃으면서 수많은 못으로 틈새를 메웠다. 예쁘지 않아도 튼튼하면 합격이었다. 나는 일손이 필요할 때마다 이쪽저쪽을 오가며 공구와 자재를 전달하고 친구들과 하이 파이브를 주고받았다.

작업을 진행할수록 분명해졌다. 이 오두막을 짓다 만 사람도 우리만큼이나 건축 지식이 없었다. 각도, 수평 뭐 하나 맞는 것이 없었다. 일관성도 없었다. 나무 종류가 제각각이었다. 벽과 바닥은 정사각형도, 직사각형도 아닌 살짝 기울어진 사다리꼴이라 치수를 정확히 측정해서 패널로 덮으려면 기하학 박사 학위가 필요할 판이었다. 하지만 우리는 이 정도면 충분하다는 믿음으로 문제들을 넘겼다. 나사를 박을 때마다 우리의 실수가 전 주인의 실수와 합쳐져 더 엉망이 됐다. 매듭이 있는데 풀기는커녕 끈을 더 찾아서 엮는 꼴이었다.

우리는 이런 식으로 몇 시간 동안 오두막을 수리했다. 휴식은 소변을 보거나 맥주를 들이켜거나 트럭 뒷문 옆에서 톱밥이 묻은 땅콩버터 샌드위치를 먹을 때뿐이었다. 어떤 작업을 하든 우선은 한데 모여서 새로운 공구를 구경하고 한 명씩 차례대로 시험했다. 원형 톱, 임팩트 드라이버, 왕복 톱을 처음 써볼 때마다 얼굴에 미소가 번졌고 "이거지!" 하는 환호가 돌림노래처럼 터져 나왔다.

태양이 오두막 뒤편의 언덕 너머로 저물 무렵, 데크가 거의 완성됐다. 인디는 문짝을 다시 달았다. 문고리를 돌리며 살짝 밀자 문이 유려한 움직임으로 끝까지 열렸다. 문이 바닥에 걸리지 않는 모습을 보며 우리는 기뻐했다. 하지만 문을 닫으니 문짝 아래와 문설주 사이가 제법 크게 벌어져 있었다. 에이, 설마 무슨 일이 생기겠어? 그렇게 생각하며 걱정을 머리에서 밀어냈다(하지만 다음 날 아침에 새 한 마리가 그 틈으로 걸어 들어왔을 때는 솔직히 걱정할 수밖에 없었다. 당사자인 새도 놀란 기색이었다).

밤이 찾아왔다. 우리는 합판 더미 위에 침낭을 깔고 위스키 한 병을 돌려 마시며 저녁 식사로 짭짤한 감자칩을 나눠 먹었다. 화장실 공사가 반밖에 진행되지 않아 볼일은 교대로 헤드램프와 삽을 들고 숲속으로 들어가 해결해야 했다. 곰에 대한 공포가 쾌변에 효과가 있다는 사실을 그때 처음 알았다.

허리케인 램프hurricane lamp(불꽃이 허리케인처럼 강한 바람에도 꺼지지 않도록 유리 챔버로 감싼 석유램프 — 옮긴이)의 흐릿한 불빛은 오두막에 운치를 더했다. 때로는 굳이 흐린 눈을 하지 않아도 우리만의 특별한 손재주를 기분 좋게 감상할 수 있었다. 우리는 노래를 부르며 술을 마셨고 내가 충동구매한 프로판 난로가 쉭쉭거리는 소리를 들으며 그 앞에서 몸을 녹였다. 오두막을 처음 방문했을 때 내가 상상했던 장면이 정말 현실이 돼가는 중이었다. 이곳은 따뜻하고 또 행복했다. 휴대전화와 텔레비전, 소음과 자극에서 벗어나 우리 손으로 직접 창조한 공간에서 묘하게 끈끈한 동지애에 불타올랐다. 아침만 해도 너 먼저 들어가라고 등을 떠밀던 곳이 친구들끼리(술에 꽤 취하기는 했어도) 옹기종기 모여서 잠들기 좋은 공간으로 다시 태어났다. 우리가 그렇게 만들었다. 이 오두막은 우리의 작품이었다.

아침에 눈을 뜨고 추위에 떨면서 뻣뻣하게 굳은 몸으로 다들 히터 주위에 모였다. 인디가 뜨거운 커피와 기름진 소시지 샌드위치를 사 오겠다고 시내로 나갔고, 그사이에 우리는 분주히 작업을 재개했다. 화장실을 만들고 지붕을 얹었다. 바닥에 합판을 깔고 그 위에 나뭇결무늬의 라미네이트 바닥재를 깔았다. 데크도 전날보다 반듯한 절단면으로 완성됐다. 늦은 오후에 다른 친구들이 짐을 싸는 동안 나는 비행기를 타야 하는 브라이언을 태우고 공항으로 출발했다. 차를 타고 나가는 길에 이런 생각이 들었다. 우리도 여기서 몇 가지 기술쯤은 익힐 수 있지 않을까?

그렇게 다섯 명의 친구와 주말을 함께 보냈다. 단 이틀 동안 나는 분명한 사실을 깨달았다. 오두막은 나뿐만 아니라 내 친구들의 가슴에도 울림을 일으켰다. 그들도 오두막에서 희망을 발견했다. 장작을 패고 전동공구의 위력을 실감하는 주말을 꿈꾸게 됐다. 이른 아침에 팬케이크 크기의 햄스테이크를 먹고 오후에 톱밥을 날리며 새로운 작업을 벌이는 모습도 상상하게 됐다. 한때는 자신이 없었다. 외딴 마을 한복판에 다 쓰러져 가는 오두막을 사다니 과연 잘한 짓일까? 하지만 마음 한쪽에 남아 있던 의구심은 서서히 옅어졌다. 이 오두막은 우리 모두에게 필요한 곳이었다. 몇 가지 기술을 익힐 기회를 주기도 했지만 그보다 더 큰 의미가 있었다. 당시 매년 집, 여자 친구, 직장이 달라지던 나에게 드디어 불변의 장소가 하나 생겼다. 그것만으로도 엄청난 위안이 됐다. 오두막은 우리 각자가 마음속으로 느끼면서도 말로는 표현할 수 없었던 향수병을 달래줬다. 앞으로 어떤 일들을 할지 흥분해서 떠들던 순간에도 사실은 안도감을 표현하고 있던 셈이다. 이제 우리에게는 언제든 만나서 웃고 추억을 쌓을 수 있는 공간이 생겼다.

내가 그 주말에 얻은 교훈은 또 있었다. 이틀 동안 작업을 하면서 책상이나 컴퓨터 앞에서는 한 번도 느껴본 적이 없는 몰입감을 경험했다. 몇 년째 키보드를 열심히 두드렸지만 손에 잡히는 결과물은 없었다. 물론 같은 일을 하면서 만족하는 친구와 동료도 있었다. 하지만 나는 내 노력을 허공에 헛되이 던지고 있다는 느낌을 더 많이 받았다. 하지만 오두막은 아주 또렷한 현실에 존재했다. 몇 시간 전만 해도 방부목재 조각 위에 아슬아슬하게 서 있던 내가 지금은 톱으로 잘라서 갓 만든 삼나무 데크 위에 당당히 발을 디디고 서 있었다. 진입로에 있던 늪은 넓고 깔끔한 자갈밭으로 변신해 자동차 몇 대도 거뜬히 세울 수 있었다. 나는 무언가를 만드는 과정에서 나오는 수천 조각의 퍼즐에 푹 빠졌다. 바깥에서 활동하는 즐거움도 컸다. 쌀쌀한 공기를 가르는 아침 햇살을 느끼며 삽 머리를 땅속 깊이 밟아 넣을 때 코를 찌르는 축축한 흙냄새도 좋았다. 작업을 하다 고개를 들면 믿기 힘들 만큼 거대하고 웅장한 산봉우리가 멀리서 항상 지켜보고 있다는 사실만으로 행복했다.

05 오두막이라는 비효율 시스템

오두막을 갖기 전부터 나는 사람들이 오두막이라는 말을 너무 가볍게 사용하는 게 늘 불만이었다. 언제부터인가 오두막의 정의가 '기본적인 보호를 제공하는 원시적인 집'에서 '주변에 나무 예닐곱 그루 이상이 있는 건축물'로 바뀐 것만 같았다. 전에 친구가 자기 오두막에 놀러 오라고 해서 가봤더니 도착하자마자 농구 코트가 보였다. 농구 코트까지 갖춘 집이 어떻게 오두막이란 말인가. 오두막은 파상풍을 각오해야 하는 곳이다.

진정한 오두막은 텐트와 다를 바 없다. 편의 시설 없이 그저 비바람을 피하고 몸 하나 뉠 수 있는 공간이란 말이다. 비효율적인 시스템을 체험하다 보면 인생의 95퍼센트를 차지하는 안락한 생활에 감사하게 된다. 변기 위에 '숲에 살면 행복해진다.'라는 팻말이 걸려 있다면, 그곳은 오두막이 아니다.

오두막은 좁다. 퀴퀴한 냄새가 난다. 마감은 엉성하고 집에서 사용했던 중고 물품들로 꾸며져 있다. 날이 무뎌 쓰기 힘든 칼, 서로 어울리지 않는 가구, 촌스러운 취향의 그림을 그냥 가져다 놓은 장소다. 오두막에 들어서면 현재와 비슷한 삶이 아니라 과거의 삶으로 돌아간 듯한 감각이 느껴져야 한다.

오두막이라는 말을 남용하거나 오용하는 사람들을 왜 싫어하냐고? 내가 단순히 잘못된 정의를 못 참는 성격이라서가 아니다. 나는 진정한 오두막만이 갖는 가치가 있다고 믿는다. 그래서 가치의 본질을 흐리는 사람들을 볼 때면 화가 나는 거다. 열선이 깔린 진입로와 와이파이 냉장고가 있는 방 여덟 개짜리 '오두막'에서는 진정으로 필요한 경험을 할 수 없다.

보통 집에서 저녁 시간을 보내면 휴대전화를 쥐고 소파에 앉아 엑스(구 트위터), 인스타그램, 유튜브, 텔레비전 프로그램을 느긋하게 순회하게 마련이다. 그렇게 몇 시간이 지난다. 하루, 또 하루가 간다. 이런 식으로 주말을 흘려보낸다. 그래, 친구들과 함께 저녁 식사를 만들어 먹는 날도 있겠지. 일요일 오후에는 빨래처럼 시간과 에너지를 잡아먹는 집안일을 할 수도 있고. 하지만 현대인의 고질병을 이겨내고 그런 일들을 하려면 헤라클레스 같은 힘이 필요했다. 내가 특별히 게으르거나 가벼운 우울증을 앓고 있기 때문일 수도 있다. 하지만 이유가 뭐든 간에 무기력하게 시간을 허비하는 일은 세상에서 제일 쉬웠다. 더 심각한 문제는 나처럼 사는 사람이 너무 많아서 그것이 문제라는 인식조차 할 수 없다는 점이었다.

친구들과 함께한 작업 파티 이후로 몇 주간 틈만 나면 오두막으로 달려갔다. 큰 공사는 얼추 끝났지만 여기저기 자잘하게 마무리할 부분들이 남아 있었다. 바닥의 빈 곳에 인조목재 몇 장을 추가하고 야외 화장실 벤치에 변기 시트를 달았다. 대청소도 했다. 창문만 닦았을 뿐인데 오두막 안으로 들어오는 빛의 양이 두 배는 늘었다. 사이사이에 덜 중요한 일들도 껴 있었다. 손도끼 던지기, 펌프식 비비탄총으로 맥주 캔 난사하기 같은 일들 말이다. 오두막에 들를 때마다 생활용품도 조금씩 보충했다. 수납장과 화장실에 두루마리 휴지를 채우고 양초, 허리케인 램프, 여분의 랜턴 연료, 동결 건조한 해시브라운 몇 상자도 가져다 놓았다. 난생처음 보는 초대형 병에 든 타바스코 소스도 가져갔다.

오두막에 드나들기 시작한 초반부터 나는 규칙적인 생활 리듬을 찾았다. 오두막에서 하루를 편안하게 보내려면 소소한 일들을 끊임없이 해야 했다. 그리고 이런 활동은 현대의 편의 시설과 대도시 생활이 낳은 무기력증에 특효약으로 작용했다. 오두막의 진정한 가치는 끝없이 이어지는 집안일에 숨어 있었다. 물론 오두막에서도 바닥에 앉아 휴대전화를 사용할 수는 있었다.

하지만 와이파이를 쓰려면 25킬로미터를 달려서 술탄의 맥도날드까지 가야 했다. 휴대전화 따위를 들여다보고 있을 시간도 없었다. 할 일이 태산이니까. 랜턴에 조심스럽게 기름을 채워야 했다. 차나 커피를 마시려면 콜맨Coleman 버너에 물을 끓여야 하는데, 그전에 작은 막대기로 펌프질을 해서 연료통에 수동으로 압력을 가해야 했다. 심심하면 책을 읽거나 기타를 쳤다. 숲을 산책하며 주변 산의 경치가 더 잘 보이는 자리, 작은 개울, 오래돼 뒤틀린 나무를 발견하기도 했다. 뭘 하든 시간이 걸렸다. 그저 몸을 따뜻하게 데우고 배를 든든하게 채우는 데 몇 시간이 훌쩍 지나갔다. 도시에서는 일부러 시간을 내서 '현존be present'이나 '마음챙김mindfulness' 같은 활동을 해야 한다고 말한다. 하지만 오두막에서 일하다 보면 자연스레 그런 정신 상태가 된다. 슬슬 지루해질 즈음이면 고요 속에서 숲과 강의 소리에 귀를 기울이며 평온함을 만끽했다. 그러면 어느새 내 마음도 평온을 되찾았다.

인디도 내가 말하는 진정한 오두막의 가치에 공감했다.

인디와 나는 같은 지역 출신이다. 두 마을 사이에 송전선과 넓은 사유림이 있어서 어릴 때는 서로 몰랐고, 대학에 입학해서 콜롬비아로 가는 해외 연수 프로그램에 같이 참여하며 처음 만났다. 사실 인디의 본명은 타일러Tyler이지만, 콜롬비아에 도착한 첫날 카르타헤나Cartagena의 호텔 로비에 내려가다가 해 질 녘에 자갈길을 바라보는 그의 모습을 본 순간 그의 이름은 인디가 됐다. 그날 인디는 필요 이상으로 단추를 풀어 헤친 리넨 셔츠와 면바지 차림에 가죽 가방을 메고 낡은 등산화를 신고 있었다. 거기다 캔버스 소재의 페도라까지 쓰고 있었다. 그 모습을 보자마자 내 입에서 비웃음이 터져 나왔다. 할리우드의 야외 세트장처럼 고풍스러운 도시에서 감히 세계적인 스타 고고학자 인디아나 존스Indiana Jones처럼 옷을 입다니. 그때부터 그를 인디라고 부르기 시작했다. 입에 착 달라붙는 별명이지 않나.

우리는 연수 프로그램이 끝난 뒤에도 연락을 이어갔고 가끔 만나서 놀았다. 인디가 시애틀로 넘어온 뒤로는 다른 친구까지 셋이서 한집에 살았다. 1년 뒤쯤 인디가 내 여자 친구의 룸메이트와 사귀기 시작하면서부터 우리의 일상은 완전히 시트콤이 됐다. 여름에는 쪄 죽을 것 같고 겨울에는 얼어 죽을 것 같은 집들을 전전하며 늘 함께 지냈다. 시애틀이 따뜻하고 비도 내리지 않는 짧은 시기에는 저녁마다 온 집의 문을 활짝 열어놓고 카드놀이를 했다. 인디와 베란다에 앉아서 레드와인 한 병을 번갈아 마신 적도 있다. 옆에 있는 그릴에서 냉동 패티가 지글지글 익을 동안 어릴 때 살던 곳에 관해 이야기하곤 했다. 온종일 숲에서 나무와 고사리의 바다를 헤엄치고 다니던 시절 말이다. 내가 오두막을 사겠다고 했을 때 누구보다 먼저 찬성표를 보탠 친구도 인디였다. 오두막이 우리의 추억을 되살릴 수 있다는 사실을 인디도 나만큼이나 잘 알고 있었기 때문이다.

대대적인 작업 파티가 끝나고 한 달쯤 지나서 우리는 다시 오두막을 찾아갔다. 전에도 1박을 했었지만 오로지 놀 생각만 하고 간 건 그때가 처음이었다. 이제는 진입로에 차를 세울 수 있었고, 데크 위를 편하게 걸어 다닐 수도 있었다. 집 안의 바닥을 밟고 발이 구멍에 빠질 위험도 대폭 감소했다.

금요일 오후, 우리는 기본적인 생존 도구들만 차에 싣고 산으로 출발했다. 레이니어 맥주 두 상자, 싸구려 위스키 한 병, 뼈가 붙어 있는 립아이스테이크 두 팩, 저렴한 접이식 의자 두 개, 카드놀이용 플라스틱 탁자 하나, 손도끼 세 개, 여분의 비비탄총과 비비탄 수천 알, 침낭 두 개, 대용량 이부프로펜 한 병, 4리터짜리 생수, 화장지 여섯 개를 챙겼다. 오두막에 추가로 비축해 둬야 할 물건들은 일부러 넉넉하게 챙겼다. 4리터짜리 생수와 손도끼 두 개는 비상용으로 오두막에 보관할 예정이었다.

오두막까지 가는 길은 절경이었다. 우리는 무르익은 가을 풍경을 즐기려고 일부러 먼 길을 골라 돌아갔다. 스카이코미시강에 인접한 농지들을 구불구불 지나고 강의 발원지가 자리한 캐스케이드산맥이 가까워지자 소나무, 삼나무, 전나무 같은 상록 침엽수 사이에서 거대한 단풍나무가 타는 듯 강렬한 빨간색과 주황색으로 배경을 물들였다. 숲에서 벗어나자 봉우리에 첫눈을 얹고 있는 베어링산Mount Baring, 인덱스산, 건 피크Gunn Peak(캐스케이드산맥에 자리 잡은 높은 산봉우리 — 옮긴이)가 우리를 반겼다. 날씨도 완벽해서 오두막에서 꿈꿔왔던 일들을 전부 해볼 수 있을 듯했다. 연기가 자욱하게 모닥불을 피우고, 즉흥적으로 숲을 탐험하고, 서툰 솜씨라도 나무 조각을 해보자. 쓸데없이 손도끼의 날도 갈고, 둘 다 도끼날을 가는 기술 따위는 전혀 모르면서 어떤 방법을 써야 날이 가장 잘 갈리는지에 관해 유익한 논쟁을 벌이기도 하고. 즐거운 기대감에 잔뜩 부풀어 있었지만 오두막에 도착한 순간 기분이 싹 가라앉았다.

현관 앞에 담배꽁초가 몇 개 떨어져 있었다. 누군가가 이 오두막에 머물렀다 간 것이 분명했다. 창문에 깨진 흔적은 없었고 문의 자물쇠도 그대로였지만 강제로 열려고 한 듯한 흔적이 보였다. 자물쇠 근처에 긁힌 자국이 있었다. 혹시나 해서 주변의 다른 집들도 살펴봤다. 거기에는 담배꽁초나 침입의 흔적이 없었다. 완전히 방치된 폐가는 오히려 좀도둑의 시선을 끌지 못했던 걸까. 새로 정비한 자갈길과 반짝반짝한 데크 때문에 도덕관념이 없는 리버사이츠 주민이나 방문객의 표적이 됐던 걸까?

주말 동안 친구들과 즐겁게 작업을 한 뒤로 예전에 봤던 전소된 캠핑카와 너덜너덜한 접근 금지 테이프에 관한 기억은 한동안 희미해졌다. 하지만 그 공터의 광경이 다시 머릿속을 채우기 시작했다. 오두막이 내 도피처가 될 줄 알았는데…… 아니, 일단 여기서 도망부터 쳐야 하나? 며칠 전에 마을 운영 위원과 연락을 주고받았던 일이 떠올랐다. 내가 먼저 메일을 보냈다. 겨울철 도로 제설에 충당되는 마을 회비가 제대로 납부된 상태인지 확인하기 위해서였다. 전 주인인 토니는 회비를 빠짐없이 냈다고 장담했지만 이는 사실과 달랐다. 회비 문제로 메일을 주고받을 때 운영 위원이 환영 인사처럼 이런 말을 했었다.

리버사이츠 운영 위원회 활동이나 도로 관리비에 관해 더 궁금한 점이 있으면 전화 주세요. 하지만 마을 분위기가 화기애애하리라 기대하지는 말고요. 은둔자, 사회 부적응자, 하류 인생이 많은 동네다 보니……. 뭐, 어쨌든 환영합니다!

장난스러운 농담으로 넘겼던 인사에 생각보다 더 깊은 뜻이 담겼던 걸까?

편안한 마음으로 밤을 보내고 싶었지만 담배꽁초와 문의 긁힌 자국 때문인지 불안한 예감이 들었다. 우리는 덤불 사이에 누가 숨어 있을까 봐 귀를 쫑긋 세우며 차에서 짐을 내렸다.

카드놀이용 탁자는 간이 주방이 될 자리에 뒀다. 접이식 의자 두 개도 그 옆에 펼치고 실외 전용 프로판 난로를 마주 보게 놓았다. 탁자 위에는 구형 콜맨 버너를 올려놓고 버너가 작동하는지 확인하기 위해 연료통을 준비시켰다. 버너 겉면은 녹이 슨 만큼 추억도 덕지덕지 묻어 있었다. 이 버너는 어린 시절에 가족끼리 캠핑을 갈 때면 늘 함께하던 물건이었다. 가스 냄새를 맡자

마자 워싱턴주 올림픽반도Olympic Peninsula의 호숫가에서 보낸 여름날의 추억이 떠올랐다. 해가 질 무렵 나는 석양 아래에서 『구스범스』(어린이를 대상으로 한 공포 소설 시리즈—옮긴이)를 읽었고 그사이에 엄마는 이 버너 앞에서 스파게티를 한 대접 만들었다.

버너가 잘 작동하는지 확인한 뒤 인디는 립아이스테이크를 준비하기 시작했고 나는 프로판 난로에 불을 붙여서 일산화탄소 중독 위험을 최대로 높였다. 원래는 모닥불을 피울 계획이었지만 갑자기 비가 쏟아져서 밖으로 나갈 수 없었다. 스테이크가 익을 때까지 작은 찬장에 화장지, 위스키, 비비탄총을 차곡차곡 채웠다.

도착했을 때 느꼈던 불안감은 이미 사라진 뒤였다. 오두막에 있다 보니 금세 마음이 편안해졌다. 우리는 요리를 하고 술을 마시며 앞으로 수년간 계속될 오두막의 저녁 일과를 만들었다. 그러는 내내 녹슨 금속 지붕을 두드리는 빗소리가 배경음으로 깔렸다. 허리케인 램프의 흐릿한 불빛 속에서 카드놀이를 하고 미니 무선 스피커와 낡은 아이팟을 연결해 음악을 들었다. 가만히 앉아서 주위를 둘러보며 우리가 만들어낸 작품을 감상하고 앞으로의 프로젝트를 구상하기도 했다. 이 공간에는 마법 같은 분위기가 서려 있었다. 도시와 달리 고요하기 때문일까. 우리는 사색에 잠겼다. 혹은 실외 전용 프로판 난로에서 나온 일산화탄소에 중독된 탓이었을 수도 있다.

우리는 즐겁게 위스키를 병째로 나눠 마시다 적당히 취기가 오르자 지금이 몇 시인지도 신경 쓰지 않은 채 침낭을 펼쳤다. 그날도 작업 파티 때처럼 바닥에서 잤다. 어느 순간 비가 그쳤지만, 몇 개의 빗방울이 파친코 구슬처럼 나뭇가지 사이를 뚫고 내려와 바닥으로 떨어지기 전 우리 보고 들으라는 듯이 오두막 지붕을 툭 때렸다.

다음 날 아침, 잠에서 깬 나는 깜짝 놀랄 만한 장면을 마주했다. 어젯밤만 해도 비어 있던 길 아래쪽에 처음 보는 차가 한 대 서 있었다. 그나마 덜 허름한 오두막에 사는 주민이 밤사이 위츠 엔드에 도착한 걸까? 운영 위원이 말한 은둔자, 사회 부적응자, 하류 인생에 속하는 사람이면 어쩌지? 갑자기 불안해졌다. 확인하자니 두렵고 인사를 건네자니 뭐라 할 말이 없었다. 나는 그냥 창밖을 내다보며 계속 초조해하기로 했다. 모닝커피를 절반쯤 마셨을 때 길에서 오두막 쪽으로 다가오는 사람이 보였다.

머피Murphy는 키가 168센티미터쯤 되고 머리가 벗겨진 50대 남자였다. 첫인상만 보면 호들갑스러운 사람일 것 같았다. 나와 인디가 바깥으로 나오자 머피는 환하게 웃으며 악수를 청했지만 이내 우리의 솜씨를 꼬집기 시작했다. 머피의 말이 사실이라면 이 집에는 문제가 상당히 많았다. 우선 데크 판자들 사이의 간격이 너무 좁다고 했다.

"솔잎이 잔뜩 낄 텐데 그러면 판자가 더 빨리 썩어요." 머피가 말했다.

"아, 네." 대답은 했지만 당장 판자를 뜯어내야 할지, 아니면 머피에게 나가 달라고 해야 할지 판단이 서지 않았다.

"홈통을 새로 달았나 보죠?" 머피가 물었다.

칭찬의 의미는 아닌 듯했다. 머뭇거리며 그렇다고, 우리가 홈통을 달았다고 대답했다.

"저거, 눈 오면 떨어질 겁니다." 머피의 말투는 단호했다.

이 동네에 오래 살아서 잘 안다고 했다. 다 겪어봐서 안다고 통달한 듯 말했다. 머피는 10여 년 전 이곳에 작은 오두막을 샀고 판자 부식과 홈통 손상 같은 문제를 직접 겪었다고 했다. 심성이 못돼서 일부러 트집을 잡는 게 아니었다. 하지만 작은 성과에 한껏 자부심을 느끼던 우리에게는 상처일 수밖에 없었다.

머피는 한 바퀴 둘러보더니 오두막을 짓는 일이 얼마나 골치 아픈지를 설명하다가 자기가 산에서 활약한 이야기로 자연스럽게 화제를 전환했다. 그는 한 터프 하는 남자였다. 본인 입으로 그렇게 말했다. 말릴 새도 없었다. 조금 전까지 내가 얼마나 부족한 목수인지 지적하던 사람이 순식간에 자신의 무용담을 늘어놓기 시작했다. 급류에서는 카약을, 산에서는 오프로드 바이크를 탔다고 했다. 머피가 양팔을 뻗어서 가상의 핸들을 잡고 옛 모험을 재현했다. 가볍게 손목을 돌리고 "부와아아아아아아아앙!" 하는 소리로 우리에게도 간접 체험을 시켜줬다.

"세렌호수Lake Serene로 가는 삼림 도로로 나가서 말입니다. 그냥 부와아아아아아앙! 알죠?"

우리는 착실한 청중답게 무슨 말인지 알겠으니까 계속하라며 고개를 끄덕였다.

"진흙이 너무 많더라고. 그래서 그냥 부와아아아아앙 가는데 다리는 푹 빠지지, 온몸은 진흙투성이지, 도무지 움직일 수가 없었어요. 그래서 에라 모르겠다 하고 부와아아아부와아아아부와아아아아아아아아앙! 무슨 말인지 알죠?"

모른다고 하면 그가 어떻게 나올지 몰라서 계속 고개를 끄덕였다. 머피는 계속 입을 털었고 오프로드 바이크 이야기를 끝낸 뒤 스카이코미시강의 급류에서 스릴을 즐겼던 때의 이야기로 넘어갔다. 가상의 바이크 핸들을 쥐는 자세와 가상의 카약 패들을 쥐는 자세는 별반 다르지 않았다. 상상 속의 화려한 질주가 어떤 모습인지 알 수 있게 효과음이라도 바꿔줘서 감사했다. 머피의 모험담은 '부와아앙'이 '슈우우욱'으로 바뀐 채 계속 이어졌다.

15분 가까이 생동감 넘치는 묘사를 듣는 동안 인디와 나는 "우와!", "어이구야!" 같은 감탄사만 내뱉었다. 마침내 머피의 이야기가 끝났다.

"이야기는 여기까지 하고. 내 비비탄총을 쏴보고 싶은 사람 있어요?" 머피가 물었다.

"저요. 저 할래요."

머피와 나는 인디를 두고 출발했다. 인디는 비비탄총 사격 중에도 바이크 이야기가 나오리라 생각했는지 오두막에 남아서 커피나 한잔 더 마시겠다고 했다. 나는 머피의 집을 쭉 구경했다. 그야말로 DIY 프로젝트의 총집합이었다. 빗물 저장 시스템을 이용한 야외 샤워 부스부터 아늑한 간이 식당까지, 머피가 자랑할 만한 집이었다. 식당의 커다랗고 고풍스러운 창문 앞에 서면 주위의 삼나무 숲이 코앞에서 보였다. 머피는 그동안 자신이 저질렀던 실수를 하나하나 알려줬다. 아까 내 오두막을 흠잡은 말들도 같은 실수를 피했으면 하는 마음에서 하는 진심 어린 조언이었다. 그는 순수한 친절을 베풀 줄 아는 이웃이었다.

간간이 멈춰 서서 설명을 들으며 머피의 집을 한 바퀴 돌았다. 투어의 마지막 코스는 조금 전 약속했던 비비탄총 사격장이었다. 질척한 땅을 사이에 두고 한쪽에는 낡은 야외 화장실이, 반대쪽에는 녹슨 깡통을 못으로 박아놓은 나무판이 있었다. 우리는 거기에 쪼그려 앉아서 교대로 총을 쐈다. 나도 플라스틱 소총을 가져왔지만 머피는 한 번 쓱 보더니 쓸모없다며 자기 총을 쓰라고 했다.

10분에서 15분 남짓 사격을 하는 동안 머피는 시애틀에서 중학교 교사로 일하던 시절의 이야기를 들려주고 이 동네에 관한 정보도 공유해 줬다. 요새는 위츠엔드에 제대로 즐길 만한 활동 자체가 별로 없다는 것 같았다. 전성기의 모험담은 주로 과거형이었다. 가끔가다 마주치는 이웃도 있지만 내 짐작대로 버려진 집이 대부분이라고 했다. 머피도 마음만큼 자주 오두막에 들르진 못했다. 아이가 하나 더 태어나서 아빠 역할에 충실하려고 하다 보니 주말에 좀처럼 시간을 낼 수 없었다. 하지만 아이들이 조금만 더 크면 오두막에 데려와 같이 시간을 보내고 싶다고 했다. 누구에게나 그렇듯 숲에서의 생활이 아이들에게도 좋은 교육이 될 거라고 했다. 우리 마을에 젊은 피가 들어와서 반갑다고 내게도 감사 인사를 전했다. 죽어 있던 마을에 활기를 불어넣어 줘서 기쁘다고 했다. 내가 마약에 찌든 부랑자가 아니라는 사실만으로도 안심하는 눈치였다.

헤어질 때 머피는 필요하면 언제든 자기 집에서 장작을 가져가라고 했다. 위츠엔드에 들를 때마다 내 오두막을 점검해 주겠다는 약속도 덧붙였다. 나는 머피와 전화번호를 교환한 뒤 설레는 마음으로 발걸음을 돌렸다. 비가 들이치지 않는 실내에서 갓 끓인 커피를 마실 생각을 하니 행복했다. 프로판 난로의 형광색 불빛이 길에서도 보였다. 아늑한 우리 집이 바로 저기 있었다.

06 화목 난로 하나면 충분했다

금세 겨울이 됐다. 원래도 평일이면 출근길에 차가 밀릴까 봐 꼭두새벽에 일어나는 편이었다(그렇다고 교통 체증을 완전히 피하지는 못했지만). 회사는 인디와 살던 집에서 동쪽으로 30분 거리에 있었다. 차는 환승용 주차장park and ride(자동차를 주차하고 대중교통으로 갈아탈 수 있도록 마련된 주차장 — 옮긴이)까지만 가져갈 수 있었다. 회사 건물에 남는 주차 공간이 없었기 때문이다. 주변의 주차 공간도 전멸이었다. 주차장에서 회사까지 3킬로미터가 조금 넘는 길을 걷다 보면 짜증이 났다. 해가 늦게 떠서 캄캄한 겨울은 더 심했다. 비가 오는 날도 많았다. 어둠 속에서 비를 맞으며 한 시간 가까이 터벅터벅 걸어서 출근하면 안 그래도 싫은 일이 더 싫어졌다.

회사 생활도 최악으로 치달았다. 사무실과 엘리베이터에서 꼼짝없이 나눠야 하는 잡담이 두려웠다. 이렇게 사회적 예의를 차려야 하는 순간을 피할 수 없었다. 월요일이 되면 다들 주말을 어떻게 보냈는지 물었다. 화요일은 더 힘들었다. 주말의 모험 이야기가 바닥나니 날씨 말고는 딱히 떠오르는 화제가 없었다. 누가 잘리거나 새 직원이 들어온 날, 회사 내에 뭔가 소문이 도는 날은 그나마 대화가 활발했다. 수요일쯤 되면 우리 중에 가장 외향적이고 지루함을 못 견디는 사람이 주말 계획 이야기를 꺼냈다. 내향적인 사람은 목요일까지 기다렸다. 그러다 금요일이 되면 오늘이 금요일이라 행복하다고 떠들어댔다. 이렇게 지겨운 대화가 매주 반복됐다. 끊임없이 내리는 가랑비만큼이나 기분을 잡치게 만드는 대화였다. 이런 대화는 사회라는 직물을 직조하는 신성불가침의 실이었다. 지겨운 회사 업무르 정신이 회까닥한 사람들이 신선한 바람 좀 쐬겠다고 6층 창문에서 뛰어내리지 않도록 이성의 끈을 붙들어주는 역할이랄까. 누군가는 과장이 심하다고 할 수도 있겠지만 아무튼 내가 느끼기에는 그랬다.

동료들이 곁에 없었다면 나도 이성을 잃어버렸을 테다. 나와 같이 일하던 사람들 대부분은 작가, 다큐멘터리 영화 제작자, 뮤지션, 화가였다. 원래 이 회사에 다닐 생각은 없었지만 어쩌다 보니 흘러 들어온 사람들로 가득했다. 그런 사람들만 모인 것이 우연은 아니었을지도 모른다. 원래 다들 그렇게 사는지도 모르겠다. 다들 처음부터 이 일을 원하지 않았을 수도 있다. 어쨌든 우리는 각자 역할에 충실했다. 문제는 성실한 회사원을 연기하는 일이 그리 어렵지 않았다는 점이다.

일단 급여가 괜찮았다. 회사 복지도 좋았다. 근무 시간도 제법 유연하게 쓸 수 있었고, 승진하면 돈을 더 많이 벌 수 있었다. 은퇴를 대비하고 내 집을 마련하고 매년 신차를 뽑는 삶이 멀리 있지 않았다. 유급 휴가와 여행 할인 혜택도 쏠쏠했다. 수정 구슬을 들여다보듯 내 미래가 선명하게 그려졌다. 일은 중요하지 않다고, 매주 근무 시간을 제외한 나머지 128시간을 편안하게 보내려면 그 정도는 참아야 한다고 굳게 믿는 내 모습이 보였다. 종일 형광등 불빛 아래에 앉아 날씨와 주말 계획에 관해 시시한 대화를 나누는 일상이 불편하긴 했지만 언젠가 익숙해지리라 생각했다. 1~2년만 기다리면 회사 건물에 내 주차 공간이 생길 가능성도 있었다.

돌아가기에는 너무 멀리 와버렸다는 감각이 어느 순간부터 나를 옭아맸다. 인제 와서 진로를 튼다고? 절대 쉽지 않을 터였다. 나이를 먹고 연차가 쌓일수록 점점 노련해졌지만 오히려 자유는 줄어들었다. 구덩이를 한참 파다가 '잠깐! 이 정도 깊이면 여기서 못 나가는 거 아냐?' 하고 잠시 고민한 뒤 결국 계속해서 다시 흙을 파는 사람이 된 것 같았다. 이런 논리 속에서 사는 사람의 문제가 뭔지 아는가? 본인이 판 함정이 매년 더 단단해진다는 사실이다.

나는 내 삶을 100퍼센트로 활용하지 못하고 있다는 느낌을 애써 이해하려 했다. 내가 게으른 거라고, 객관적으로 따져 보면 얼마나 이상적인 직장인데 괜히 징징거린다고 나를 다독였다. 하지만 효과는 오래가지 못했다. 시야를 넓혀서 앞으로 5년, 10년, 20년 뒤에도 이 일을 계속한다고 상상해 봤다. 지금과 똑같은 사무실에서 은퇴 파티를 하는 내 모습을 떠올리니 몸서리쳐졌다. 한자리에서 가만히 안주했다는 후회가 나를 덮칠 것 같았다. 회사를 떠나야 했다. 글 쓰는 일이라면 웬만큼 다 해봤지만 결과는 늘 비슷했다. 글쓰기를 빼면 뭐가 있을까? 다른 분야로는 쓸 만한 재능이 없었다. 샌드위치 배달원도 경력으로 칠 수 있나? 어떤 길을 택하든 처음부터 다시 시작해야 했다. 하지만 새로운 일을 벌였다가 5년, 10년 뒤에도 똑같이 권태, 속박, 번아웃에 시달리면 어쩌지? 그런 생각을 하니 막상 회사에서 탈출하기가 쉽지 않았다.

이런 생각이 극에 달했을 무렵 마침 인스타그램, 스냅챗 같은 SNS의 유행이 들불처럼 번지고 있었다. 체감상으로는 하루아침에 일어난 일 같았다. 돌이켜 보면 모두에게 힘든 시간이었다. 그 무렵부터 다들 자신에게 삶의 목적이 있는지, 하루를 허비하고 있진 않은지 고민하기 시작했으니 말이다. 나는 목공, 오두막 건축, 요리, 코미디처럼 평소에 관심을 가졌던 분야의 사진과 영상에 푹 빠졌다. 하지만 그 세계로 빠져들수록 필연적으로 봐야 하는 것들이 생겼다. 외모, 권력, 재력, 지능, 창의성, 모험심이 세상에서 가장 뛰어난 사람들의 화려한 삶을 보여주는 게시물들을 피할 수 없었다. 모든 것이 순위에 따라 줄지어 서서 고장 난 자판기를 흔들 듯 내 머릿속의 도파민을 뽑아냈다. 논리적으로 생각하면 터무니없는 반응이었다. 상위 2퍼센트에 속하는 사람들의 인생과 내 인생을 비교하다니. 하지만 사실을 알면서도 휴대전화 화면에 비친 그들의 모습에 현혹되곤 했다. 스노보드를 타고 헬리콥터에서 뛰어내리는 사람, 신선한 바닷가재를 잡기 위해 지중해로 다이빙하는 사람의 삶을 엿봤다. 촛불로 밝힌 실내에서 유명 뮤지션이 청중에 둘러싸인 모습, 말린 식재료를 적당한 크기로 분류해 라벨을 붙인 유리병에 나눠 담는 모습도 홀린 듯이 봤다. 그러다 고개를 들고 내가 있는 현실을 봤다. 개털로 뒤덮인 낡은 소파에 앉아서 며칠째 개지 않은 빨래 더미를 옆에 쌓아두고 있는 꼴이라니. 내게는 두 가지 선택지가 있었다. 구겨진 셔츠를 개느냐, 아니면 남의 삶으로 대리 만족을 느끼느냐. 나는 고개를 숙이고 화면을 넘겨서 새로운 세계로 빠져들었다.

삶의 만족도를 측정하는 검사가 있으면 좋겠다고 생각하던 때가 있었다. 병원에서 혈액이나 DNA 샘플을 채취해서 수치를 비교한 다음, 내 행복 수준이 평균인지 확인하고 싶었다. 평균 이하면 변화를 시도할 이유가 생길 테니까. 평균 수준으로 행복하다면 문제를 개선할 방법을 찾으면 됐다. 하지만 내 행복 수준이 평균 이상이라면? 그게 가장 두려웠다. 내 처지가 다른 사람들보다 낫다고, 삶의 목적 없이 방황하는 지금 이 상태가 내 인생의 최선이라고 밝혀지면 어쩌지? 무엇이든 정점을 찍으면 절망감이 뒤따르게 마련이다. 더는 올라갈 곳이 없지 않은가. 정상에 오르고 나면 높은 곳에 오를 수 있다고 희망에 부풀었던 때가 가장 행복했다는 깨달음만 남는다. 그래서 나는 안락한 일상이라는 구명보트를 버리기 전에 그 보트를 버려도 더 큰 무언가가 내 손에 들어오리라는 확신을 원했다. 하지만 내게는 기꺼이 내던질 만한 것도, 앞으로의 계획도 없었다. 결국 제자리에 머문 채 고민만 깊어갔다.

그나마 오두막에서 주말을 보낼 때면 활기가 돌았다. 겨울철 날씨가 점점 혹독해지며 아침에 침낭을 박차고 나오기가 힘들어졌지만. 침낭에 파묻혀 판자를 엉망으로 이어붙인 천장을 향해 솟아오르는 입김을 바라봤다. 소변을 보고 싶은 욕구가 따뜻한 체온을 유지하고 싶은 욕구를 이길 때까지 가만히 누워 있었다. 아직 눈이 내리지 않았지만 기온이 높아서는 아니었다. 아침에 일어나 보면 맑고 화창한 날에도 땅이 서리로 단단히 얼어붙어 있었다. 그런 날의 시작은 늘 비슷했다. 침낭을 어깨에 두르고 프로판 난로를 만지작거리는 일이었다. 그것이 내 아침 루틴이었다.

나는 그 난로와 애증의 관계였다. 난로를 사랑했다. 그게 없었다면 팔 벌려 뛰기를 무한으로 하지 않는 한 오두막에서 살 수 없었기 때문이다. 하지만 동시에 증오했다. 난로를 작동시키는 과정이 끔찍하게 두려웠기 때문이다.

난로를 사자마자 설명서를 잃어버린 나는 다음과 같이 나만의 사용법을 창조했다.

1. 난로에 불을 붙일 마음의 준비를 한다.
2. 거대한 금속 해바라기럼 생긴 발열체를 정면으로 바라보지 않도록 자세를 잡는다.
3. 프로판 탱크의 밸브를 열고 점화 스위치를 눌러서 쉭쉭거리는 가스를 내보낸다.
4. 성냥이나 라이터로 발열체를 미친 듯이 찌르며 공포에 휩싸인다. 불이 붙지 않으면 점점 더 많은 양의 프로판이 얼굴 주위로 퍼지고 있다는 뜻이다. 그 상태에서 불이 붙으면 거대한 화염이 화르르 솟구칠 위험이 있으니 주의한다.

한번은 연달아 점화에 실패해서 난로와 씨름하던 중 프로판 냄새가 점점 강해져 포기해 버린 적도 있었다. 밸브를 잠그고 창문을 전부 열어서 오두막에 공기를 보충해야 했다. 잠시 뒤 다시 시도했더니 마침내 불이 붙었다. 난로에서 태양처럼 환한 빛과 뜨끈한 열기가 퍼져 나왔지만 위험은 아직 남아 있었다.

프로판 난로는 실내 사용을 권장하지 않는 난방장치이다. 치명적인 일산화탄소를 계속 내뿜기 때문에 가까이 있으면 서서히 잠이 들고 뇌가 완전히 제압당한다. 다행히 내 오두막은 완벽하게 밀폐된 공간이 아니었다. 창문에서 바람이 샜고, 인디가 고친 현관문에도 커다란 구멍이 있어서 신선한 공기가 끊임없이 유입됐다. 그러니 오두막 안에서 난로를 켠다고 인명 사고가 일어날 위험은 없었다. 어쩌다 한 번씩 신발 끈 묶는 법을 까먹기야 하겠지만.

그래서 나는 일산화탄소 모니터를 구매했다. 프로판 난로를 사용하는 것이 꼭 멍청한 짓만은 아니라는 증거가 필요했기 때문이다. 모니터의 포장 상자에는 침대에서 곤히 잠든 소년의 모습이 있었는데, 아마도 소비자에게 안심하라는 뜻 같았지만 제조사의 실수라는 생각도 들었다. 너무 모순적이지 않나? 일산화탄소 중독의 주요 증상이 영원히 잠드는 것인데 그걸 장점이라고 광고한다고?

모니터 설명서도 잃어버려서 그냥 새 건전지를 끼우고 하나만 있는 버튼을 눌렀다. 기계가 날카로운 삑 소리를 한 번 냈다. 그러고는 끝이었다. 제대로 작동하는 건지, 고장이 난 건지, 엄청난 일산화탄소 수치에 순간 먹통이 된 건지 알 수 없었다. 결국 그 물건을 믿을 수 없어서 창틀로 치워버렸다. 그러고는 오두막에 손님이 오면 모니터가 있으니 일산화탄소 중독으로 죽을 리는 없다며 안심시켰다. 물론 밤새 난로를 켜놓지도 않았다.

난로가 잘 작동하고 우리도 맨정신을 잘 유지하는 순간이 있긴 했다. 하지만 그럴 때조차 프로판 난로는 오두막에 적합한 난방장치가 아니었다. 일단 냄새가 문제였다. 약품 같은 냄새가 담요, 음식, 옷에 은은하게 스며들었다. 그리고 난로가 내뿜는 열기가 왠지 습했다. 뼛속까지 따뜻해지는 열기가 아니라 손에 화상만 입히는 열기였다. 기온이 영하로 떨어진 아침이면 난로의 주황색 불빛 앞에 앉아서 온몸이 따뜻해지는 마법의 순간을 기다렸다. 등줄기 아래에서 기분 좋은 거품이 보글보글 끓어올라서 목을 타고 올라갔다가 닭살을 일으키며 팔을 지나서 손끝까지 내려가는 바로 그 느낌 말이다. 하지만 그런 순간은 영영 오지 않았다. 프로판 난로로는 몸이 뜨거워질 뿐 포근해지지 않았다. 바로 그 점이 문제였다. 나는 몸속 깊숙이 스며드는 건조한 열기를 원했다.

가까이 가거나 켜놓고 잠들어도 죽지 않고, 오두막에 열정과 활기와 개성을 불어넣어 줄 난방장치가 필요했다. 진짜 불을 피워야 했다. 불꽃이 탁탁 튀고 연기가 피어오르는 난로. 그래! 답은 화목 난로였다.

어릴 적에는 화목 난로라고 하면 자연스럽게 폭풍우가 떠올랐다. 해마다 몇 번씩, 주로 가을에 폭풍우가 불어닥쳐서 집 주변의 나뭇가지를 부러뜨리고 전기선을 끊는 일이 있었다. 그럴 때면 우리 가족은 양초와 손전등을 들고 집에서 가장 낮은 층으로 모였다. 아빠는 커다란 화목 난로에 불을 피웠다. 앞면에 은색 다람쥐가 그려진 검은색 난로였다. 엄마는 콩 베이컨 수프가 든 캠벨 통조림을 따서 난로 위에 올렸다. 수프가 데워지는 동안 우리는 카드놀이를 하거나 책을 읽었다. 간혹 전나무 가지가 지붕을 쿵 때리는 소리가 들렸다. 가끔은 나도 아빠와 함께 밖으로 나가서 거센 비바람을 뚫고 여분의 장작을 가져왔다. 안팎의 대조적인 분위기가 좋았다. 바깥은 어둡고 거칠었으며 축축하고 시끄러웠다. 그러다가 안으로 들어오면 고요해졌다. 따뜻한 수프와 담요가 있었다.

부모님은 폭풍우로 얼마나 피해가 생겼을지, 보험금이 제대로 나올지 걱정하며 마음을 졸였겠지만 내게 그 시간은 마법처럼 느껴졌다. 불꽃이 탁탁 튀는 화목 난로와 가족이 곁에 있는 한 무엇도 두렵지 않았다. 전기가 들어오면 다들 각자의 자리로 돌아가 뉴스를 보고 빨래하고 숙제하는 척 비디오게임을 했다. 하지만 아침까지 전기가 들어오지 않는 날도 있었다. 그럴 때는 바깥에서 폭풍우가 미친 듯이 날뛰는 동안 온 가족이 방바닥에 웅크리고 누워서 잠을 청했다. 폭풍우가 치는 날에만 화목 난로를 사용했던 영향일까. 내 머릿속에는 화목 난로가 영혼을 완벽한 밤으로 이끄는 존재처럼 각인됐다. 그러니 오두막에 화목 난로를 놓는 것은 당연한 수순이었다. 오두막이 완성된 모습을 상상할 때면 배경에는 늘 화목 난로가 있었다. 안개 낀 아침, 상상 속의 나는 추위에 대비해 두툼한 모직 조끼를 입고 뜨거운 블랙커피를 끓인다. 날이 잘 선 도끼를 들고는 숲으로 가서 죽은 나무를 베고 중간에 한 번씩 커피를 홀짝인다. 이렇게 선명한 상상이 단골손님처럼 내 머릿속을 자주 찾아왔다. 하지만 안타깝게도 문제가 하나 있었다.

조금만 알아봤는데도 폭력적인 진실이 드러났다. 화목 난로 대부분은 내 오두막에 들여놓을 크기가 아니었다. 보통은 방이 여러 개에 복도가 있고 천장도 높은 집에서 전체 난방을 할 때 사용한다고 했다. 일반 주택이 아니라 이렇게 좁은 공간에 화목 난로를 설치하면 아늑한 오두막이 피자 화덕이나 도자기 가마로 변신할 수 있었다. 현대인의 고효율 정신 덕분에 소형 난로라고 해도 신제품은 초대형 야구장을 뜨겁게 달굴 만큼 강력한 화력을 자랑했다. 요트나 소형 주택을 위해 나온 마이크로 난로는 터무니없이 비쌌다. 황동 장식과 특수 벽걸이 장치가 붙어 있는 최고급 난로는 오두막의 소박한 분위기와 어울리지 않았다. 나는 작은 난로를 원했다. 컴퓨터로 설계해서 열기를 최대로 뿜어대는 신형 난로가 아니라 작지만 오래 사용해서 손때가 묻은 난로를 찾고 있었다. 그렇게 몇 주간 골동품 가게, 벼룩시장, 크레이그리스트를 헤매다 적당한 후보를 발견했다.

1920년대에 시어스로벅Sears, Roebuck and Company 사에서 나온 작은 배불뚝이 난로였다. 높이는 1미터 남짓, 배 부분의 지름은 농구공과 비슷했다. 난로에서 연기가 줄줄 새서 사용자의 폐에 잔흔을 남기던 시절에 생산된 상품 같았다. 판매자가 올린 사진을 보니 전 주인이 겉면을 녹색으로 칠하고 옆면에 작은 해바라기를 그려놓았다. 하지만 세월의 풍파로 페인트가 벗겨지고 그 자리에 칙칙한 색깔의 녹이 들러붙었다. 앞면에는 방사능 경고 기호 모양의 작은 통풍구가 두 개 있었는데 이상하게도 그게 좋은 징조처럼 느껴졌다. 아래쪽에 난 작은 문으로 재를 비울 수 있었고, 장작을 넣는 문은 바로 위에 조금 더 크게 나 있었다. 윗면의 크기도 머그잔을 올려놓고 따뜻하게 데우기에 알맞을 것 같았다. 오래된 데다 녹도 잔뜩 슬었으니 난방 효율이 형편없지 않을까? 기대감으로 가슴이 뛰었다. 가격도 200달러밖에 하지 않았다. 내 판단이 틀렸어도 그 정도 금액은 감당할 수 있었다. 게다가 판매자는 오두막에서 20분 거리인 골드바에 있다고 했다. 이건 운명이었다.

12월 초, 우중충한 토요일 아침에 물건을 보러 출발했다. 목적지가 도로 근처에 있어서 찾는 데 어려움은 없었다. 폐차들의 무덤 속에 자리 잡은 연노란색 트레일러 하우스 앞에 차를 세웠다. 낡은 화물 트럭의 바로 뒤편에 그 난로가 덩그러니 놓여 있었다. 연통이 없어서 조금은 우스꽝스러워 보였다.

판매자는 애런Aaron이라는 남자였다. 어디서 구했냐고 묻자 "사촌이…… 우연히…….”처럼 들리는 말을 웅얼거렸다. 다른 질문을 하고 싶어도 이쪽이 화목 난로에 관해 아무것도 모른다는 사실을 들킬까 봐 할 수 없었다. 그래서 질문 대신 의심스러운 눈빛으로 이리저리 따져보는 듯한 표정을 지으며 난로 주변을 맴돌기 시작했다. 상단의 연통 구멍이 타원형이었다. 내가 지금까지 본 연통들은 다 원형이었는데 이 난로를 쓰려면 혹시 어댑터가 필요한 걸까? 물어볼까 생각했다가 간신히 참았다. 옛날 난로는 연통 구멍이 그렇게 생겼을 수도 있지. 괜히 질문했다가 이쪽의 무식함만 들통날지도 모른다. 저쪽에서 나를 멍청이라고 생각하면 어떡하지. 아니야, 깐깐한 구매자로 보일 수도 있지 않을까? 연통 구멍과 똥구멍도 구분하지 못하는 도시 샌님이 아니라? 하지만 물어봤는데 저 사람도 모르면? 난로 주인으로서 자존심을 지킨답시고 얼버무리며 거래를 피해버리면? 이런저런 고민을 하는 사이에 구경은 진작 끝났고 나는 난로 주변을 어슬렁거리고만 있었다. 덜컥 불안해졌다.

"160달러 어떨까요?"

"죄송합니다. 200달러는 받아야 해서요."

"살게요." 졌다. 협상력을 키워주는 책을 좀 읽어야겠다고 다짐하며 거래에 응했다.

돈과 난로를 교환한 뒤 애런은 혼자 힘으로 차에 난로를 싣는 영광을 내게 양보해 줬다. 나는 탈장을 각오하며 전력을 다해 난로를 차에 싣고 담요로 감쌌다. 물론 형식적인 조치에 불과했다. 사고가 났을 때 멀쩡히 살아남을 것은 내가 아니라 40킬로그램짜리 주철 덩어리일 테니까.

오두막으로 돌아오자마자 데크 위로 난로를 끌어내렸다. 뒷좌석에 쌓여 있던 광고 우편을 난로 안에 넣고 그 자리에서 바로 불을 지폈다. 상단에서 연기가 피어올랐다. 나뭇가지를 한 움큼 주워서 던져 넣자 처음으로 불꽃 튀는 소리가 났다. 내 얼굴에는 미소가 번졌다. 서로 멀찍이 떨어져 있는 난로의 다양한 부품 사이로 비치는 불빛을 몇 분간 멍하니 감상하는데 비가 내리기 시작했다. 불이 꺼질 때까지 기다렸다가 타다 만 종이들을 꺼내서 밟으며 불씨를 지웠다. 난로를 들고 오두막 안으로 들어와서 구석 자리에 내려놓자 두툼한 금속에서 은은한 온기가 전해졌다. 기분 좋은 따스함이었다.

07 비싸면 내가 직접 하면 되지

난로를 샀지만 바로 오두막에서 불을 땔 수는 없었다. 둘은 완전히 별개의 문제였다. 그사이에는 생각만 해도 기가 죽는 설치 과정이 남아 있었다. 그래, 화목 난로 설치법을 알려주는 글과 영상은 넘쳐났다. 대부분 비슷비슷했다. 안전하게 통제된 환경에서 폴로셔츠와 카키색 바지를 입은 전문가 같은 사람이 굴뚝과 연통 부품을 예술 작품처럼 늘어놓고 그 옆에 서 있다. 그러고는 파이프, 어댑터, 연도, 댐퍼, 플래싱 등 시청자가 굴뚝을 설치할 때 필요한 부품을 하나하나 장황하게 설명한다. 하지만 어떤 기준으로 부품을 선택해야 하는지는 알려주지 않는다. 수십 가지 부품 중 단 두 개만이라도 들고 시범을 보여줄 노력조차 안 한다. 부품들이 출석 체크를 마치면 영상이 잠깐 끊겼다가 진행자가 다시 나타나 타오르는 불길 옆에 앉아 환한 미소를 머금을 뿐이다. 굴뚝은 설치가 끝났고 골든 리트리버 한 마리도 옆에서 곤히 낮잠을 잔다. 실제 설치 과정은 나오지 않았다. 불을 어떻게 피웠는지, 강아지는 어디서 나타났는지도 모르겠다. 긴 영상들을 몇 번이고 반복해서 봤지만 죄다 굴뚝 설치 과정의 하이라이트 모음집 같았다. 광고가 잔뜩 붙고 지루한 경기의 명장면만 뽑아놓은 스포츠 뉴스와 다를 바 없었다. 처음에는 그런 영상 따위 보지 말자고 생각했다. 하지만 막상 난로를 오두막에 들여놓고 나니 더는 미룰 수가 없었다. 바깥세상과 생명 줄이 연결되기를 애타게 기다리는 녀석을 어떻게 외면한단 말인가. 성공하면 아늑한 오두막으로 도약할 수 있지만 실패하면 탈출할 수 없는 불지옥에 빠지고 만다. 결국 나는 부담감을 이기지 못하고 전문가와 상담하기로 했다. 외부에 손 좀 내민다고 어떻게 되지는 않겠지. 오두막에서 여러 가지 일을 벌였지만 이 프로젝트만큼은 전문가의 도움이 필요할 것 같았다.

난로 용품 매장 직원과 상담하기 위해 평소보다 일찍 퇴근해서 교통 체증을 뚫고 시내로 나갔다. 쇼룸에서 전문 상담원을 기다리는 동안 벽면에서 맹렬하게 타오르는 가스 벽난로들을 짐짓 관심 있는 척 둘러봤다. 확인하는 가격표마다 수천 달러가 찍혀 있었다. 가격을 보니 덜컥 두려워졌다. 내 예산을 알거나 내 오두막 사진을 보고서는 괜히 자기네 시간을 뺏지 말라고 쫓아내면 어쩌지? 내 차례가 돼서 쭈뼛쭈뼛 카운터로 다가가 상담을 시작했다. 화목 난로가 있는데 설치만 하면 되는 상황이라고 말이다. 어떻게 생긴 오두막이냐는 질문에 조심스럽게 상자를 그리고 그 위에 삼각형을 얹었다. "이게 지붕이에요." 내가 삼각형을 가리키며 말했다.

내 그림 실력이 형편없을 뿐 커다란 개집의 주인은 아니라고 판단했는지, 담당자는 필요한 부품과 매장에서 구할 수 있는 부품을 종이에 그려 넣으며 설명하기 시작했다. 처음에는 무슨 말인지 대충 알아들을 수 있었다. 하지만 쏟아지는 부품명에 점점 머리가 어질어질해졌다. 설명을 다 들은 나는 돈이 얼마쯤 들지를 물었다. 역대급으로 초라한 오두막을 갖고 파산에 가까운 주머니 사정으로 여기에 와 있지만 마치 여유가 있는 듯 최대한 가벼운 말투로.

담당자는 내 허접한 그림 위에 굴뚝 디자인을 그리고 부품명과 대략적인 치수를 중얼거리며 계산기를 두드렸다. 보고 있으니 1 더하기 1만 했어도 내 예산을 한참 초과한 금액이 나왔겠다는 생각이 들었다. 총액이 발표돼도 태연하게 행동하자고 마음을 다잡았다. 마침내 계산을 마친 그가 등호 표시를 자신 있게 찍찍 긋고 결괏값을 불렀다.

"6,640달러네요. 아직은 대략적인 금액입니다. 확실한 견적은 현장을 봐야 말씀드릴 수 있어요." 금액이 적힌 그림을 건네며 직원이 말했다.

나는 종이를 받아 들고 "네에에에에에."처럼 들리는 소리를 겨우 내뱉었다.

이대로면 굴뚝 가격이 오두막 가격과 비슷해진다. 내가 화목 난로에 배정한 예산은 900달러였다. 여기서 말하는 예산은 내 전 재산을 의미했다. 나는 거칠게 숨을 쉬며 천천히 뒤로 물러났다.

"네, 알겠습니다. 준비되면 연락해서 견적을 받아볼게요."

그러고는 황급히 매장을 빠져나왔다. 차로 돌아가서 예상액이 적힌 그림을 꺼내 봤다. 난로를 설치하는 데 필요한 부품이 전부 그려져 있었다. 까짓것, 내가 직접 하면 되지.

집으로 돌아와 할 일을 정리했다. 난로에서 다락 바닥까지는 검은색 기본 연통으로 연결하고, 지지 박스를 이용해 다락 높이에 맞춰 굴뚝을 단단히 고정한다. 다락부터 지붕 위까지는 20센티미터짜리 이중 단열 연통을 쓰고 지붕 위에서 굴뚝을 흔들림 없이 잡아주도록 두 개의 지지대를 설치한다. 굴뚝과 지붕 사이의 틈은 실리콘 부츠로 막은 뒤 마지막으로 비를 막고 불꽃이 튀어 나가지 않도록 딱 맞는 크기의 작은 캡을 단다. 전체 과정이 종이에 깔끔하게 적혀 있었다. 하지만 아직도 풀리지 않는 의문이 하나 있었다. 이 부품들이 어떻게 물리적으로 딱 붙어 있지?

접착제를 쓰나? 테이프? 테이프를 붙인 굴뚝 따위는 본 적도 없었다. 내부에 나만 모르는 비밀 장치가 있는 건가? 당황스러웠지만 포기할 수는 없었다. 일단은 부품 매장으로 가서 이것저것 만져보는 방법이 최선이었다.

집에서 가장 가까운 홈디포를 찾아서 시애틀 시내로 나갔다. 홈디포는 늘 북적이지만 석고보드 시공자, 목수, 골조 시공자, 조경사 등이 그날 쓸 자재를 사러 우르르 몰려드는 낮 시간대는 그야말로 아수라장이었다. 그러다 밤이 되면 인근 아파트 주민들이 페인트나 배수관 뚫는 약을 사러 들를 뿐이라 상대적으로 한산했다.

매장에 도착하니 친절한 점원이 튀어나와서 찾는 제품이 있느냐고 물었다. 나는 여기서 파는 연통들을 보고 싶다고 했다. 점원은 바로 안내해 드리겠다며 밝은 주황색 선반 사이의 긴 통로를 지나서 각종 파이프와 금속 부품이 진열된 코너로 나를 이끌었다. 각자 목적을 달성한 우리는 서로 도움이 됐음에 기뻐하며 기분 좋게 작별 인사를 나눴다.

파이프가 어쩐지 이상해 보였지만 나는 인내심을 갖고 다양한 부속을 낑낑거리며 맞춰봤다. 원하는 부품이 없으면 비슷하게 생긴 부품으로 대신했다. 그런 식으로 2미터가 넘는 굴뚝을 조립한 뒤에야 깨달았다. 내가 서 있는 곳은 난로 코너가 아니라 건조기 배기구 코너였다.

짜증이 확 치밀었다. 매장 앞으로 돌아가니 다른 홈디포 직원이 보였다. 먼젓번의 직원보다 배지도 훨씬 많이 달고 있었다. 편해 보이면서도 허리에 딱 맞는 공구 벨트에 네임펜, 커터 칼, 강력 접착테이프를 주렁주렁 매달고 있었다. 유행이 지난 청바지에 낡은 작업화 차림이었고, 무전기에서는 잡음 섞인 목소리가 흘러나왔다. 저 구석에서 길을 잃었거나 죽었거나 불만에 가득 찬 고객에게 두들겨 맞고 있는 동료의 요청이려나. 아무튼 아까 그 직원보다는 공구에 관한 지식이 더 풍부해 보였다. 그는 나를 이끌고 통로 사이를 지나서 마지막 모퉁이를 돌더니 "여기 있습니다!"라는 말만 남기고 석양 같은 할로겐 불빛 속으로 걸어 들어갔다.

여기도 느낌이 이상했다. 파이프들 아래에 붙은 작은 글씨를 얼른 읽어보니 일단 굴뚝용 파이프는 맞았다. 하지만 프로판 스토브 전용이었다. 내가 찾는 파이프와 생김새는 비슷했지만 더 작았고 화목 난로에 필요한 용량을 갖추고 있지 않았다. 나는 또다시 매장 앞으로 돌아가 알렉스Alex라는 청년에게 모든 기대를 걸어보기로 했다. 나는 성심성의껏 설명했다.

"알렉스, 나는 굴뚝용 파이프 코너를 찾고 있어요. 여기요, 휴대전화 사진을 보여줄게요. 이게 굴뚝용 파이프예요. 연통이라고도 하죠. 검은색으로요. 화목 난로에 쓸 겁니다."

알렉스는 무슨 말인지 알겠다는 표정을 지었다. 방금 거기서 막 왔다는 듯, 매일 겪어 익숙하다는 듯, 당황한 고객을 늘 굴뚝용 파이프 코너로 데려갔다는 듯한 얼굴을 하고 나를 건조기 배기구 코너로 안내했다. 다시 설명했지만 알렉스는 나보다 더 아는 게 없는지 당황한 모양이었다. 결국 홀로 남은 나는 매장을 구석구석 뒤져서 전설의 파이프를 찾아내기로 마음먹었다. 마침내 찾아 헤매던 코너를 발견하고서야 왜 그렇게 그곳이 눈에 띄지 않았는지 알 수 있었다. 굴뚝용 파이프 코너 자체가 터무니없이 작았고, 물건 재고도 대부분 빠져 있기 때문이었다. 크기가 맞지 않거나 휘어서 고장 난 제품밖에 남아 있지 않았다. 난로 용품 매장에서 그려준 부품도 전혀 없었다. 머릿속에 든 지식은 출발할 때와 비슷했지만 돌아오는 길에는 약간의 우월감으로 어깨가 으쓱해졌다. 홈디포 직원들도 모르는 내용을 질문하다니. 내가 이 세상에서 제일 무식한 오두막 수리공은 아니라는 거겠지?

그 주 내내 나는 여러 DIY 매장에 전화를 돌렸다. 수화기 너머에서 굴뚝용 파이프 재고가 있다고 단언하는 말을 들을 때면 미심쩍게 느껴져 이렇게 물었다.

"정말요? 건조기 배기구는 아니고요?"

드디어 희망이 보였다. 그것도 맥렌던스에서 말이다. 나는 맥렌던스 팬인 인디를 꾀어냈다. 네가 제일 좋아하는 DIY 매장 아니냐며 옆에서 도와달라고, 아니면 내가 통로 바닥에서 굴뚝을 조립할 동안 망이라도 봐달라고 반쯤 애원하듯이 부탁했다. 매장에 도착하자 친절한 직원이 정확한 위치를 알려줬다. 그곳은 화목 난로용 굴뚝의 천국이었다. 수많은 동영상에 등장했던 주인공들이 진열대를 가득 메우고 있었다. 플래싱, 어댑터, 지지대가 보였다. 단열 파이프, 이중 단열 파이프, 삼중 단열 파이프도! 전부 그곳에 있었다.

우리는 두 시간 동안 필요한 부품을 모으고 통로에서 굴뚝을 조립했다. 직원들이 쳐다볼까 봐 소리도 내지 않았다. 상자에 들어 있거나 비닐로 포장된 부품은 우리의 프랑켄슈타인 굴뚝에 추가할 수 없었지만, 난로 용품 매장에서 받은 설계도에 적힌 부품이라면 한쪽에 쌓아두고 체크 표시를 했다. 우리는 대강 완성된 굴뚝을 만족스럽게 쓱 한 번 쳐다보고는 다시 분해해서 계산대로 가져갔다. 전체 금액은 1,000달러가 조금 넘었다. 예산 초과였지만 전문가에게 맡겼을 때의 금액과 비교하면 훨씬 합리적이었다. 애초에 그만한 돈도 없었고.

08 천장이 무너져 내리다

"한밤중에 쳐들어왔다니까요? 내가 집에 없을 때 대형 트레일러를 끌고 나타나서 다 훔쳐 간 겁니다. 말 스무 마리를요. 그냥 다 갖고 갔어요."

레이Ray의 전처에 관한 이야기가 거의 10분째 이어지고 있었다. 레이는 두 사람이 좋게 헤어졌다고 생각했다. 그리고 전처는 그에게서 말을 받아내야 한다고 생각했던 모양이고. 나는 이런 생각을 했다. 내가 왜 아침 일곱시 십오분에 이런 이야기를 듣고 있어야 하지? 만난 지 4분밖에 안 된 사람한테서? 게다가 나는 레이에게 난로 설치 비용으로 시간당 20달러를 주기로 약속한 상황이었다.

레이를 발견한 곳은 마운트 인덱스 리버사이즈의 커뮤니티 웹사이트였다. 내 오두막이 자리한 변두리 마을을 디지털화한 이 웹사이트도 마을만큼이나 낡고 방치돼 있었다. 시간이 멈춘 듯한 느낌도 났다. 방치된 마을 게시판은 다 허물어져 가며 주변에 잡초만 무성한 오두막들과 닮아 있었다. 강가에서 찍은 손주들의 흐릿한 사진은 이곳이 은퇴자들의 정착지라는 사실을 증명했다. 최신 게시물은 리버사이즈에서 그나마 꾸준한 소식들뿐이었다. 어느 집에 강도나 불법 거주자가 침입했다거나, 마약 소굴로 의심되는 장소가 있다거나, 가정 폭력 사건이 발생했다거나. 야생동물 목격담이나 소음 민원도 가끔 올라왔다. 날씨 정보도 있었고. 어느 게시판을 들어가도 마지막 글이 올라온 시점은 몇 달 전 혹은 몇 년 전이었다.

페이지 상단에는 인덱스산의 사진이 걸려 있었다. 더글러스 전나무, 솔송나무, 삼나무가 울창한 숲과 비에 젖은 강 유역 위로 우뚝 솟은 1,800미터 높이의 산봉우리가 숨 막히게 아름다웠다. 이 웹사이트는 리버사이즈를 디지털로 완벽하게 구현한 공간이었다. 범죄 장소를 찾아서, 꿈속의 오두막을 찾아서, 고독을 찾아서 이곳에 모여든 오합지졸은 좋든 싫든 인덱스산의 아름다운 경치와 적막한 분위기, 은밀한 느낌에 이끌렸을 것이다.

나는 화목 난로 부품을 사고 나서 이 사이트에 다시 접속했다. 여기서 구인·구직 게시판을 본 기억이 났기 때문이다. 혹시 목수도 있지 않을까 해서 찾아보니 유일한 지원자가 레이였다. 레이가 쓴 글의 제목은 간단했다. '목수 일 구함'. 게시물 내용도 제목과 똑같았고 아래에 메일 주소가 하나 적혀 있었다. 레이에게서 메시지를 받은 나는 당황하고 말았다. "친구들 난로를 몇 번 고쳐준 적이 있다."라고 하니 다행이었지만 레이가 메시지 끝에 덧붙인 질문이 놀라웠다. "공구는 있죠?" 그래, 목수를 처음 고용해 봐서 나도 잘 몰랐다. 하지만 기본 상식이라는 게 있지 않나? 당연히 그쪽에서 공구를 가져와야 하지 않나? 목공 기술도 있어야 하고. 하지만 단가가 전문 목수보다 3분의 1이나 저렴하다면 위험을 감수할 수 있었다. 나는 즉시 레이를 고용했다.

레이는 약속 시간보다 15분 늦게 도착했다. 이건 심각한 문제였다. 말들이 사라진 목장에서 이곳까지는 5분밖에 걸리지 않았으니까. 하지만 트럭 가득 실린 공구들을 보니 마음이 조금 놓였다. 무엇보다도 레이의 태도가 마음에 들었다. 색이 바랜 파란색 맨투맨, 페인트 얼룩이 튄 바지, 묵직한 가죽 부츠, 타이다이Tie-dye 헤드밴드 차림의 레이는 185센티미터에, 100킬로그램쯤 되는 몸으로 자신감 있게 성큼성큼 다가오더니 "와, 죽이네!"라며 내 오두막에 칭찬 도장을 찍고 내 손을 덥석 잡았다. 열성적으로 악수를 하고는 허락도 없이 오두막으로 들어가서 내부를 둘러보며 혼잣말 같은 탄성을 내뱉었다. 오두막 안에서 함께 일해야 한다는 사실을 분명 알고 있었지만 꼭 레이가 아니더라도 내가 낯선 사람을 맞이할 마음의 준비가 덜 됐는지 가슴이 초조하게 뛰었다. 집 안이 엉망이라는 점도 마음에 걸렸다.

집 구경은 오래 걸리지 않았다. 가로 3미터, 세로 3.6미터의 오두막은 일반 주택의 작은 침실과 크기가 비슷했다. 몇 주 동안 주말마다 친구들과 작업한 결과물도 변변찮았다. 벽을 얇은 목재 패널로 거의 다 덮었지만 커다란 틈과 들쭉날쭉한 절단면만 봐도 알 수 있었다. 치수를 제대로 안 쟀군. 톱질도 제대로 못 했네. 톱날도 갈아야겠고. 벽 속이 훤히 드러난 곳에는 형광 분홍색의 단열재가 보기 흉한 음모처럼 삐져나와 있었다. 구석과 모서리에는 거미가 터를 잡고 있었고, 내가 깐 인조목재 바닥 위에는 수배자가 은신처에 숨어서 사용할 법한 물건들이 가득했다. 조잡한 플라스틱 탁자에는 기름때가 묻은 콜맨 캠핑용 버너가 놓여 있었고, 앉을 수 있는 곳이라고는 접이식 캠핑용 의자 두 개가 전부였다. 바닥은 매트리스와 수납공간을 겸했다. 한쪽에는 대충 접어둔 침낭이, 다른 쪽에는 화장지, 반쯤 비운 위스키병, 물티슈가 널브러져 있었다. 유일한 가구인 수납장에는 바닥을 뒹구는 것들과 비슷한 종류의 물건들이 빼곡했다. 하지만 우리의 레이는 그런 것들을 보지 않았다. 그 대신 부엌을, 늦은 밤까지 이어질 친구들의 대화를 봤다. 고요한 밤, 나무가 바람에 흔들리는 소리와 강물이 흐르는 소리를 자장가 삼아서 청하는 깊은 잠을 봤다.

레이가 아내와 이혼했고 주말에만 두 딸을 만날 수 있다는 이야기를 듣다 보니 문득 이 오두막이 그에게 평행 세계의 한 단면을 보여준 것이 아닐까 하는 생각이 들었다. 바로 길 건너편에 있지만 그가 처한 현실과는 몇 광년이나 떨어진 삶 말이다. 레이는 이 오두막에 앉아 있는 자신을 상상했을지도 몰랐다. 관리할 집도 없고 걱정할 책임도 없는 삶을, 따뜻한 난롯불 앞에 앉아서 숲을 내다보면서 자기 손으로 무언가를 만들며 살아가는 한 남자를 상상하는 것이다. 나는 레이의 목공 기술을 부러워했고, 레이는 냉동실 같은 내 오두막과 어린아이처럼 가벼운 책임을 부러워했다. 그는 집을 다 둘러본 뒤 내가 있는 문가로 돌아와 말했다. "좋네요." 그 말은 진심으로 느껴졌다.

우리는 내가 몇 달 동안 안절부절못하며 짜온 기본 계획을 검토했다. 내 계획은 대강 이런 식이었다. 난로를 오두막의 남서쪽 구석에 놓고 굴뚝 상자를 통로로 삼아서 다락 위로 연통을 연결한다. 다락 바닥과 지붕에 정교하게 구멍을 뚫고 연통이 통과하는 지점에서 삼중 단열 파이프로 바꾼다. 밖으로 나온 연통은 지붕 꼭대기를 살짝 넘기는 높이까지 연장하고 튼튼한 지지대 두 개로 고정한다. 이렇게 글로 정리하니 간단해 보이지만 이 계획을 구상할 때는 인생 최대의 미스터리를 풀어나가는 기분이었다. 오죽하면 레이를 고용했을까.

내 오두막이 함량 미달이라는 사실은 처음부터 분명했다.

예전 주인은 장인 정신을 발휘하는 전문 목수가 아니었다. 새가 둥지를 짓듯 그냥 집을 지은 것 같았다. 목재들도 몇 년에 걸쳐 여기저기서 주워 온 듯했다. 주말에 들렀다가 시간이 좀 남으면 숲에서 나무를 주워 와 못으로 대충 박았으리라.

목재마다 수령이며, 색깔이며, 무늬가 전부 따로 놀았다. 밝은 금발색의 새 목재가 있는가 하면, 뒤틀리고 갈라진 회색의 목재도 있었다. 덮어야 하는 공간에 비해 목재 길이가 짧다 싶으면 그냥 다른 목재를 가져다 못으로 이어 붙였다. 다락 바닥의 절반은 어디 있는지도 모르는 땅을 '대박 특가!'라고 홍보하는 부동산 광고판이었다.

시도 때도 없이 비가 오는 우림 한가운데에 이 오두막의 첫 기둥을 세운 사람은 나와 비슷한 생각을 했을 것이다. 평생 살 집을 짓는다거나, 부동산으로 돈을 벌겠다는 계획이 아니었다. 그보다는 취미 생활에 가까웠겠지. 숲에서 소란을 피우고 완벽하지 않아도 괜찮은 뭔가를 만들 핑계에 불과했던 거다.

그래서 더 좋았다. 이 오두막은 절대 복제할 수 없는 완벽한 원본 같았다. 나는 이 세상에서 단 하나뿐인 집을 갖고 있었다. 제대로 된 계획이 없었을지라도 예전 주인들 역시 이 오두막 안에 역사를 남겼다. 비뚤어진 판자, 구부러진 못, 여기저기 남은 상처를 보며 이 공간에 대한 애정을 키웠을 것이다. 실수 하나하나가 좋아하는 일을 하며 보낸 순간의 흔적이었을 테니까.

오두막의 수수한 외형에는 또 다른 장점이 있었다. 다락을 포함해도 11제곱미터 남짓의 면적이라 정부의 감시망에 걸리지 않았다. 건축법이 통하지 않는 무법 지대인 셈이었다. 데크, 출입문, 창문, 바닥, 벽 같은 구조물에도 이런 허점이 통했다. 오두막이 무너진다 한들 큰 사고로 번질 일은 없었다. 기껏해야 비가 찔끔 새거나, 외풍이 들거나, 나무 가시에 찔릴 뿐이었다. 수도나 전기 설비가 없으니 무언가 설치 좀 잘못했다고 심각한 문제가 터질 가능성도 없었다. 하지만 난로가 등장하면 이야기가 달라진다.

화목 난로를 설치하기 전에 알아둬야 할 정보가 굉장히 많았다. 생활공간에서 사용하는 연통, 바닥을 통과할 때 사용하는 연통, 외부 굴뚝과 연결할 때 사용하는 연통의 종류가 다 달랐다. 벽과 연통 사이의 거리, 연통 캡과 지지 구조, 지붕의 치수와 경사, 설치할 난로 유형 등에 대해 속속들이 알고 있어야 했다. 이렇게 세세한 부분까지 생각하니 머리가 지끈거렸고 치수를 잘못 재거나 연통을 비뚤게 끼워서 오두막이 불길에 휩싸이는 결말만 자꾸 떠올랐다.

뭐든 혼자 하는 법을 배우는 것도 내가 이 오두막으로 이루고 싶은 목표였다. 하지만 화목 난로를 설치하는 작업은 그 범주에서 벗어난 일이었다. 데크에 나사를 박는 작업과는 차원이 달랐다. 보상 대비 위험이 너무 컸다. 잘하면 훈훈한 열기를 뿜는 난로를 갖게 되지만 잘못하면 오두막이 다 타서 무너질 수 있었다. 지붕에 거대한 구멍이 뚫리면 연평균 1,828밀리미터씩 쏟아지는 비를 감당해야 했다. 나는 단순히 난로를 설치해 줄 사람을 찾아서 리버사이츠 웹페이지에 들어간 게 아니었다. 그보다는 내가 옆에서 거들어도 괜찮다고 해줄 사람, 목수와 의뢰인 같은 관계보다는 서로 힘이 돼주는 이웃 같은 사람을 원했다. 레이는 그 조건에 완벽하게 들어맞았다.

나는 차량 적재함에 자랑스럽게 펼쳐놓은 굴뚝 연통과 부품들을 레이에게 보여줬다. 멀리서 보면 폭탄이나 로켓 부품을 판다고 오해했을지도 모르겠다. 레이가 연통 하나를 집어 들고 잠시 살펴본 뒤 내려놓았다. 몇 개는 아예 알아보지도 못하는 눈치였고. 계속 "흠, 이건 대체 뭐지?"라고 중얼거렸다. 미묘한 단서들로 미루어 보건대 둘 중 하나였다. 내가 물건을 죄다 잘못 샀거나 레이가 난로를 설치하는 법을 쥐뿔도 모르거나. 왠지 반반이리라는 생각이 들었지만 어쨌든 작업은 시작됐다.

지붕을 뚫기 전에 약 3미터 길이의 연통을 다락으로 끌어올려야 했다. 레이는 난로를 어디에 설치할지를 20초~30초 정도 심각하게 고민하더니 다락으로 올라가 바닥을 자르기 시작했다. 통제 불능 상태의 소방 호스에 버금가는 전동공구인 왕복 톱을 들고 말이다. 왕복 톱이 어떤 물건이던가. 사용자는 자신이 왕복 톱을 통제하고 있다고 착각하지만 왕복 톱은 사실 대상을 완전히 파괴하는 목적으로만 존재한다. 톱날 하나를 장착한 팔이 달리는 기차 바퀴 같은 패턴으로 진동하듯 움직이는데 그 속도는 기차를 훨씬 능가한다. 혹시 회사에서 '다죽었어9000'이라는 이름의 신제품을 개발하라고 했던 걸까? 쏘즐Sawzall이라는 왕복 톱 제품은 어감도 강렬하지만 기능에 비하면 그나마 순한 이름이었다.

그러다 보니 왕복 톱 앞에만 서면 주눅이 들던 참이었다. 레이가 그 녀석의 고삐를 쥔 지금이 절호의 기회였다. 진정한 목공 장인으로부터 왕복 톱의 짐승 같은 힘을 다스리는 법을 배우자. 나는 천장에서 잘라낼 영역 바로 아래에 마음을 다잡고 섰다. 팔짱을 끼고 고개를 들었더니 레이의 외침이 들렸다. "가즈아아아아!" 그러고는…… 아무 일도 일어나지 않았다. 귀가 먹먹해지며 이명이 들리고 종말이 임박했다는 불길한 예감이 엄습했을 뿐이다.

사방이 아수라장으로 변했다. 헐거워진 천장 구석에서 단열재가 비처럼 쏟아졌다. 쥐똥, 부러진 못, 석고보드 조각도 혼돈의 비에 섞여 내려왔다. 사실 기적에 가까운 일이었다. 이 오두막에는 석고보드가 단 한 장도 쓰이지 않았으니까. 혹시 왕복 톱이 다른 차원에 구멍을 뚫어서 그쪽의 공간을 해체하기 시작한 걸까? 나는 수납장 뒤에 몸을 웅크리고 온 세상이 슬로모션으로 변하는 광경을 지켜봤다. 레이는 남북전쟁 시대의 미치광이 외과 의사처럼 보였다. 목이 칼칼하거나 발목을 살짝 접질려서 온 병사들에게 절단 수술을 자행하는 의사 말이다. 증기로 움직이는 원형 톱을 들고 병사들의 몸을 해체하는 광경이 레이에게 겹쳐 보였다. 몇 초 그리고 몇 분이 흘렀다. 아니, 며칠이 지났는지도 모르겠다. 동그랗게 잘린 천장이 바닥으로 쿵 떨어지고 구멍 사이로 레이의 웃는 얼굴이 나타났다. 기쁨과 흥분, 자신감이 뒤섞인 표정이었다. 내 얼굴은 일그러졌다. 구멍 위치가 조금 어긋난 것이 마음에 걸렸지만 애써 불편한 표정을 감췄다. 어쩌겠나. 돌이키기에는 너무 늦었지.

다락에 구멍을 뚫었으니 이제는 다락 위로 연통들을 지지해 줄 금속 브래킷을 설치할 차례였다. 브래킷은 단순한 나무 프레임에 나사로 고정하는 구조였다. 그리고 이 단순한 나무 프레임을 우리가 직접 만들어야 했다. 만드는 법은 아주 간단했다. 레이가 2×4 규격의 각재 네 토막을 잘라 그것들을 정사각형으로 못질하면 끝이었다. 레이는 대략 못 열세 개를 구부러뜨린 뒤, 육각형의 나무 프레임을 완성하고(나무가 네 조각인데 어떻게 육각형이 나왔을까?) 바닥 장선 사이에 밀어 넣었다. 레이의 테스트 방법은 내가 늘상 하는 방식과 비슷했다. 망치로 세게 내리치는 것. 곧장 프레임이 바닥으로 떨어져 부서졌다. 한 번 더 시도했지만 또 실패였다.

나도 돕고 싶었다. 분명 도울 수 있다고 생각했다. 하지만 레이의 결연한 얼굴을 보니 끼어들기가 쉽지 않았다. 나는 레이가 나무 프레임을 손볼 동안 밖에서 나머지 부품을 '정리'하는 수밖에 없었다. 마침내 레이가 제대로 된 프레임을 완성했고 우리는 난로의 검은색 연통을 다락 천장에 고정했다. 이제 절반쯤 왔다. 다음 단계는 지붕을 톱으로 자르는 일이었다.

왕복 톱의 첫 번째 춤을 목격하고 정신이 번쩍 들었기 때문에 이번에는 오두막 밖에서 귀를 막고 지켜보기로 했다. 멀찍이 떨어져 있어도 레이가 흥분해서 외치는 소리는 똑똑히 들렸다. 정확히 무슨 말인지 못 알아들었을 뿐이지. 왕복 톱이 더 많은 전력을 사용하며 발전기의 RPM이 급상승했다. 순식간에 오두막 전체가 살아 움직이기 시작했다. 지붕 위에서는 녹슨 싸구려 금속 패널이 왕복 톱의 진동에 맞춰 바람에 휘청이는 깃발처럼 규칙적이고 격렬하게 흔들리기 시작했다. 지붕 아래에서는 레이가 라자냐처럼 겹겹이 쌓인 낡은 합판, 못, 금속에 톱날을 박아 넣으며 고군분투하고 있었다. 오두막이 당장이라도 폭발하거나 날아갈 것만 같았다. 흑백영화 시절의 미키 마우스 만화가 떠올랐다. 거기에서는 심각한 재즈 음악이 흐르는 가운데 건물이 흔들리는 것을 표현하기 위해 벽을 부풀리거나 무너뜨리거나 고음에 맞춰 지붕을 날리지 않던가. 지금 내 오두막은 확실히 그렇게 흔들리고 있었다.

영원같이 긴 시간이 지난 뒤에야 소란이 멈췄다. 레이가 지붕

한 조각을 조심스럽게 밀어내고 구멍 사이로 머리를 내밀었다.

"와후우우우우우우우우우! 엄청 흔들렸네요. 그죠?!"

방금 벌어진 일에서 "정확하다."거나 "의도적이다."라고 할 수 있는 부분이 있었을까? 나는 체념하고 굴뚝 연통 두 개를 레이에게 가져다줬다. 손쓸 수 없을 만큼 망가졌다는 말을 들어도 너무 놀라지는 말자. 다음에는 왕복 톱 말고 조준이 잘된 대포로 다시 시도하면 되지. 레이의 작업 방식은 어린 시절에 PBS 채널에서 몇 시간씩 봤던 목수들의 매끄러운 동작과는 영 딴판이었다. 레이는 말끔하게 정리된 벨트 위로 손을 빠르게 움직이며 매 순간마다 완벽한 도구를 골라 쥐지 않았다. 유튜브에서 봤던 평생을 DIY에 바쳤다는 장인들처럼 전문가적인 면도도 찾아볼 수 없었다. 그러기는커녕 우당탕탕거리며 눈대중에 의존하고 성급하게 행동했다.

전부 다 망가졌으리라 마음을 굳게 먹고 남은 부품들을 묵묵히 다락으로 옮겼다. 하지만 마지막 부품을 건넬 때 깨달았다. 내가 틀렸다. 구멍 위로 완벽한 굴뚝이 솟아올라 강철 토템처럼 빛나고 있었다. 레이도 다락에서 내려와 굴뚝을 직접 눈으로 확인했다. 우리는 각각 팔짱을 끼고 나란히 서서 그 모습을 잠시 보고만 있었다.

"이거 혹시 비뚤어진 거예요?" 내가 조심스럽게 물었다.

레이는 동화책 속 삽화처럼 굴뚝이 오두막 지붕 쪽으로 과하게 기울어진 사실을 눈치챘다. 분명히. 그랬으니 완벽한 대답을 준비해 뒀겠지. 자기 작품의 질을 비난하는 말은 뭐든 튕겨낼 기세였다.

레이는 망설이지 않고 대답했다. "에이, 오두막이 비뚤어졌더구먼!" 그러면서 내 등을 철썩 치더니 사다리를 들고 지붕으로 올라갔다.

비가 틈새로 스며들지 않도록 굴뚝 밑부분에 새빨간 실리콘 고리를 끼우고, 처음에 알아보지 못했던 부품들도 제자리를 찾아줬다. 오두막의 골조 부재에 지지대를 드릴로 박아 넣고 이음새에 실런트를 발랐다. 맨 위에는 빗물을 막아주는 격자 형태의 특수 덮개를 씌워 마무리했다. 레이가 남은 종잇조각들을 구기며 다시 이야기를 시작했다. "그러니까 말이야, 딱이네. 바로 여기야. 자리를 잘 잡았어요."

정말로 끝나다니. 나는 경외심에 사로잡힌 채 레이가 종이를 정리하고 성냥을 켜서 난로에 던져 넣는 모습을 지켜봤다. 곧 불꽃이 피어올랐다. 나 혼자였다면 처음 불을 땔 때 나름의 의식을 치렀을지도 모르겠다. 잠시 묵념한다거나 특별한 장작을 하나 추가한다거나. 아무튼 무슨 일이 터질까 봐 두려워서 미신에 의지하려 했을 것이다. 성호를 긋든, 눈을 가리든, 행운의 표시로 손가락을 꼬든 뭐라도 했을 테다. 도망쳐야 할 때를 대비해 소화기를 다시 한번 확인하거나 신발 끈을 꽉 동여맬 기회가 있었어도 좋았겠다. 하지만 레이는 그럴 틈조차 주지 않았다. 긴장으로 얼어붙은 초보자를 지도하는 스카이다이빙 강사처럼 내가 뒤에 잘 매달려 있다고 생각하고 그냥 뛰어내렸다. 불쏘시개에 불이 붙기 시작하자 레이는 고개를 끄덕이고 활짝 웃으며 양쪽 엄지를 치켜세웠다. 나는 입을 반쯤 벌리고 그 모습을 멍하니 바라보며 난로에서 나는 소리를 들었다.

처음으로 웅웅거리던 소리가 기차 소리만큼 커지더니 난로가 작동하기 시작했다. 열려 있던 문을 통해 들어온 커다란 공기 덩어리가 난로로 빨려 들어갔다. 그러고는 다락을 타고 지붕 위로 올라가더니 빛나는 강철 굴뚝에서 첫 연기가 뿜어져 나왔다. 마른 장작을 하나 넣으니 타닥타닥 불꽃 튀는 소리가 들리고 방 안에 소나무 향이 퍼지기 시작했다. 레이는 흥분을 감추지 못했다. "우와, 이 녀석 소리 봐라? 아주 쫙쫙 빨아들이네!"

나는 그 후 몇 년간 난로에 관해 이것저것 배웠다. 유난히 추운 날에는 신문지를 한 움큼 넣어 연도를 예열해야 했고, 최대 효율로 작동하는지 확인할 때는 불의 상태를 보기보다 소리를 듣는 편이 더 정확했다. 모든 조건이 들어맞을 때는 속삭이는 듯한 소리만 들렸다. 공기가 너무 많으면 폭발하듯 포효했고, 공기가 너무 적으면 연달아 트림하는 것처럼 불꽃이 탁탁 튀었다. 이런 사실들을 전부 알아내기까지 오랜 시간이 걸렸고 그만큼의 대가도 치러야 했다. 어쨌거나 지금은 오두막이 훈훈해졌다는 사실만으로 충분했다.

레이가 뒷정리하는 동안 이 마을과 레이의 두 딸에 관해 조금 더 이야기를 나눴다. 레이가 늘 말을 기르고 싶어 한 이유도 아이들 때문이었다. 말을 훔쳐 간 범인으로 전처를 의심하는 것도 그래서였다. 따지고 보면 처음부터 말들은 전처의 소유였을지도 모른다. 하지만 레이는 모든 것을 갖춘 안정적인 환경에서 딸들에게 완벽한 유년 시절을 선물해 주고 싶어 했다. 이야기하다 보니 앞으로 오두막에서 벌일 공사 계획도 이것저것 떠올랐다. 데크를 확장해서 빗물 저장 장치를 만들면 좋을 것 같았다. 기초든 어디든 손봐서 오두막이 기울어진 문제도 바로잡아야 했다. 우리는 한참 동안 아이디어를 주고받았다. 어느 순간 이 계획이 누구의 생각인지, 이 오두막의 주인이 누구인지 헷갈릴 지경이었다. 헤어지기 전에 내가 무심코 현관문 아래에 커다랗게 벌어진 틈을 가리켰다. 레이는 아무 말도 없이 방부목 조각을 하나 집어 들고 틈을 다시 한번 살피더니 트럭 뒤에서 톱을 꺼내 와서는 각지고 가느다란 모양으로 목재를 잘라냈다. 못 몇 개로 나뭇조각을 박아 넣는 모습이 경이로웠다. 조각은 빈틈없이 맞았다.

"뭐, 일단은 이 정도로 충분할 겁니다. 하지만 조만간 바닥을 평평하게 고쳐야 해요." 레이가 말했다.

그러고는 공구를 챙기고 트럭 뒷문을 쾅 닫았다. 나는 레이에게 다섯 시간 일당으로 100달러를 건넸다. 그 안에는 작업이 끝나고 오두막 수리 계획에 관해 떠든 한 시간도 포함돼 있었다. 예상대로 레이는 추가 비용을 거절했고 손을 흔들며 차를 타고 떠났다. 장작 패는 일은 내 몫으로 남겨둔 채.

09 빛이 보이면 터널에서의 시간도 견딜 만하다

화목 난로가 들어오며 오두막 인테리어는 중대한 국면을 맞이했다. 이제야 비로소 모든 것이 어우러진 느낌이었다. 이후 몇 주간 나는 저녁과 주말에 딱히 할 일이 없으면 위즈엔드로 달려가서 공간을 꾸미고 겨울을 준비했다. 소파와 침대 겸용으로 사용할 수 있는 두툼한 갈색 매트리스는 난로와 다락 사다리 사이에 쏙 들어갔다. 다락은 아직 미완성이라 거미가 점령하고 있었지만 아래층은 제법 분위기가 잡혔다. 보온을 위해 담요도 마구잡이로 가져다 놓았다. 그중에는 농구팀 시애틀 슈퍼소닉스 Seattle Supersonics의 굿즈로 내가 초등학교 2학년 때부터 가지고 있던 초록색과 금색이 섞인 담요도 있었다. 플라스틱 재질의 접이식 텔레비전 받침대는 공식적으로 식탁 겸 커피 테이블이 됐다. 자연광이 잘 들어오는 공간에는 흉해서 차마 둘 수 없던 쭈글쭈글한 삼베 러그도 단열이 안 돼서 차가운 바닥에는 딱이었다. 러그는 현관 매트로도, 젖은 부츠의 저지선으로도 활약했다. 한쪽 구석에 있는 플라스틱 탁자에는 콜맨 캠핑 버너를 뒀고 자주 사용하는 접시, 냄비, 프라이팬, 식기류를 함께 비치해 놓았다. 맞은편 구석은 오두막에 원래부터 있던 수납장 자리였다. 흰색 수납장 내부에 배터리, 위스키, 화장지처럼 각종 필수품들을 꽉꽉 눌러 담았다. 그 위에는 낡은 해먹을 걸어서 담요, 베개, 장갑, 털모자를 보관하는 임시 선반으로 만들었다. 오두막을 이렇게 꾸며놓으니 말로 표현할 수 없을 만큼 행복했다. 자연스럽게 내 인생 최고의 기억들도 머릿속에 떠올랐다.

나는 원래 캠핑을 좋아했다. 까마득한 어린 시절부터 우리 가족은 여름만 되면 워싱턴주 올림픽반도에 있는 크레센트호수Lake Crescent에서 주말을 보냈다. 엄마와 나는 스바루Subaru 소형 세단에 텐트, 침낭, 샌드위치 재료, 고무보트를 싣고 장작을 틈틈이 끼워 넣었다. 마지막으로 남은 장작 몇 개는 앞 좌석이나 창문으로 밀어 넣어 문 옆의 빈틈으로 떨어뜨렸다. 목요일 오전에 출발해서 세 시간 걸려서 도착하는 일정이 가장 이상적이었다. 주중에 캠핑장에 머물던 사람들이 짐을 챙겨서 떠나고 주말 여행객들이 아직 몰려들기 전의 시간이었기 때문이다. 목요일 오후에 도착하면 원하는 자리를 마음대로 고를 수 있었다. 우리는 자리 취향이 확고했다. 언제나 1순위는 물가 끝에 위치해서 제일 한적한 90번 자리였다. 주차장과 가장 멀기 때문에 가파른 언덕을 수백 미터나 걸어 올라가야 하는 단점이 있긴 했지만.

수건 몇 장과 가방 한두 개로 자리를 맡은 뒤에는 족히 몇 시간 동안 언덕을 오르내리며 캠핑용품이 든 무거운 플라스틱 통, 식료품 봉지, 아이스박스를 힘겹게 옮겼다. 차까지 한 번 갔다 올 때마다 가파른 자갈길과 여기저기 튀어나온 나무뿌리를 지나야 해서 넘어질 위험이 있었다. 실제로 발을 헛디뎌서 들고 있던 물건들을 놓치는 일이 다반사였다. 언덕을 데굴데굴 구른 러버메이드Rubbermaid 토트박스가 집에서 플리마켓을 열듯 종이 접시, 베이컨 팬을 땅바닥에 토해 내는 모습도 자주 목격했다.

몸이 무척 고됐지만 짐을 나르는 일은 고생의 시작에 불과했다. 아직 텐트를 설치하는 문제가 남아 있었다. 우리는 고장난 텐트 폴대를 끙끙대며 잘 세우고 이미 오래전에 잃어버린 공구를 찾아서 두리번거리는 한편, 위쪽 길에서 확성기를 들고 돌아다니는 장작 장수의 목소리에 귀를 기울였다. 나는 멀리서 "장작이요!"라는 외침이 들리면 5달러 지폐를 들고 언덕을 전력으로 뛰어올라가 장작 한 묶음을 더 사 왔다. 해가 질 무렵이 되면 겨우 텐트 설치를 끝내고 작은 모닥불 옆의 녹색 캠핑 의자에 앉을 수 있었다. 그러면 어디서 신호라도 받았는지 아빠가 저녁 시간에 딱 맞춰 도착했다. 트럭에 장작 한두 개와 칫솔만 달랑 싣고서. 늦게 온 이유를 물어보면 회사 일 때문이라고 했지만 지금 생각하니 땀을 뻘뻘 흘리며 고생하는 과정을 피하고 싶었던 것 같다.

차에서 짐을 꺼내서 언덕 아래의 호수까지 나르는 일은 솔직히 귀찮았다. 하지만 먹고 놀고 잘 때 꼭 필요한 물건들만 상자에 챙겨 제2의 집에 가져다 뒀다는 사실만으로 위안이 됐다. 잠을 잘 수 있는 마른 바닥, 스파게티 재료, 면이 끓을 동안 앉아 있을 의자만 있으면 세상에 부러운 것이 없었다. 저녁 식사가 끝난 뒤 가지고 놀 카드 한 세트까지 있으면 더 좋고. 어른이 되고 나서는 무거운 짐을 들고 호수로 주말여행을 가기보다는 배낭을 최대한 가볍게 꾸려 산간 오지에서 장거리 하이킹을 즐기곤 했다. 챙겨야 하는 장비도, 눈에 보이는 풍경도 호숫가 캠핑과는 사뭇 달랐지만 야생에서 완벽하게 자급자족하며 생활하는 데서 느껴지는 안정감만큼은 다르지 않았다. 오두막 생활도 여러 면에서 캠핑 여행과 비슷했다. 수세식 변기가 없다는 점과 샤워를 하려면 얼음장 같은 강물에 뛰어들어야 하는 점까지도. 몸을 데우려면 불을 때야 했고, 오락거리는 즐거운 대화와 카드놀이, 독서뿐이었다. 하지만 한 가지 커다란 차이가 있었다. 오두막은 매번 장비를 짊어지고 갈 필요 없이 편하게 재방문할 수 있었다.

나는 모든 것이 완벽히 갖춰져 있는 오두막을 꿈꿨다. 석유

램프에 며칠은 너끈히 쓸 석유가 들어 있고, 몇 끼는 해 먹을 수 있도록 프로판 탱크도 꽉 차 있기를 바랐다. 헤드램프와 손전등에 갈아 끼울 배터리도 쌓여 있었으면 했다. 구석 수납장에는 숙성 증류주와 동결 건조 해시브라운 몇 상자를 비축해 둬야지. 올리브유, 각종 핫소스, 칠리 수프 통조림을 보관할 공간도 마련하고 싶었다. 생수는 언제나 비상용으로 몇 통씩 상비해야 한다고 생각했다. 위층에는 마른 양말 몇 켤레, 질 좋은 울 스웨터 몇 벌을 보관하기로 했다. 담요까지 넉넉히 준비하면 설령 장작이 떨어져도 세상이 끝나지는 않을 것이다. 나는 오두막을 이런 공간으로 만들고 싶었다. 필요한 물건이 전부 있다는 확신을 품고 언제든 달려갈 수 있는 곳을 꿈꿨다.

이렇게 말하면 자연재해나 경제 붕괴에 대비해 생존 가방을 준비하는 사람들, 핵전쟁이 일어나거나 대통령이 잘못 뽑히거나 블랙프라이데이 대란이 벌어지는 상황에 대비해 지하 벙커에 식량을 쟁여두는 사람들을 떠올리기 쉽다. 하지만 내가 꿈꾸는 오두막은 그런 이들의 사고방식과 결이 달랐다. 물품들을 완벽하게 비축했다고 생각했지만 오두막으로 향하는 길에 마트나 DIY 매장에 들르면 새로 사야 할 물건이 몇 가지 생겼다. 오두막에 갈 때마다 내 손에는 새로운 물건이 들려 있었다. 하지만 시애틀로 돌아와서 지겨운 회사에 발이 묶여 있을 때는 달랐다. 온종일 형광등 불빛에 노출되는 사람이라면 권태감을 피할 수 없다. 나는 그럴 때마다 눈을 감고 오두막을 떠올렸다. 비 내리는 숲속의 고요하고 평온한 공간을 상상했다. 오두막은 내가 맨손으로 도착해도 금방 아늑한 피난처가 돼주겠지. 회의 중에는 회의실에서 박차고 나가서 오두막으로 달려가는 상상을 했다. 언제든지 두 시간 내로 불가에 앉아서 커피를 마실 수 있었다. 사무실, 책상, 컴퓨터라는 보이지 않는 감옥에 갇혀 있어도 오두막이 선사하는 가능성이 폐소공포증을 잠재웠다. 완벽한 탈출구가 있다고 생각하니 탈출하고 싶다는 욕구도 전보다 잠잠해졌다. 터널 끝에서 빛이 보이면 터널 안의 시간도 견딜 만해진다고 하지 않던가.

10 아기 난로에게 장작 먹이기

브라이언이 왔다. 작업 파티 이후 몇 달 만의 방문이었다. 그사이에 난로와 가구가 새로 들어왔고 담요와 수프 통조림 등도 저장고에 차곡차곡 쌓였다. 이렇게 달라진 모습을 빨리 보여주고 싶었다.

브라이언과는 몇 년 전 아웃도어 장비 박람회에서 처음 만났다. 우리 둘 다 아웃도어 전문 잡지에서 최신 캠핑 장비를 리뷰해 달라는 의뢰를 받고 간 곳이었다. 그때는 브라이언이나 나나 작가로서 희망을 품고 일을 막 시작한 초짜들이었다. 햇병아리였던 우리는 언젠가 진정한 저널리스트가 돼 전 세계를 날아다니며 온갖 신기하고 흥미진진한 이야기를 발굴하기를 꿈꿨다. 이후 몇 년 동안 꿈을 향해 달리던 우리는 현실을 깨달았다. 작가는 세상을 자유롭게 누비는 직업이 아니라 책상 앞에 속박된 직업이었다. 우리는 기획안을 아무리 보내도 답장 한 번 받기 힘든 현실에 대해, 일하면서 만나는 형편없는 편집자들에 대해 서로 하소연했다. 사무실을 벗어나지 못하는 지루한 삶에 대해서도 매번 투덜댔다. 이렇게 서로의 불행에 공감하다 보면 기분이 후련해지곤 했다. 둘 다 무언가를 만들며 스트레스를 해소한다는 공통점도 있었다.

내가 오두막을 수리할 동안 브라이언은 못 쓰는 요트를 사서 작은 집으로 개조하고 있었다. 그 요트를 자산이 아니라 처분해야 할 골칫거리로 여기던 선착장 주인이 단돈 1달러에 팔아넘긴 덕분이었다. 한때는 경주용 요트였고 하와이까지 간 적도 있다고 하지만 이제는 과거의 영광에 지나지 않았다. 현실을 외면할 수는 없었다. 이 상태로는 바다에 떠다니는 위험물일 뿐이었다. 요트 안에서는 포르노 잡지 무더기와 요강이 나왔다. 술만 마시다 죽었다는 전 주인의 유품은 그게 전부였다. 브라이언은 오직 경제적인 이유로 그 배를 샀다. 오클랜드에 살면서 샌프란시스코로 출퇴근하던 브라이언에게 1달러짜리 배는 가장 현실적인 주거 해법이었다. 인턴 기자의 봉급은 말이 안 될 정도로 형편없었으니까. 하지만 브라이언이 배를 보는 관점도 내가 오두막을 보는 관점과 별반 다르지 않았다. 우리에게는 둘 다 완전한 무無에서 유有를 창조할 기회였다.

우리는 직장에서 프로젝트를 진행하며 회의와 이메일에 치이면서도 시간을 쪼개서 온라인 채팅을 이어나갔다. 작은 집에 어떤 부엌이 어울리는지 의논하고, 흥미로운 디자인을 공유했다. 도움이 필요할 때면 함께 돈을 모아서 오클랜드행이나 시애틀행 비행기 푯값을 나눠서 냈다. 그렇게 글쓰기를 잠시 잊고 함께 무언가를 만들었다. 브라이언은 내 오두막에서 열린 첫 번째 작업 파티의 멤버로 바닥재를 함께 깔았고, 내가 난로 설치로 속을 썩일 때도 멀리서 전 과정을 지켜봐 줬다.

12월의 어느 쌀쌀한 날 아침, 공항으로 마중 나가 브라이언을 태우고 오두막으로 향했다. 브라이언이 머무는 동안 필요한 물품 몇 가지를 챙겨야 했다. 일기예보는 춥고 건조한 날씨를 예고했다. 계속 맑은 날이 이어진다고 했지만 기온이 영상으로 올라가지는 않을 것 같았다. 브라이언은 화목 난로를 시험해 볼 기회라며 내심 기뻐했다. 화목 난로를 실제로 사용하는 일이 얼마나 번거로운지 모르니 할 수 있는 생각이었다.

일반적인 크기의 장작이 이 난로의 작은 몸속에 들어가지 않는다는 사실은 금세 알 수 있었다. 레이가 난로 설치를 도와준 뒤로 나는 녹슨 톱을 들고 나뭇조각 앞에 쪼그려 앉아 무수한 시간을 보내야 했다. 숨을 헐떡이며 팔이 빠져라 나무를 자르고 난로가 소화할 수 있을 만한 크기로 만들었다. 장작을 꼭꼭 씹어서 자몽만 한 크기로 줄인 뒤 아기 난로에게 먹여야 하는 어미 새가 된 기분이었다. 나무를 고정할 도구가 없다 보니 부츠로 나무 옆을 밟고 톱질하는 수밖에 없었다. 그러자 말라 있던 나무가 젖은 땅에 박히며 습기를 잔뜩 머금는 문제가 생겼다. 습기 때문에 적당한 크기로 잘라도 불이 잘 붙지 않고 타는 속도도 더뎠다. 장작을 패면 몸을 두 번 덥힐 수 있다는 말이 있다. 장작을 팰 때 한 번, 장작에 불을 붙일 때 한 번. 오두막에서 장작을 쪼개면 확실히 몸에서 열이 났다. 하지만 금세 에너지가 완전히 고갈되고 땀에 절어서 의식마저 몽롱해졌다. 열기도, 오두막도, 세상 모든 일도 나와 상관없었다. 이 세상에서 제일 무딘 톱으로 장작을 쪼개는 일을 그만둘 수만 있다면 다 포기해도 좋았다. 의욕이 넘치는 날이면 장작을 추가로 한 묶음 더 쪼개서 실내에 보관해 두곤 했다. 미래의 내가 이 과정을 건너뛸 수 있도록 말이다. 하지만 그만큼 의욕이 넘치는 날은 거의 없었다. 그러기에는 장작을 쪼개는 일이 너무 고됐다.

랜턴 연료와 그 밖의 잡다한 물품을 사려고 DIY 매장에 들렀을 때였다. 문득 브라이언이 점점 추워지는 날씨 속에서 갓 썬 바게트 같은 톱을 들고 하루치 장작을 준비하는 모습이 머릿속에 그려졌다. 내 시선이 평소에 충동구매하던 껌, 사탕, 잡지를 지나서 가게 반대편 벽에 자리한 진열대에 꽂혔다. 전에 여러 번 지나친 적 있다. 강렬한 조명 아래에 전기톱들이 주르륵 진열된 코너였다. 멜빵바지를 입고 가죽 장갑을 낀 벌목꾼들이 톱밥을 뒤집어쓴 채 나무를 가볍게 베는 사진이 뒤에 걸려 있었다. 장작을 해체하느라 말도 못 하게 괴로워질 때면 〈스타워즈〉에 나오는 광선검을 들고 손목의 스냅만으로 수십 개의 장작을 쪼개는 상상을 했었다. 전기톱을 가져본 적은 없지만 광선검과 가장 비슷한 대체품이 아닐까?

계산원이 우리가 쇼핑한 물품들의 바코드를 찍는 틈에 브라이언 쪽을 돌아보면서 말했다. "전기톱을 산다면 미친 짓일까?"

브라이언은 내 마음을 완벽하게 읽었다. "에이, 절대 아니지."

나는 계산원 쪽을 돌아보며 전기톱도 사겠다고 의기양양하게 말했다. 훌륭한 선택이라고 천장에서 축하 풍선이 떨어지지 않을까 기대했지만 그런 일은 일어나지 않았다. 다른 직원이 상품을 가지러 간 사이에 브라이언과 전기톱 코너를 돌아보며 기름통, 엔진오일, 체인 윤활유, 튼튼한 가죽 장갑 등 필요한 물품을 전부 쓸어 담았다. 우리가 전기톱을 쓴다고 하면 걱정할 어머니들을 위해 보안경도 장바구니에 넣었다. 장작도 평소보다 많이 샀다. 장작 쪼개는 일도 이제는 귀찮지 않을 터였다. 강철의 강력한 힘에 기대어 톱밥을 날리며 하이 파이브를 주고받는 장면이 파노라마처럼 펼쳐졌다.

오두막에 도착하자마자 셀로판지에 싸인 장작 꾸러미를 질척한 땅에 던져놓고 전기톱의 설명서를 훑기 시작했다. 기름을 어디에 넣는지, 시동을 어떻게 거는지 확인했다. 몇 분 뒤, 작은 주황색 전기톱이 기름 냄새가 섞인 푸른 연기를 기운차게 뿜으며 돌아가기 시작했다.

우리는 아무 계획도 없이 무모하게 장작 더미에 덤벼들었다. 그러다 톱의 체인이 잘못 걸려서 나뭇조각이 사방으로 튈 때면 놀라서 눈을 동그랗게 뜨고 물러나곤 했다. 나무를 절단하려면 어느 정도의 힘이 필요한지 계산하는 일도 쉽지 않았다. 톱이 나무를 뚫고 땅속까지 박혀서 바위 모서리에 걸리기 일쑤였다. 그러면 불꽃이 튀며 근처에 있는 나무나 오두막으로 돌의 파편이 날아들었다. 위험했지만 작업 효율은 굉장했다. 전기톱이 닿는 장작마다 더 작게 쪼개지니 손이 닿는 곳마다 황금으로 변했던 미다스 왕King Midas이 된 듯했다.

하지만 처음의 흥분이 가라앉자 몇 가지 단점도 눈에 들어왔다. 전기톱의 위험성은 일반 톱과 비슷했지만 피해 규모가 훨씬 컸다. 장작을 자르다가 나무의 옹이나 수액 주머니를 잘못 건드리면 톱날이 덜컹 튀면서 장작 조각이 팝콘처럼 공중으로 날아갔다. 혼란을 수습하려고 발로 장작을 고정해 보기도 했다. 하지만 톱이 격렬하게 날뛸 때마다 구급차, 휠체어, 의족이 떠올랐고 평생 후회하는 모습이 눈에 선했다.

소음 문제도 있었다. 다들 알다시피 전기톱은 지독하게 시끄럽다. 의외의 사실은 손에 전기톱을 든 사람의 귀에는 그 소리가 제법 근사하게 들린다는 것이다. 하지만 장작 몇 토막을 자르겠다고 늦은 밤에 전기톱을 켤 수는 없었다. 한밤중에 전기톱의 굉음을 반길 사람이 어디에 있을까. 이웃 주민이 소음의 근원을 찾아 내 오두막까지 오는 상황을 만들고 싶지는 않았다. 해가 진 뒤에는 더더욱.

전기톱과의 첫 만남은 신체 절단 사건 없이 무탈하게 끝났다. 한쪽에 자그마한 크기의 장작 조각들이 수북이 쌓였다. 출발선을 잘 끊었지만 이 정도 양으로는 부족했다. 숲에서 혼자 열흘을 보낼 브라이언은 한동안 장작을 쪼개느라 잠도 못 잘 게 분명했다. 나는 브라이언의 여행이 끝나는 다음 주 주말에 돌아와 이틀을 함께 보내고 공항까지 태워다 주기로 했다. 오두막에서 그렇게 오래 머물 수 있는 브라이언이 부러웠다. 나는 열흘씩이나 있어 본 적이 없는데. 그가 오두막에서 할 일들도 부러웠다. 영하의 추위를 견디고 전기톱으로 발을 썰지 않으려 노력하고 창문 둘레에 마감재를 더하고 매트리스 옆에 놓을 작은 탁자를 만들 수 있다니. 고치고 싶은 부분이 있으면 오두막에 구비된 목재와 못과 나사를 써서 뭐든 할 수 있었다.

일주일간 비록 몸은 사무실에 묶여 있어도 마음만은 오두막에 집중하기로 하고 장작 문제를 해결할 방법을 궁리했다. 전기톱도 괜찮은 임시방편이었지만 나는 더 안전하고 확실한 도구를 원했다. 주초에 장작 업체들에 전화를 돌렸다. 돈으로 문제를 해결할 수 있다면 그렇게 해야지.

업체들의 웹사이트를 둘러보니 선택지가 끝도 없었다. 벚나무, 오크나무, 단풍나무, 마드론나무, 소나무, 전나무 중에서 뭘 선택해야 할지 몰랐다. 건조 기간도 제각각이고 껍질 포함/불포함, 배달/픽업, 반 코드/한 코드, 소량 구매/대량 수송까지 다양한 옵션을 선택할 수 있었다. 그야말로 없는 게 없어 보였다. 내가 원하는 장작은 단순했다. 작은 크기면 됐다. 한결 편안해진 마음으로 첫 번째 업체에 전화를 걸었다.

"여보세요?"

"안녕하세요. 장작을 사려고 하는데, 원하는 크기로 주문이 가능한지 궁금해서요."

"당연히 되죠. 어느 정도 크기를 원하세요?"

"지름 15센티미터요."

수화기 반대편에서 침묵이 흘렀다. 전화가 끊겼나?

"여보세요?"

"으으음. 그렇게 작은 건 없는데요, 손님."

"원하는 크기로 주문이 가능하다면서요?"

"네, 뭐. 지름 30센티미터, 35센티미터, 40센티미터는 가능합니다."

"더 작게 만들 수는 없고요?"

"그건 방법을 모르겠네요."

"장작을 더 작게 자르는 방법을 모른다고요?"

"네, 모르겠네요."

"그냥 잘라주면 안 될까요?"

"안 될 것 같네요. 직접 자르시면 어떨까요?"

우리는 교착상태에 빠졌다. 장작을 자르기가 얼마나 어려운지는 누구보다 내가 제일 잘 알았다. 하지만 장작을 만드는 일이 자기들 일이지, 내 일이야? 불친절한 업체에 잘못 걸렸나 보다 생각하면서 다른 곳에 전화를 걸었다.

"네, 리처드슨 연료Richardson's Fuel입니다."

"안녕하세요. 혹시 장작을 작은 크기로도 판매하시는지 궁금합니다. 15센티미터나 그 이하로요."

"그렇게 작은 게 왜 필요하시죠?"

"제 난로가 그 정도 크기라서요."

"흠. 저희는 30센티미터와 40센티미터만 판매합니다."

"작게 잘라주실 수는 없고요?"

"넵."

일곱 군데의 업체에서 일곱 명 모두 난감해했다. 어떻게 하면 장작을 더 작게 만들 수 있을까? 이것은 궁극의 수수께끼였다. 분명 나무에서 장작이 나왔을 텐데. 나무를 조각내서 자르기 전에 어느 정도 크기로 자를지 결정했겠지. 하지만 그 후에는 장작을 더 작게 만들 방법이 없다고? 모두가 장작을 한 번 자르면 추가로 또 자를 수 없다고 했다. 불쏘시개용으로 얇고 길게 쪼개는 것만 가능했다. 『성경』에 계율로 적히기라도 했나? 모세Moses가 산에서 내려와 십계명을 낭독한 뒤 마지막에 이렇게 덧붙이기라도 했나? "너희의 장작은 지름이 30센티미터나 40센티미터여야 하며 한 번 장작을 쪼갠 뒤로는 다시 쪼개지 말지니. 그렇게 하지 않으면 너희의 자손이 종기투성이가 될 것이다!"

결론은 명확했다. 내가 직접 나무를 베서 15센티미터 길이로 자른 뒤 거기서 또 내가 원하는 크기로 쪼개야 한다는 소리였다. 하지만 한겨울이었다. 어느 세월에 나무 한 그루를 잘라서 건조한단 말인가. 그것도 나무를 벨 줄도 모르는 내가. 내가 가진 능력이라고는 거대한 상록수가 오두막 위로 그대로 떨어지는 끔찍한 장면을 떠올리는 것뿐이었다. 아이러니한 상상이었다. 부서진 오두막의 파편이야말로 화목 난로에 알맞은 크기일 테니까. 결국 원점으로 돌아왔다. 지금으로서는 전기톱으로 어떻게든 버티는 수밖에 없었다.

11

불편함의 맛

나는 다시 위츠엔드로 향했다. 브라이언이 비행기를 타기 전에 며칠이라도 함께 보내기 위해서였다. 브라이언은 내가 도착하자마자 나를 붙잡고 주중에 혼자 작업한 것들을 보여줬다. 내가 없는 사이에 창문마다 작은 선반이 생겨서 향신료나 은식기 같은 주방용품을 올려둘 수 있었다. 매트리스 옆의 빈 공간에는 작은 탁자도 하나 만들어뒀다. 양초, 머그잔, 책을 놓기에 안성맞춤인 크기였다. 하지만 예상대로 대부분의 시간은 체온을 떨어뜨리지 않으려 분투하며 보낸 것 같았다. 장작이 거의 다 떨어졌고 전기톱의 연료가 한 방울도 남아 있지 않았다. 손때가 잔뜩 묻은 부지깽이는 브라이언이 오랫동안 혼자서 난로 앞을 지켰다는 증거였다. 제법 괜찮은 한 주를 보낸 듯했다.

우리는 며칠 동안 아침 늦게 일어나서 커피를 들이붓고 두툼한 햄스테이크로 배를 든든히 채운 뒤 오후에는 한가롭게 하이킹을 즐겼다. 저녁에는 브라이언이 새로 시작한 일에 관해 이야기했다. 이제 유명 잡지의 기자라니, 기쁜 소식이었다. 브라이언도 오래전부터 그 일을 꿈꿨다고 했다. 하지만 현실은 상상과 달랐다. 나나 브라이언이나 일을 즐기기보다는 버티는 쪽에 속했다. 우리는 사무실에서 흔히 볼 수 있는 진풍경들을 이야기하며 웃었다. 사람들이 그렇게 설거지를 안 하더라. 어느 생각 없는 직원이 점심을 먹겠다고 생선을 전자레인지에 돌려서 30층짜리 건물 전체에서 하루 내내 묵은 대구 냄새가 진동했어. 뭐하러 회의를 하는지 모르겠어. 아무 관심도 없는 안건에 대해 의미 불명의 약어를 줄줄 늘어놓는 인간들의 소리를 듣고 있기가 힘들어.

답답해서 견딜 수가 없었다. 문제는 이 일을 진심으로 사랑하고 싶어 하는 내 마음이었다. 나는 도전 의식과 열정을 불태우고 싶었다. 일에 더 신경 쓰고 싶었다. 좌절을 겪어도 극복해 내고 자부심을 안고 연말 송년회에 참석하고 싶었다. 나도 남들처럼 성과 지표니, 투자 대비 수익률이니 하는 것들에서 의미를 찾을 수 있다면 얼마나 좋았을까. 더 열심히 일하려고도 해봤다. 추가 프로젝트를 맡아서 열정적으로 임했다. 언젠가는 주인의식이나 공동체 의식, 책임감이 생기겠지. 하지만 그런 날은 오지 않았다. 결국에는 무덤덤한 일상으로 돌아왔다. 그래서 최소한으로 해야 하는 일만 하기로 했다. 열심히 일해봤자 아무 이득도 없었고 내가 애쓴다고 누가 알아주지도 않았다.

엎친 데 덮친 격으로 일하는 환경마저 거슬리기 시작했다. 사무실은 직원들이 아무것도 느끼지 않도록 맞춤 설계된 공간이었다. 실내 온도는 늘 완벽했다. 항상 환한 조명은 그림자 하나 드리우지 않았다. 벽과 바닥과 칸막이의 색이 전부 비슷해서 실제보다 더 넓고 탁 트인 공간으로 보였다. 하지만 이런 디자인은 100여 명과 미로 속에 갇혀 있다는 사실을 숨기기 위한 장치였을 뿐이다. 사방이 황갈색이나 회색 아니면 흰색이었다. 전부 밝고 곧고 매끄러웠다. 말도 안 되게 편안한 근무 환경이었다. 인체공학적 설계는 그 어떤 감각도 거슬리게 하지 않았다. 하지만 나는 이런 편안함이 축복보다는 저주처럼 느껴졌다. 가뜩이나 일도 무의미한데 일하는 환경까지 그러니 하루하루가 안개 속을 지나가듯 흘러갔다.

오두막에서는 잠시나마 숨을 돌릴 수 있었다. 하지만 이곳도 이제 너무 편해져서 문제였다.

오두막을 처음 봤을 때는 숨소리라도 새어 나가면 위험이 닥칠 것만 같은 기분이 들었다. 그런데 이제는 떠나고 싶지 않은 곳이 됐다. 물론 푹신한 매트리스, 뜨겁게 타오르는 화목 난로, 두툼한 담요가 생기긴 했지만 여전히 사람이 살기에 불편한 점은 한두 가지가 아니었다. 난로에 쓸 장작을 패려면 시끄럽고 위험한 전기톱 작업이 필수였다. 설거지를 하려면 헤드램프를 쓰고 얼음처럼 차가운 물통을 들고 바깥으로 나가서 기름 낀 그릇을 헹궈야 했다. 그러는 내내 곰이 뒤에서 몰래 다가오지 않을까 경계도 해야 했다. 화장실을 가는 일조차 모험이었다. 야외 화장실을 처음 만들 때 환기 목적으로 구멍을 여러 개 뚫은 덕분에 언제 너구리나 숲쥐와 마주칠지 몰랐다.

하지만 그렇게 소소한 모험에도 나름의 매력이 있었다.

내 인생 최고의 스테이크는 새까맣게 타버린 숯덩이였다. 등심을 챙겨서 수천 미터나 되는 고트 록스 야생 지대Goat Rocks Wilderness까지 올라가자는 것은 형의 아이디어였다. 나는 이걸 왜 가져가나 싶었다. 배낭 무게를 줄인답시고 돈과 시간을 잔뜩 투자했으면서 대체 왜? 형은 음료수 캔만 한 캠핑용 버너와 껌보다 가벼운 침낭을 선택했다. 그런데 두툼한 스테이크용 고기 몇 덩어리를 추가하다니? 무거워서 허리도 아플 텐데 그럴 가치가 있나? 형의 선택을 이해할 수 없었지만 나는 첫 배낭여행이었기 때문에 굳이 따지지 않았다. "가보면 알 거야." 형이 나를 안심시켰다.

8월의 작열하는 태양 아래에서 산을 오르느라 녹초가 된 첫날 밤, 우리는 바로 스테이크를 구워 먹었다. 어둠이 내려앉자 형은 불을 피웠고 나는 나무를 깎아서 구이용 꼬치를 만들었다. 고기가 얼마나 익었는지 확인하기보다는 그냥 앉아서 별 구경을 더 많이 했던 것 같다. 웰던을 지나 숯덩이가 되기 전 스테이크를 구출해서 식힌 뒤 무딘 돌로 탄 부분을 긁어냈다. 객관적으로 보면 완전히 못 먹을 상태였다. 발암물질덩어리라고 해도 될 만큼 위험했다. 하지만 내 평생 그렇게 맛있는 스테이크는 처음 먹어봤다. 정말 미친 맛이었다.

예상 밖의 편안함이 주는 마법 같은 달콤함이 있다. 모든 캠핑족이 동의하겠지만 불 옆에서 맛없는 음식은 없다. 침낭은 두꺼운 메모리폼 침대보다 푹신하다. 호수에 상쾌하게 몸을 담그는 경험은 샤워와 비교도 할 수 없는 추억을 만들어낸다. 만약 아웃도어 활동을 즐기지 않는다면 이렇게 상상해 보시라. 비행기 옆자리에 아무도 앉지 않았을 때의 짜릿함을. 거실에 이코노미석 두 자리를 둘 사람이야 없겠지만 비행기에서 그런 기회를 얻는다? 황금빛 구름 위에 앉은 듯한 기분이 들 것이다. 비행이 어땠느냐고 누군가가 묻는다면 그 우연한 빈자리가 여행의 하이라이트로 떠오를 것이다. 사람들은 상상만 해도 좋다고 탄성을 내지르겠지. 자기 집 거실에서 리클라이닝 가죽 소파에 세상 편한 자세로 앉아서 말이다.

밖에서 폭우를 맞으며 목숨을 걸고 전기톱으로 어설프게 장작을 패는 동안에도 그랬다. 안으로 들어가서 화목 난로에 이 장작들을 넣었을 때 내 등줄기를 찌릿찌릿 타고 올라갈 온기를 생각하면 행복했다. 내가 맞서 싸워야 할 적의 목록에 까맣게 탄

계란프라이 찌꺼기만이 아니라 퓨마도 있다는 사실을 알고 설거지를 하는 기분 또한 짜릿했다. 집안일을 마친 뒤에는 캄캄한 오두막의 허름한 매트리스에 털썩 앉았다. 전기와 수도가 없는 곳에서 온갖 불편을 감내해야 했던 시간은 나를 흐물거리는 인간 젤리로 만들어버렸다. 고생 끝에 따뜻하고 건조하고 깨끗하고 배부른 상태를 만들어냈다. 그렇게 얻은 편안함은 무엇보다도 달콤했다. 오두막에서 한참을 머물다 집으로 돌아오면 느낌이 달랐다. 처음 몇 번은 전등 스위치를 켜거나 수도를 틀거나 난방 장치의 온도를 올리는 행위만으로도 묘한 희열을 맛봤다.

오두막에서는 모험을 즐기는 낙이 있었고 집에서는 여유롭게 뒹구는 낙이 있었다. 이렇게 서로 다른 편안함은 삶에 뚜렷한 대비를 더해줬다. 뭐라고 딱 집어서 정의하기는 어려웠지만 결과적으로 주변에 있는 것들에 감사하는 일이 더 잦아졌다. 지금처럼 절묘한 균형을 유지하려면 오두막이 더 편해져서도, 더 좋아져서도, 더 근사해져서도 안 됐다. 그런데도 거창한 계획이 자꾸만 나를 사로잡았다. 나는 구리 코일로 난로를 빙 둘러싼 복잡한 배관 시스템을 상상했다. 그렇게 하면 따뜻한 물로 샤워와 설거지를 할 수 있었다. 부엌을 실내와 실외에 각각 따로 두는 상상도 했다. 언젠가 노련한 낚시꾼이 됐을 때 조리대에 생선 비늘과 내장을 잔뜩 묻히지 않으려면 부엌이 두 개는 필요하지 않을까. 내 머릿속에는 야외 샤워실도 존재했다. 장작불로 덥히는 사우나나 온수 욕조까지 있으면 더 좋고. 벽 하나를 허물고 두 번째 데크로 통하는 프렌치 도어를 설치해도 괜찮겠다. 안 되면 햇빛이라도 더 잘 들어오게 창문 몇 개를 추가하든가.

하지만 동시에 걱정도 됐다. 배관을 추가하면 오두막의 분위기가 달라지지 않을까? 모든 기능을 집어넣는다면 일상의 집과 별반 다르지 않은 공간이 탄생할 게 뻔했다. 서로의 매력이 달라서 좋았던 건데 그러면 오두막 고유의 매력도 약해지지 않을까? 야외 화장실을 기꺼이 사용할 수 있는 이유가 뭔데. 거미가 엉덩이를 타고 올라올까 봐 두려워하며 합판으로 만든 비좁은 부스에 쭈그리고 앉으면 비참하지 않냐고? 그게 싫으면 삽을 들고 숲으로 들어가 구덩이를 파고 그 위에 쪼그려 앉아서 볼일을 보면 된다. 환한 조명이 들어오는 화장실에서 수세식 변기와 온수를 쓸 수 있다면 그곳은 집이지 오두막이 아니다.

오두막에 불편한 점은 딱 하나, 전기가 없다는 것이었다. 전기 설비가 아예 없지는 않았다. 오두막을 샀을 즈음 건물 전면에 대충 고정된 두꺼비집 비슷한 상자를 본 적이 있다. 신비로운 중심부에서 전선 다발이 뻗어 나왔지만 내가 아는 한 그 전선들은 어디에도 연결돼 있지 않았다. 주위를 둘러보니 금세 이유를 알 수 있었다. 위츠엔드에 전기가 들어오는 오두막은 하나도 없었다. 가파른 언덕 아래의 큰길에 전봇대가 하나 있긴 했지만 제일 가깝다고는 해도 족히 300미터나 떨어져 있었다. 나는 스노호미시 카운티 공공사업국PUD에 전화를 걸어서 도로 위까지 전기를 끌어오는 데 드는 대략적인 비용을 물어봤다. 그들의 답변을 참고하면 내가 가진 돈으로는 오두막 쪽으로 15센티미터밖에 전기를 끌어올 수 없었다. 수화기 너머의 친절한 여성에게 내 예산을 이야기한 순간 우리 둘 다 웃음이 터져서 어색한 분위기를 무마하려고 얼른 통화를 마무리했다. 전기를 끌어오는 일은 처음부터 불가능했다. 차라리 다행이었다. 그 과정이 얼마나 복잡할지 감도 오지 않았기 때문이다. 그리고 이 오두막에는 독립적인 전원power source이 있는 편이 더 어울릴 것 같았다. 이미 정화조, 수도, 와이파이, 우편함, 휴대전화 신호도 없이도 잘 사는데 뭐. 전기세 고지서쯤은 안 받아도 되잖아? 다른 방법도 많으니까. 그래, 많을 줄 알았다.

첫 번째 작업 파티 이후로 나는 쭉 발전기를 사용했다. 처음에 발전기는 긴 작업 시간을 든든하게 지켜주는 친구였다. 음악을 트는 스피커와 공구 배터리를 충전해 줬다. 친구들과의 수다에 없어서는 안 될 커피머신도 가동시켰다. 하지만 작업이 없는 날은 달랐다. 발전기가 돌아가는 소리만으로도 왠지 공장 같은 느낌이 들었다. 옆에서 2기통짜리 혼다 엔진이 칙칙거리며 돌아가는 동안에는 데크에 앉아서 자연의 고요를 즐기며 산의 풍경을 감상하기가 힘들었다. 시끄러웠고 신경에 거슬렸다. 게다가 아무리 조심하려고 해도 기름을 넣을 때 발전기 내부보다 겉면이나 주변의 땅에 흘리는 양이 더 많았다. 기름통 종류를 바꿔도 결과는 똑같았다. 현대식 기름통의 안전장치라는 악마와 싸워본 적이 있는 사람은 누구나 공감할 테다. 그건 애초에 사람이 쓸 수 있는 물건이 아니었다.

여기서 잠깐 기름통 문제를 짚고 넘어가야겠다. 어릴 적에 아빠가 내게 잔디 깎는 '영광'을 하사해 준 기억이 지금도 생생하다. 우리 집에 있던 기름통은 단순한 디자인의 빨간색 플라스틱 제품이었다. 사용이 끝나면 노즐이 통 안쪽으로 탁 들어가는 기능도 있었다. 기름을 붓는 방법은 간단했다. 뚜껑을 열고 노즐을 꺼낸 뒤 기름을 넣을 곳(잔디 깎는 기계 내부 등)에 노즐을 대고 통을 기울이면 됐다. 멈추고 싶을 때 통을 바로 세우면 중력의 신비로운 힘이 알아서 뒷일을 처리해 줬다. 당시 기름 넣는 법에 대한 기초 지식이 전무했던 열한 살의 소년조차 기름을 한두 방울 이상 흘린 적이 없었다.

하지만 아무리 내가 문과 출신이더라도 대학 교육까지 받은 성인인데, 기름 붓는 일이 끝도 없는 장난질처럼 느껴질 줄은 몰랐다. 원흉은 요즘 나오는 기름통이었다. 안전에 집착하는 장비 덕후가 어느 순간 이런 깨달음을 얻은 모양이다. 이런, 기름통을 노즐 모드로 설정하면 인화성 가스가 새어 나와 화재 위험이 생기잖아? 사실 이런 문제는 사용자에게 기름통의 캡을 제대로 닫으라고 경고만 해도 해결할 수 있다. 하지만 실제로는 문제가 그리 간단하지 않았나 보다. 계속 추측해 보자면 어느 기름통 제조사가 그 덕후와 부패 정치인을 포섭해서 이런 발상을 실현시킨 것 같다. 지구상의 모든 기름통에 기계공학 석사 학위가 있어야만 내용물을 내보낼 수 있도록 안전장치를 달면 어떨까? 그걸 법으로 의무화해서 떼돈을 벌면 얼마나 좋을까?

안전장치의 구조는 퍽 단순해 보였다. 사용할 때는 작은 플라스틱 탭을 '닫힘'에서 '열림' 쪽으로 밀면(용어가 간단해서 이해하기 쉬웠다) 끝이었다. 기름이 필요할 때 탭을 '열림' 쪽으로 옮기고 기름을 부으면 되겠다고 생각했다. 하지만 플라스틱 탭을 조금만 움직여도 어딘가에 걸렸다. 어쨌든 끝까지 밀면 기름이 나올 줄 알았는데 아무것도 나오지 않았다. 몇 번이고 다시 시도했다. 그럴 때마다 더 힘주어 작은 탭을 '열림' 쪽으로 밀어붙였다. 동시에 화가 치밀어 오르기 시작했다. 나는 이를 꽉 깨물고 보이지 않는 누군가를 향해 미소를 지으며 생각하곤 했다. 뭐야, 왜 이렇게 어려워?

절박한 마음에 탭을 '닫힘' 쪽으로 밀고 다시 시도해 봤지만 아무리 통을 기울여도 나오는 것은 없었다. 바보가 된 듯한 기분에 괜히 멋쩍어졌다. "하하. 참 난감하네, 이거!" 어이 없게 웃으며 고운 빵가루를 만들 듯 이를 빠득 갈았다. 충격을 받으면 부품들이 제대로 작동할까 싶어서 통을 가볍게 흔들어도 봤다. 그제야 기름이 흐르기 시작했다. 하지만 노즐을 통해서가 아니었다.

캡 아래쪽에서 내 손과 옷으로 기름이 흐르고 있었다. 내가 기름을 넣으려고 했던 용기를 제외한 모든 곳에 기름이 묻었다.

인화성 가스 때문이었을까? 유독한 가스가 나를 실존적 고민에 빠뜨리곤 했다. 물건을 왜 이렇게 만든 거지? 예전 기름통이 뭐가 어때서? 아니면 내가 문제인가? 내 힘이 너무 약한가? 내가 너무 멍청한가? 내 정신과 육체가 나약해서 기름통의 내용물도 꺼낼 수 없는 건가? 혹시 이것도 내 인생의 축소판인가? 나는 원래 뭘 하든 이렇게 어설프고 서투른 걸까?

결국 분노에 휩싸여 노즐과 캡을 통째로 뜯어내고 기름을 마구 부어댔다. 다른 플라스틱 부품이 망가지든 말든 신경 쓰지 않았다. 모든 제약에서 해방된 기름통은 조준 따위는 무시하고 기름을 미친 듯이 콸콸 쏟아냈다. 반경 60센티미터가 전부 기름 세례를 받고 말았다. 기름이 다 떨어질 때까지 계속. 나는 광기에 사로잡힌 채 눈을 부릅뜨고 숨을 몰아쉬었다. 이것이 바로 현대인에게 허락된 안전이었다. 내가 기름 냄새를 좋아하기에 망정이지.

하지만 매번 기름 냄새에 취한 채 새 기름통을 뜯고 싶지는 않았다. 결론은 하나였다. 기름통을 사용하지 않는 방법을 찾자. 나는 그렇게 한참을 돌아서 문제의 핵심에 직면했다. 기름통을 쓰지 않으려면 발전기를 쓰지 않을 방법을 찾아야 했다.

전기는 소형 오두막이나 소형 주택에서 오프그리드off-grid 방식으로 사는 사람들, 그러니까 전력·상수도·하수도 등 도시의 공공 설비를 가리키는 그리드grid에 기대지 않고 살아가는 사람들이 직면하는 문제다. 많은 사람이 일종의 저항 정신으로 이 길을 택한다. 즉 발전기를 작동시킬 때마다 이렇게 외치는 셈이다. "어이, 스노호미시 카운티 공공사업국! 나 이제 커피 끓인다! 말릴 테면 말려보시지!" 하지만 내 경우는 달랐다. 내가 무정부주의자라 그리드에서 벗어난 것이 아니었다. 내가 그리드에서 벗어나 생활하는 이유는 상황이 여의치 않고 돈도 없기 때문이었다. 도저히 그리드를 가까이 끌어올 수가 없었다.

대부분의 오프그리드 에너지 솔루션에는 한 가지 문제가 있었다. 내가 어떻게 해도 접근할 수 없는 천연자원에 의존한다는 점이었다. 내 경우에는 숲속의 나무들 때문에 태양광을 쓸 수 없었다. 바람은 거센 폭풍이 불 때나 겨우 찾아왔고 풍속이 일정하지 않아 풍력 터빈도 선택지에서 제외해야 했다. 빗물을 바로 에너지로 전환할 수 있다면 모를까, 수력 발전의 가능성도 희박했다. 이 중에 가능한 방법이 없어서 차라리 다행이었다. 전기 시스템에 대해 알아보다 보면 한없이 겸손해졌다. 기초 수준의 영상, 기사, 블로그 글, 인포그래픽이라 해도 조금만 읽다 보면 위키피디아에서 전자, 양자, 전자껍질 등의 개념들을 찾아봐야 했다. 과학 시간마다 무슨 말인지 몰라서 쩔쩔매던 고등학생 시절로 돌아간 기분이었다.

브라이언이 떠나기 전날 밤, 우리는 활활 타오르는 난롯불을 쬐며 매트리스 위에 앉아 있었다. 오두막 여기저기에 허리케인 램프 몇 개, 양초 한두 개를 켜뒀고 DIY 매장에서 구매해 천장에 붙인 배터리식 퍽라이트도 켜놓은 상태였다. 벽에 비친 난로 불빛은 소형 무선 스피커에서 흘러나오는 음악과 언제 봐도 잘 어우러졌다. 허리케인 램프 불빛은 조명이 필요한 조리대와 탁자 같은 가구와 완벽하게 맞아떨어졌다. 캠핑용 버너에서는 찻물이 보글보글 끓고 있었다. 아침에는 커피만 마셔도 충분했다. 문득 무제한의 전력이 필요하지 않다는 사실을 깨달았다. 이런 공간에 전구를 들이는 일은 오히려 죄악이 아닐까? 이미 완벽한 조명이 있었고, 버너는 잘 작동했다. 휴대전화를 사용할 일이 없으니 충전기도 필요하지 않았다. 오두막의 아날로그적인 생활에 전기는 득보다 실로 작용하리라는 생각이 들었다. 이곳은 사무실도, 집도 아니었다. 그냥 오두막이었다. 오두막의 매력과 마법, 아름다움은 그런 곳들과 다르기 때문에 성립했다. 불편함의 맛이야말로 내가 오두막을 사랑하는 이유였다.

난롯불이 꺼지고 양초도 마지막 남은 촛농까지 녹이며 깜박거리기 시작하자 우리는 헤드램프를 켜고 침낭을 폈다. 준비를 마친 배낭이 아침 일찍 출발할 기대를 안고 문가에서 우리를 기다리고 있었다.

아침이 밝았다. 우리는 겨우 침낭에서 기어 나왔고 커피를 마시거나 불을 피울 새도 없이 차에 짐을 실었다. 공항으로 가는 길에 술탄의 빵집에서 도넛을 사 먹으면 되니까.

차를 타고 가면서 이런저런 이야기를 나눴다. 브라이언은 봄쯤에 다시 올 수 있다고 했다. 다락 수리를 마무리해야 한다는 이야기도 했다. 사다리 대신 계단을 만들고 싶다고도 했다. 집 밖에 화덕을 놓을 작은 공간을 만들 생각이라고 하자 브라이언은 자기도 돕겠다고 했다. 할 일은 아직도 차고 넘쳤다. 지금 브라이언을 배웅하러 가는 길이 아니라 자재를 사러 DIY 매장으로 가는 중이면 얼마나 좋을까. 오두막을 수리하는 일이 우리의 본업이면 얼마나 좋겠냐는 농담도 했다.

브라이언을 터미널 앞에 내려주고 들어가라고 손을 흔드는데 비가 쏟아지기 시작했다. 건조하고 쌀쌀한 날씨도 이제 끝이었다. 집으로 돌아가는 길에는 폭우가 퍼부어서 와이퍼 속도를 계속 높여야 했다. 아침 출근길에 비를 맞으면서 환승용 주차장에서 사무실까지 어둡고 쌀쌀한 길을 걸어갈 생각을 하니 벌써 두려워졌다. 연말이라 그나마 다행이었다. 긴 연휴 동안 출근하지 않고 위츠엔드에서 지낼 수 있을 테니까. 곧 있으면 비가 눈으로 변하고 오두막도 폭신한 하얀 담요를 뒤집어쓰리라. 나는 화목 난로를 켜고 오두막 안에 틀어박힐 그날을 손꼽아 기다렸다.

12 빗방울, 타자기 그리고 장작 타는 소리

브라이언이 다녀가고 얼마 안 돼 혼자서 위츠엔드를 찾았다. 머릿속으로 계획한 프로젝트는 딱히 없었다. 그냥 이참에 세상과 단절돼 나 홀로 오두막에서 놀아보자고 생각했을 뿐이다. 몇 주 전, 내 앞으로 묵직한 소포가 배달됐다. 삼촌의 유품인 타자기였다. 1950년대 제품으로 녹색 몸체에 크롬 장식이 들어간 외관이 근사했다. 대학 교수로 재직했던 삼촌이 수십 년 전에 논문을 쓸 때 두드렸던 바로 그 타자기였다. 어린 시절에 내가 글쓰기에 관심을 보였을 때도, 어른이 돼 목공의 세계를 기웃거리기 시작했을 때도 삼촌은 계속 열심히 해보라며 응원해 주셨다. 미시간주 어퍼반도Upper Peninsula에 있는 삼촌 댁의 지하실은 벚나무, 오크나무, 호두나무, 단풍나무를 조각해서 도마나 정교한 함으로 만드는 도구들이 가득했다. 삼촌이 돌아가신 뒤, 다른 삼촌이 내게 오래된 타자기를 가질 생각이 있냐고 물었다. 나는 그걸 받을 수 있으면 영광이라고 답했다. 대답과 동시에 내 머릿속에는 금속 기계가 종이를 치는 소리, 난로에서 장작불이 튀는 소리, 하늘에서 천둥이 치고 비가 내리는 소리를 배경으로 오두막에서 타자기와 함께할 저녁이 떠올랐다.

타자기를 조수석에 앉힌 뒤 안전띠로 고정하고 오두막을 향해 캄캄한 2번 국도를 달렸다. 와이퍼가 전력으로 움직이며 폭우에 맞서 싸우고 있었다. 이맘때는 오후 네 시 반만 돼도 하늘이 어둑해졌다. 네 시 반에 해가 졌다는 뜻은 아니다. 해가 보여야 그런 말을 할 수 있지. 흐릿한 회색 하늘은 네 시 반만 지나면 어떻게든 빛을 쏘아 보내려던 시도조차 포기하고 어둠에 굴복하곤 했다. 5번 고속도로I-5와 405번 고속도로I-405를 타고 가려니 내 기분도 우울해졌다. 좁고 꽉 막히는 데다 물에 잠긴 구간도 있었기 때문이다. 하지만 도로 사정은 서서히 나아졌다. 우딘빌Woodinville을 빠르게 통과해 언덕을 넘고 먼로Monroe로 내려간 뒤 술탄, 스타트업, 골드바를 차례로 지났다. 나는 작은 마을들이 좋았다. 술탄의 빵집 간판에 커피가 1달러라고 쓰여 있는 것이 좋았다. 마을 입구 안내판을 크리스마스 조명으로 장식한 것도 보기 좋았다. 목요일 저녁마다 스파게티 나이트라는 이벤트를 여는 프로스펙터도 좋아했다. 평소에 스파게티를 좋아하긴 했지만 굳이 레스토랑에서 사 먹지는 않았다. 4달러면 집에서 만들 수 있는 음식을 돈 주고 사 먹는다고? 말이 안 된다고 생각했다. 하지만 프로스펙터의 스파게티 나이트는 왠지 거부할 수가 없었다. 스파게티만 파는 저녁이라니. 그 이벤트에 참여하려고 집에서 시내까지 나오는 사람들과 어울릴 수 있다니. 조만간 목요일에 꼭 들러봐야겠다고 다짐했다.

인덱스에 가까워지며 가로등이 하나둘 사라지고 마주 오는 차량의 숫자도 줄어들었다. 거센 빗줄기는 눈으로 변했다. 고속도로에서 빠져나와 리버사이츠로 이어지는 자갈길에 들어섰다. 헤드라이트 불빛 속에서 휘몰아치는 눈발을 보자 급속도로 우주로 날아가는 듯한 착각이 들었다. 옆으로 행성 대신 아담한 오두막과 수상쩍은 캠핑카가 스쳐 지나갈 뿐이었다. 그리고 언제나처럼 선셋폭포가 나오기 직전에 모퉁이를 돌면서 속도를 줄이고 창문을 내렸다. 폭풍우가 몰아치는 캄캄한 밤이었지만 폭포에서 쏟아지는 물줄기의 하얀빛은 알아볼 수 있었다. 선셋폭포의 위력은 언제 봐도 압도적이었다. 다른 곳의 폭포들과는 차원이 달랐다. 선셋폭포는 수직으로 곧바로 떨어지는 평범한 폭포가 되기를 거부하고 물줄기를 한참 동안 이어갔다.

폭포의 시작점과 끝 사이에는 축구장 두 개가 들어가고도 남았다. 맑은 날 협곡 위에 서면 3미터 아래로 매끈한 바위의 형태와 색깔까지 보였고 투명한 초록빛 강물은 유리처럼 반짝거렸다. 그러나 물길이 화강암 협곡으로 모여들며 좁아지면 이야기가 달라졌다. 물이 아래로 떨어지기 시작하면서 속도가 붙었고 그때부터는 아수라장이 따로 없었다. 울퉁불퉁한 바위는 요동치는 강물을 광란으로 몰아넣었다. 폭포의 중간 지점부터는 물이 사방에서 튀며 휘몰아쳤다. 강물이 마음을 바꿔 물살을 거슬러 올라가려는 듯한 순간도 있었다. 그 모습을 밤에 바라보면 탈선 직전의 흰색 기차 같았다. 소리도 비슷했다. 흰 기차가 솔송나무, 전나무, 삼나무로 둘러싸인 협곡을 뚫고 나가려는 것만 같았다. 혼돈의 물줄기는 마침내 하단의 넓은 못으로 쏟아져 내려왔고 긴 여정 끝에 어디로 가야 할지 갈피를 못 잡는 듯 사방으로 소용돌이쳤다.

창문을 내리고 폭포 소리에 귀를 기울이며 강을 따라 굽이진 길을 달렸다. 폭포 옆에 지그재그 형태로 놓인 커브 길을 타고 위츠엔드와 오두막이 있는 숲속으로 들어갔다. 도착해서는 진입로에 차를 세우고 시동을 켠 채 밖으로 나왔다. 짐을 내리려면 미등 불빛이 필요했기 때문이다. 타자기의 안전띠를 풀고 어둑한 오두막으로 조심스럽게 들고 와 매트리스에 올려뒀다. 그런 다음 차로 돌아가 쇼핑 봉투 몇 개와 새로 산 프로판 가스통도 마저 가져왔다. 마침내 자동차 시동을 끄자 어둠이 밀려들었다. 믿을 수 없을 만큼 고요했다. 젖은 나뭇가지에서 떨어진 빗방울이 지붕을 톡톡 때리는 소리만 들렸다. 다시 눈이 내리기 시작했다. 오두막 안에 있을 때 비가 쏟아지면 마치 스네어드럼 속에 들어간 듯한 기분이 들기도 했다. 나는 고요한 분위기를 만끽하며 한동안 그 자리에 서서 젖은 이끼 냄새, 이웃집에서 피우는 난로의 연기 냄새를 가만히 들이마셨다.

헤드램프를 켜고 안으로 들어가 타자기 용지 몇 장을 대충 구겼다. 종이공들이 난로의 뱃속으로 날아가 몇 주 전 채워둔 불쏘시개 위에 안착했다. 라이터를 들고 불을 붙이려 했지만 가스가 다 떨어져 있었다. 라이터 더미에 휙 던지고 다른 라이터를 집어 들었다. 고장 난 라이터를 켜보는 짓을 언제나처럼 대여섯 번 반복하다가 겨우 작동하는 라이터를 찾아냈다. 그리고 언제나처럼 가스가 떨어진 라이터를 따로 모아서 버리지도 않았다. 가끔은 라이터들이 다시 살아나는 것 같았기 때문이다. 감히 부활의 기회를 빼앗을 수는 없지.

난로에 불이 붙는 걸 보고 밖으로 나갔다. 야외 화장실에서 장작을 더 가져와야 했다. 오두막 실내를 제외하고 습기를 피해서 장작을 보관할 수 있는 장소는 야외 화장실 하나뿐이었다. 나는 전기톱으로 쪼갠 장작들을 야외 화장실 주변의 벽에 쌓아뒀다. 대부분은 건조한 상태로 잘 있었지만(야외 화장실을 만들 때 지붕에 못을 수도 없이 박은 덕분이다) 유감스럽게도 부작용이 있었다. 장작의 수가 늘어날수록 변기 위, 내부, 주변에서 발견되는 거미의 수도 똑같이 늘어났다. 그리고 하필이면 변기 바로 밑이 거미줄을 치기에 최적의 공간인 듯했다. 그럴 만도 했다. 거미의 표적인 벌레와 곤충에게는 그야말로 지상 낙원이었을 테니까. 맷과 나는 변기 밑에 사는 거미들을 보며 이런 농담도 했었다. 그곳이 거미 세계의 토네이도 앨리Tornado Alley(토네이도가 자주 발생하는 미국 중서부 지역들을 묶어 이르는 말—옮긴이) 아니겠냐고.

"살기 좋은 곳이네." 거미들은 이렇게 말할 것이다. "응, 나쁘지 않아. 벌레들도 많고. 하지만…… 가끔가다 뭐가 떨어진단 말이지."

거미줄 바로 위에 변을 보면 왠지 업보를 쌓는 기분이라 볼일을 보기 전 항상 빗자루로 거미줄을 치웠다. 친구들과 함께 있을 때는 거미줄 치우기를 아예 서비스로 제공했다. 호텔에서 객실 베개에 민트를 올려놓는 것처럼 말이다. 그날 밤 내가 장작을 품에 안고 다시 오두막으로 돌아갔을 때도 변기 구멍은 깨끗해져 있었다.

잠시 나가 있던 사이에 불쏘시개가 다 타버렸다. 나는 장작 몇 개를 추가한 뒤 숨을 후후 불어서 새빨간 불씨를 살리고 장을 본 물품들을 정리했다. 양초를 켜고 조리대 겸 책상 겸 커피 테이블로 1인 3역을 하는 텔레비전 받침대를 펼쳤다. 공기가 덥혀지고 있었다. 재킷을 벗고 타자기 케이스를 텔레비전 받침대에 올려놓았다. 클램쉘 케이스clamshell case 앞쪽에 달린 잠금쇠가 툭 열렸다. 뚜껑을 들어 올리고 타자기를 천천히 조심스럽게 꺼냈다. 정말 근사한 기계였다. 그 육중한 무게만큼이나 무척 아름다웠다. 난로의 불빛이 크롬 장식과 캐리지 리턴에 은은하게 반사됐다. 내 얼굴에 절로 미소가 떠올랐다.

10분 동안 타자기와 씨름하며 나무 몇 그루 분량의 종이를 허비한 뒤 그나마 덜 구겨진 빈 종이를 롤러들의 미로 속에 끼워 넣을 수 있었다. 그때까지 타자기가 실제로 어떻게 작동하는지 전혀 알지 못했다. 나는 조심성과 호기심을 겸비한 원숭이처럼 천천히 k를 눌러봤다. 금속 막대가 종이 쪽으로 뻗어 나와 느릿한 동작으로 잉크리본과 충돌한 뒤 종이에 입을 맞췄다. 자판에서 손을 떼자 막대가 제자리로 툭 떨어졌다. 어둑한 조명 아래에서도 어렴풋이 찍힌 k 자가 보였다. 너무 흐릿해서 다시 한번 시도하기로 했다. 이번에는 자판을 조금 더 세게 눌러봤다. 더 짙은 k가 찍혔다. 더 인상적인 것은 소리였다. 우렁찬 탁! 소리가 오두막과 아주 잘 어울렸다. 점점 더 짙은 색의 k들이 종이를 채웠고 금속성이 오두막에 울려 퍼졌다. 줄 끝에 이르자 마지막 탁! 소리에 이어 경쾌한 띵! 소리가 울렸다. 이제 어떻게 쓰는지 확실히 알았다. 흡족한 마음으로 캐리지 리턴을 손바닥으로 누르고 장치 전체를 새 줄의 시작 부분으로 밀어냈다.

괜히 재치 있는 말을 쓰겠다고 머리를 쥐어짜다가는 흥이 깨질 것 같아 텔레비전 받침대를 밀어놓았다. 저녁이나 먹자 싶어서 매트리스 밖으로 기어 나왔다. 칠리 통조림을 따서 난로에 올리고 프리토스Fritos 콘칩을 먹으며 기다렸다. 과자를 와그작와그작 씹는 소리 위로 점점 더 빠르게 지붕을 때리는 빗소리가 들렸다. 어느새 눈이 그치고 비가 내리기 시작했나 보다.

자기 전에 마지막으로 장작을 가지러 다시 야외 화장실로 나갔다. 눈이 내릴 만큼 추운 날씨였다. 하지만 눈 대신 비가 바깥세상을 점령하고 있었다. 안으로 돌아와서 젖은 옷을 벗고 아직 소파 모드인 매트리스로 기어 올라갔다. 가만히 누워서 불길이 사그라드는 소리와 폭풍우가 더욱 거세지는 소리를 들었다. 창문 밖은 캄캄했지만 아직 용감하게 버티고 있는 양초 몇 개 덕분에 바깥 유리창에 맺힌 빗방울이 보였다.

자고 일어나니 오두막이 얼음장처럼 식어 있었다. 비는 그치지 않았고 빗줄기가 오히려 더 굵어졌다. 매트리스 가장자리로 고개를 빼꼼 내밀고 장작 상황을 확인했다. 남은 장작은 두 개뿐이었고 불쏘시개로 쓸 만한 것도 없었다. 아무리 열심히 불을 피운다고 해도 저만큼의 장작으로는 30분도 못 버틴다. 결국 나는 담요를 하나 더 덮고 잠시 눈을 붙이기로 했다. 다시 잠에서 깼을 때 차를 예열시키고 서둘러 짐을 꾸렸다. 타자기와 k가 찍힌 종이를 다시 케이스에 넣고 매트리스 뒤에 얌전히 보관해 뒀다. 바닥을 쓸고 난로 아래의 재받이를 비우고 물통을 들고 나가 찬물로 칠리 냄비를 씻었다. 사실 물통은 필요가 없었다. 폭우가 쏟아지고 있었기 때문이다. 몇 분 만에 온몸이 흠뻑 젖었다. 엉덩이가 젖은 채로 집까지 운전해서 가야 한다고 생각하니 괴로웠지만 차에 올라타 히터를 틀었다.

태평양 북서부, 특히 캐스케이드산맥 서쪽에 오래 살다 보면 비에 익숙해지게 마련이다. 시애틀도 늘 흐리고 비가 오는 회색 도시로 악명이 높다. 통계도 이를 뒷받침한다. 시애틀의 날씨를 보면 1년의 84퍼센트가 흐림이고, 하루에 절반꼴로 강수량이 잡힌다. 하지만 대체로 여기저기 살짝 흩뿌리는 수준이다. 산발적인 안개비는 성가실 뿐이지 불편하진 않다. 햇빛으로 가득한 이미지인 마이애미의 연간 강수량이 시애틀보다 많다고 하니까. 물론 그건 허리케인 덕분이기는 하다.

하지만 인덱스는 사정이 달랐다. 캐스케이드산맥 중부의 초입에 위치해 지리적으로 비가 많이 쏟아질 수밖에 없었다. 약 2분간 구글 검색으로 알아본 정보와 평생 술자리에서 들은 날씨 불평을 종합하면 이런 결론이 나온다.

전통적인 교육을 받은 기상학자라면 날씨란 그저 여러 가지 종류의 공기일 뿐이라고 말할 것이다. 더운 공기, 습한 공기, 건조한 공기, 빠른 공기, 느린 공기, 전기가 섞인 공기. 태평양 북서부 지역의 공기는 대체로 태평양에서 유입되는데, 누구나 예상할 수 있듯이 매우 습하다. 태평양 부근을 떠돌다가 바닷물을 머금어 습해진 공기는 까칠한 상태로 우리 쪽 해안에 나타난다. 습기를 가득 머금은 구름이 동쪽으로 이동하다가 캐스케이드산맥의 기슭에 가로막힌다. 여기서부터는 젖은 몸뚱이를 이끌고 해발 3킬로미터의 봉우리들을 넘어야 한다. 이런 현실에 직면한 구름은 그러느니 모든 습기를 비로 쏟아내기로 한다. 바로 그 아래에 내 오두막이 있었다.

오두막에는 비가 많이 내렸다. 비가 잦기로 유명한 도시 시애틀의 연평균 강우량도 1미터가 안 된다. 그런데 동쪽으로 65킬로미터밖에 떨어져 있지 않은 인덱스는 강우량이 거의 두 배였다. 비가 오지 않는 날에도 비가 내렸다. 삼나무, 솔송나무, 오리나무, 더글러스전나무의 길쭉한 가지들이 매일 이슬비를 저장하는 물탱크의 역할을 했다. 여린 솔잎과 솔방울은 빗물을 머금고 있다가 구름이 걷히고 몇 시간이 지난 뒤까지도 한 방울씩 떨어뜨렸다. 야외 화장실로 달려갈 때면 이 물방울이 셔츠 안으로 떨어져 등줄기를 타고 흘렀다. 10월에서 7월 사이에 오두막을 방문했는데 옷이 젖지 않는다는 건 기적에 가까웠다.

물론 비가 와서 좋은 점도 있었다.

오두막은 어느 계절이든 수천 가지 색감의 녹색에 둘러싸여 있었다. 상록수는 사계절 내내 짙은 에메랄드빛을 강렬하게 뿜어내는 주역이었다. 고사리도 사방에 깔려 있었다. 오두막 뒤편의 가파른 언덕은 허리까지 올라오는 고사리로 뒤덮여 선사시대 분위기를 풍겼다. 봄이 되면 데크 너머에서 여린 청나래고사리가 똘똘 말린 새순을 내밀었다. 어린잎에 올리브유와 소금을 살짝 넣어서 볶아 먹으면 그 맛이 일품이었다. 숲 바닥에 두껍게 깔린 이끼 카펫이 모든 것을 접착제처럼 붙잡아 줬다. 겨울에 잎을 다 털어낸 단풍나무와 오리나무의 가지는 이끼를 따뜻한 털코트처럼 걸쳐 입었다. 가까이서 본 자연의 색은 경이로웠다. 옅은 파란색부터 어둠 속에서도 빛날 듯한 형광 녹색까지 별별 색이 다 있었다. 푸릇푸릇하고 스펀지같이 부드러우며 물방울이 뚝뚝 떨어지는 온대 우림의 세계는 거칠고 딱딱한 회색 도시에서 살던 사람에게 반가운 변화였다. 끝없이 내리는 비 덕분에 오두막을 둘러싼 녹음은 1년 365일 계속됐다.

비가 오면 밤낮으로 실내에 머물 수 있어 좋았다. 오두막의 녹슨 지붕을 톡톡 두드리는 빗방울 소리도 좋았다. 싸늘하고 축축한 집 밖으로 나가는 것도 내게는 즐거움이었다. 다시 안으로 들어와 난로 앞에서 몸을 데우고 말리는 기쁨을 만끽하고 싶어 일부러 외출하는 날도 있었다. 밖으로 나갈 때는 모험심을 장착하고 비에 흠뻑 젖은 세상으로 양팔을 벌리며 달려 나갔다. 그 안에서 뛰어놀아야 한다는 의지가 활활 타올랐다. 지저분한 옷을 껴입어 저렴한 우주비행복 같은 복장이었지만 비 오는 날의 탐험가 모드로 전환하고는 아무도 없는 숲으로 출발했다. 옷이 다 젖고 추위가 뼛속까지 스며들어도 괜찮았다. 멀지 않은 곳에서 난롯불이 타오르고 있었으니까.

오두막에서 불과 몇백 미터 떨어진 곳에 워싱턴주 한가운데를 가로지르는 69만 헥타르의 광활한 땅인 마운트 베이커-스노퀄미 국유림Mount Baker-Snoqualmie National Forest의 경계가 있었다. 정말 멋진 뒷마당이었다. 정식 등산로도 없어서 우리는 탐험가가 된 기분을 만끽하며 숲으로 들어가서 자유롭게 땅을 밟고 다녔다. 쓰러진 나무의 커다란 몸통, 시냇물, 이끼로 덮인 바위를 곡예하듯이 뛰어넘는 재미도 있었다. 금세 온몸이 흠뻑 젖어서 아주 멀리까지 가본 적은 없었지만. 어쩌면 홀딱 젖어버리는 것 자체가 산책의 목적이었을 수도 있다.

그러고 나서 오두막으로 돌아와 난로에 통조림을 하나 올리고 불을 지피면 행복이 절정에 이르렀다. 젖은 옷들을 다 벗고 옷을 걸 수 있을 만한 곳이면 어디든 걸어뒀다. 천장에 잘못 박힌 못, 현관문 문고리는 물론 다락으로 올라가는 조잡한 사다리의 마지막 가로대까지. 옷이 마르며 나오는 김이 창문을 뿌옇게 만들었다. 몸이 마르고 따뜻해지는 동안 달아오른 얼굴로 가만히 앉아 있으면 행복감이 온몸으로 퍼졌다. 언제나 그랬듯 오두막은 우리가 원하는 것들을 제공해 줬다. 때로는 베이스캠프였고, 때로는 피난처가 돼줬다. 힘차게 출발하는 곳이 됐다가 무사히 착륙하는 곳이 되기도 했다. 우리 자신이 무엇을 원하는지 모를 때도 언제든 믿고 돌아올 수 있는 공간이었다.

13 오두막, 산사태로 고립되다

첫 번째 산사태는 크리스마스 직전에 일어났다. 전에도 비가 몇 주나 그치지 않은 적은 있었다. 인근 강들의 수위가 범람 위험 단계에 가까워졌다는 경고도 처음이 아니었다. 홍수가 꽤 자주 일어나는 편이었다. 리버사이츠 사람들이 강가에 오두막을 지을 때 지반이 높은 곳을 택하는 것도 그래서였다. 가벼운 산사태도 드물지 않았지만 홍수에 비하면 예방 조치가 허술했다. 예방책이라고 해봐야 운에 맡기고 기도하는 정도였다.

산사태 소식을 처음 본 건 리버사이츠 페이스북 페이지에서였다. 그전부터 집이나 회사에서 심심할 때, 오두막 생각으로 다른 일에 집중하기 힘들 때 종종 페이스북에 접속하곤 했다. 디지털 세계의 리버사이츠 마을을 확인하면 그래도 아직 오두막과 연결돼 있다는 기분이 들었다. 리버사이츠 페이스북 페이지는 차분하고 예스러운 동네 사랑방 느낌이 났다. 불량배나 부랑자가 가끔 출몰하긴 했지만 기본적으로 오두막 주인, 은퇴한 노인으로 이루어진 산속 마을과 어울리는 소식들이 많았다. 개를 잃어버렸다는 글도 자주 올라왔지만 다행히 녀석들은 몇 시간 뒤 이웃집에서 발견됐다. 행복한 재회 장면이 담긴 사진에 다들 안도의 한숨을 쉬며 이모티콘으로 감정을 표현했다. 시애틀 시호크스Seattle Seahawks 미식축구팀의 경기가 한창일 때 지역 양조장에서 나오는 스튜 메뉴를 알 수 있었고, 아마추어가 찍은 주변 산과 강의 사진도 감상할 수 있었다. 리버사이츠 주민 하나가 생일 선물로 드론을 받는 항공 영상이 올라온 적도 있었다. 때로는 마을의 어두운 면을 암시하는 듯한 메시지가 올라와 묘한 흥분을 불러일으켰다. 한 여성이 "야외 냉장고" 중 "몇 대"를 도둑맞았다고 불평한 적도 있었다. 상식적으로는 야외 냉장고가(그것도 여러 대나) 왜 필요한지를 묻는 질문들이 달려야 정상이지만, 대부분의 댓글은 위로를 전하고 자기네 실외 가전제품이 걱정스럽다는 반응뿐이었다.

12월 말의 음울한 아침, 페이스북에 로그인하자마자 쓰러진 나무와 찐득한 진흙으로 뒤덮인 자갈길의 사진이 눈에 들어왔다. 어디인지 단번에 알 수 있었다. 선셋폭포 측면을 지그재그 형태로 올라가는 급커브 구간이었다. 폭포 옆의 언덕은 높지 않았다. 기껏해야 180미터? 하지만 경사가 굉장히 가파른 편이었다. 그 언덕이 아래에 뱀처럼 구불구불 뻗어있는 길을 집어삼킬 작정인 듯했다. 하룻밤 사이에 언덕 비탈의 숲 한 덩어리가 쓸려 내려오며 더글러스전나무 수십 그루와 전봇대 몇 개를 함께 쓸어 갔다. 전기가 끊기고 사람들은 고립됐다.

다른 길이 있다면 사정이 나았겠지만 다른 진입로는 없었다. 리버사이즈는 막다른 골목이었다. 동네 전체가 고속도로에서 뻗어 나온 큰길 하나에 의존하고 있었다. 하지만 산속에 있는 데다 자주 범람하는 거친 강 옆에 놓인 길이 모든 짐을 홀로 짊어지는 것은 무리였다. 한때는 다른 선택지도 존재했다. 마을 동쪽 끝에 또다른 다리가 있었다고 했다. 인덱스로 빠지는 갈림길을 조금 지난 지점에서 고속도로와 연결되는 다리였다. 하지만 수년 전 심각하게 노후화한 탓에 대대적으로 수리를 해야 했다. 엄청난 수리 비용을 본 마을 사람들은 돈을 약간이라도 아끼겠다고 수리가 아닌 철거를 택했다. 더 멀리 돌아가야 해도 선셋폭포 옆의 지그재그 길이 있으니 괜찮다고 생각한 것이다. 이곳에 오래 산 거주자들은 그때의 결정을 떠올리며 뒤늦은 후회를 하기 시작했다.

형광 노란색 비옷을 입은 사람들이 브라우니 반죽처럼 질척한 흙에 전봇대를 다시 세우려 하는 사진이 페이스북에 올라왔다. 식료품으로 가득 찬 차 옆에서 비를 맞으며 집으로 가려고 기다리는 지친 주민들의 사진도 보였다. 신문사와 방송국에서도 직접 현장으로 나와 확인할 만큼 기막힌 광경이 펼쳐져 있었다.

그래도 괜찮으리라 믿었다. 사람들이 도로를 책임지고 있으니까. 주민들은 매일 새로운 소식을 업데이트했고 지그재그 길의 진흙을 최대한 빨리 치우려 노력했다. 나는 휴일 약속으로 바빴고 당분간 오두막에 갈 계획도 없었다. 며칠 안으로 해결될 줄 알았다. 실제로 그랬고. 하지만 안도감은 오래가지 못했다.

첫 산사태가 정리된 뒤에 진흙이 서서히 밀려 내려와 어느새가 도로로 침투했고 페이스북에는 날마다 현재 상황을 알리는 글이 올라왔다. 게시물들은 도로 상태가 얼마나 심각한지, 우리의 성실한 이웃이 언제쯤 제설기를 몰고 와 흙을 치울지를 알려줬다. 처음에는 크게 지연되는 일이 없었다. 며칠에 한 번씩 통행량이 적은 시간대에 도로를 통제하고 진흙을 치웠다. 하루 빨리 날씨가 건조해져 진흙이 굳기를 모두가 한마음으로 기도했다. 하지만 비는 그치지 않았고, 진흙도 멈추지 않았다. 처음에는 몇 시간 정도 작업이 지연될 뿐이었지만 점차 하루나 이틀에 걸쳐 도로가 전면 통제되기 시작했다. 나는 멀리 떨어진 시애틀에서 페이스북 페이지를 확인하는 것 말고는 할 수 있는 일이 없었다. 무력감이 나를 사로잡았다. 물론 산사태가 일어난 곳에 사는 주민 여든 명에 비하면 도로를 이용하지 못하는 내 불편함은 아무것도 아니었다. 나는 관광객이나 다름없는 입장이었다. 무엇보다 이 사태가 장기간 이어지리라고는 생각도 못했다.

내가 생각하는 산사태는 이런 이미지였다. 혼돈 그 자체. 예고 없이 몇 분 만에 발생하는 참사. 폭발적인 힘으로 쏟아져 내려 무엇으로도 막지 못하는 흙덩이. 크리스마스를 앞두고 일어난 산사태는 그 이미지와 정확히 일치했다. 이후의 상황은 지진으로 치면 여진과 같았다. 나는 산사태의 여파가 곧 진정되리라 믿었다. 지금은 진흙이 부드럽게 흘러내리는 과정, 언덕이 조금 더 안정을 찾는 과정일 뿐이라고. 어쨌든 그렇게 믿고 싶었다.

진흙을 치우는 작업은 일상의 한 부분이 됐다. 하루에 두 번씩 치워야 하는 날도 있었다. 주민들이 그렇게라도 해야 빗속에서 미끄러운 진흙에 헛도는 자동차 타이어를 달래며 귀가할 수 있었다. 툭하면 정전이 일어났다. 혹시 모르니 산사태 구역 양쪽에 차를 한 대씩 두라는 권고도 나왔다. 작업 지연에 지친 주민들은 선셋폭포 쪽 산사태를 우회하는 오솔길을 만들기 시작했다. 그렇게 하면 도로가 폐쇄됐을 때 걸어서라도 갈 수 있을 테니까. 그러는 동안 리버사이츠 사람들은 복구 작업에 돈을 쏟아붓느라 출혈이 컸다. 지나갈 수 있는 도로 구간은 점점 줄어들었다. 일주일간 폐쇄된 도로는 길어야 몇 시간씩 열릴 뿐이었고 사전 공지도 잘 이루어지지 않았다. 토사를 치울 때마다 흙더미와 흐르는 물줄기가 도로 양옆을 막아서 도로가 점점 더 좁아졌다.

제설기가 충분하지 않자 불도저가 등장했고 또 한 주가 흘렀다. 급기야 도로가 갈라지며 분리되기 시작하자 토지 주인들은 다급히 배수관을 설치해 물을 빼냈다. 또 일주일이 지났다. 산사태 현장에서 가장 가까운 오두막으로 진흙이 밀려들어 현관문을 막는 일이 벌어졌다. 오두막 주인은 전기톱으로 거실 벽을 뚫고 들어가 귀중품을 챙겨 나와야 했다. 옆면이 뻥 뚫린 빨간 오두막이 위태롭게 기울어져 있고 집 안으로 흘러 들어간 진흙이 낡은 소파를 집어삼킨 사진이 올라왔다. 그렇게 또 한 주가 지나갔다. 산사태 현장 인근의 작은 오두막이 기울다가 기초에서 완전히 떨어져 나가 언덕 아래로 데굴데굴 굴러떨어졌다. 오두막은 옆으로 누운 채 도로 한복판에 멈춰 섰다.

1월이 지나고 2월이 됐지만 나는 여전히 리버사이즈와 거리를 뒀다. 산사태가 일어난 곳에서 내 오두막까지는 3킬로미터가 넘었다. 평소대로라면 마른 장작, 생수, 통조림, 즉석에서 뭔가를 만들기 위한 공구를 차에 가득 싣고 향했을 것이다. 비 오는 날의 하이킹처럼 필요한 것만 가볍게 챙겨 갈 수도 있었다. 잠자는 곳만 텐트 대신 오두막이라고 생각하면 되잖아? 하지만 괜히 찾아갔다가 불안감만 커질까 봐 두려웠다. 현재 상황을 제대로 이해하고 싶어서 산사태의 어느 지점이 강, 도로, 선셋폭포와 연결됐는지 확인하려고 위성사진을 수십 번도 넘게 들여다봤다. 그렇게 해서 알게 된 사실은 산사태가 난 언덕의 반대편이 곧장 위츠엔드로 이어진다는 것이었다. 언덕의 반쪽이 불안정하다면 나머지 반쪽도 비슷하다는 뜻 아닐까? 오두막을 보러 가고 싶은 마음은 굴뚝 같았지만, 진흙에 빠져 익사하는 상상에 시달리며 침낭에서 잠을 청하는 내 모습이 자꾸만 떠올랐다.

2월 말, 페이스북에 새로운 영상이 올라왔다. 하룻밤 사이 언덕이 20미터 가까이 이동했다는 소식이었다. 도로 작업반도 지역 상황이 불안정해 작업을 시도조차 할 수 없다고 발표했다. 영상을 봐도 어디인지 알아보기가 힘들었다. 파괴된 오두막의 잔해들이 쓰러진 나무와 송전선 아래에 뒤엉켜 있었다. 액체처럼 변한 청회색 점토 웅덩이에 거대한 흙덩이들이 둥둥 떠다녔다. 도로의 흔적은 완전히 사라졌다. 3월 초에 내린 눈이 어지러운 세상을 하얀 담요로 차분히 덮어버렸을 때는 과거의 모습을 떠올릴 수조차 없게 됐다. 강가의 하얀 언덕과 막다른 길 말고는 아무것도 보이지 않았다.

뉴스 앵커들도 인덱스로 돌아와 고무장화를 신은 채 걱정스러운 표정으로 빗속에 서 있었다. 비는 그칠 줄 몰랐다. 전력 회사 직원들이 전봇대를 세울 수 있을 만큼 단단한 지반을 찾아 진흙을 쑤시고 다니는 동안 시도 때도 없이 정전이 일어났다. 산사태가 일어난 지점 너머에 사는 노인이 심장마비를 일으켰을 때는 구급대원들이 ATV(오프로드용 사륜 오토바이 — 옮긴이)를 타고 철교를 건너야 했다. 그렇게 또 한 주가 지났다. 창의적인 주민들이 산사태 현장 아래쪽의 오솔길을 ATV 전용 도로로 확장하자, 어느 용감하고 무식한 인간들이 자기 차와 트럭을 타고 몰려들었다가 좁은 커브 길에서 나무를 들이받고 차를 숲에 버리고 가는 사태가 벌어졌다. 또 일주일이 흘렀다. 북쪽으로 약 90분 떨어진 오소Oso 마을에서 다시 대규모 산사태가 일어나 43명이 사망한 뒤로는 인덱스를 향하던 뉴스 앵커들의 관심도 끊겼다. 몇 주가 몇 달이 됐다. 주민들은 언덕이 무너져 자신들을 덮치지 않을까 걱정하며 차에서 계란을 내리고 숲을 가로질러 집까지 걸어 올라갈 준비를 했다.

오소 산사태는 단순히 불편함만 느끼던 사람들을 공포에 빠뜨렸다. 이는 상황이 나아지지 않을 수도 있다는 경고였기 때문이다. 오소와 비교했을 때 우리 지역의 피해는 미미했다. 하지만 최악의 사태가 아직 닥치지 않았다는 뜻일 수도 있었다. 장을 보고, 출근하고, 오두막을 살피고, 병원 진료를 받고, 응급실에 가기 위해서 진흙 벽을 헤치고 나가야 하는 문제가 영원히 해결되지 않을 가능성도 있었다. 시간이 지나면 도로 복구 자금도 바닥이 날 터였다. 그러면 다들 오두막을 버리고 떠나지 않을까? 전력 회사도 굳이 리버사이츠 안쪽까지 전기를 공급할 이유가 없어지겠지. 그렇게 되면 이곳에는 솟구치는 파도 모양으로 파인 언덕의 잔해만 남을 것이다. 그 아래에는 진흙, 나무, 무너진 집, 끊긴 전선이 제멋대로 위험하게 뒤엉켜 있을 테고.

3월이 됐다. 나는 몇 달 만에 2번 국도를 타고 동쪽으로 향했다. 친구들과 함께 스티븐스 패스를 넘어 워싱턴주 동쪽에 있는 오두막으로 달려가는 중이었다. 이제 그 아수라장을 내 눈으로 직접 확인할 때라는 생각이 들었기 때문이다. 처음에는 관심을 끄고 외면할 수 있었지만 가까이서 보고 싶다는 마음이 점점 강해졌다. 페이스북 페이지가 있어 감사했지만 대부분의 소식에는 돈Don이라는 주민의 주관이 개입돼 있었다. 돈이 페이스북 페이지 관리자를 맡게 된 배경에는 딱 두 가지 조건이 있었다고 본다. 첫째, 의지가 있다. 둘째, 페이스북 계정 비밀번호를 안다. 물론 돈도 최선을 다하고 있을 터였다. 하지만 한편으로는 이런 궁금증도 들었다. 돈은 현장과 너무 가까이 있지 않나? 식료품 운반에 지쳐 사태의 진정한 본질을 정확히 대변하지 못하는 것 아닐까? 상황이 그렇게 나쁘지 않을 수도 있잖아? 내가 지질학자는 아니지만 진흙 더미 앞으로 당당히 걸어가 똑바로 쳐다보면 대충 어떤 느낌인지 감을 잡을 수 있을 것 같았다. 최후의 발악 같은 생각이었다. 이미 그 광경을 사진으로 똑똑히 봤으면서. 언덕이 완전히 뒤집어져서 사진을 거꾸로 올린 건 아닌지조차 구분하기 힘들었다. 그래도 인간이라면 희망을 품어야 하는 법.

낙관주의가 최고조로 치솟았다. 비가 추적추적 내리고 어스름이 깔린 금요일 저녁에 요스와Yos-wa, 세라Sarah와 지그재그 길 아래에 도착했다. 뒷좌석에 앉아 있던 나는 가까워지는 폭포와 진흙 더미를 자세히 보려고 유리창에 얼굴을 바짝 붙였다. 차에서 내리기도 쉽지 않았다. 그전까지는 차를 타고 도로 위에서 봤기 때문에 언덕의 높이를 제대로 가늠할 수 없었다. 그런데 이제 언덕 앞부분이 통째로 날아가버렸다. 지금 나는 180미터 높이의 절벽 꼭대기를 올려다보고 있었다.

이슬비가 내리는 바깥으로 천천히 걸음을 옮겨서 더 자세히 살펴봤다. 커다란 솔송나무와 단풍나무가 절벽 꼭대기에 위태롭게 매달려 있었고 반쯤 드러난 뿌리도 어렴풋이 보였다. 아래쪽의 광경을 보니 누군가가 우리 동네를 믹서기에 넣고 갈아서 퓌레로 만들어버린 것만 같았다. 부러진 나무가 산처럼 쌓였고 뒤엉킨 나뭇가지가 거대한 흙더미에 박혀 있었다. 여기저기서 오두막에서 찢겨 나간 새빨간 외벽 조각, 산산조각 난 바비큐 그릴의 번쩍이는 스테인리스 파편, 너덜너덜해진 접근 금지 테이프가 온통 회갈색으로 뒤덮인 세상에 그나마 색감을 더했다.

우리는 고무장화를 신고 거대한 콘크리트 장벽으로 통행을 막아놓은 지그재그 길에 다가갔다. 근처의 ATV 도로 입구에 자동차 몇 대가 서 있었지만 사람은 아무도 없었다. 장벽을 지나고 보니 산사태 현장 옆쪽으로 이미 작은 오솔길이 나 있었다. 그리고 놀랍게도 길이 단단해 보였다. 희망의 마지막 불씨가 살짝 깜박거렸다. 우리는 쓰러진 나무와 나뭇가지 더미를 피하며 길을 따라 걸었다. 여기저기 옛 도로의 흔적이 드러났다. 그중에는 조금 질척거릴 뿐 넓고 평탄한 구간도 있었다. 나는 걸음을 멈추고 희망에 차서 그 길을 바라봤다. 이쪽 도로는 괜찮아 보였다. 어쩌면 최악의 상황은 아닐지도 모르겠다. 이 구간이 무사하다면 진흙을 대대적으로 걷어내는 작업으로 충분하지 않을까? 지금이야 조금 불편하지만 건조한 날씨가 며칠 이어진다면 일상으로 돌아갈 수도 있겠다고 생각했다. 그러고 나서 단 두 걸음을 옮겼을 뿐인데 나는 허벅지까지 진창에 빠졌다.

"아, 그러네. 심각하네."

언덕이 나를 집어삼키고 있었다. 나는 특이하지만 나름 인상적인 몸부림 기술을 선보이며 몇 발짝 거리의 단단한 땅에 서 있는 요스와와 세라에게 걱정하지 말라고 안심시켰다. 하지만 숨을 헐떡이며 "나 괜찮아."라는 말을 끊임없이 내뱉는 사람이 괜찮아 보일 리가 없다. 노력하면 할수록 내 몸이 땅속 깊이 박히고 진흙으로 깊이 빨려 들어간다는 느낌이 들었다.

체감상 30분이었지만 한 13초쯤 지났을까. 나는 "안 괜찮아." "도와줘!" 같은 말들을 뱉기 시작했다. 요스와와 세라는 재빨리 머리를 굴려서 애니메이션 〈루니 툰〉에서 배운 방법들을 총동원하여 점점 가라앉는 내 몸을 향해 능숙한 솜씨로 나뭇가지들을 던졌다. 그리고 그 나뭇가지들을 지렛대 삼아 나를 끌어낼 수 있었다.

『반지의 제왕』에 나오는 우루크하이Uruk-hai의 몰골로 땅속에서 천천히 몸을 빼냈다. 하반신과 팔에 미끄덩한 진흙이 덕지덕지 달라붙어 있었다. 부츠의 빈틈이 진흙으로 가득 찼다. 우리는 발에서 쩍쩍 소리를 내며 주차장까지 돌아가 ATV 도로로 방향을 돌렸다. 나는 새로운 도로에 대한 기대를 선셋폭포의 소용돌이치는 급류 속으로 던져버렸다. 길은 울창한 숲을 꼬불꼬불 휘감았고 숲에 들어서자 어슴푸레 비추던 햇빛마저 사라졌다. 헤드램프를 켜야 했다. 우리는 폭포에서 반짝거리며 피어오르는 안개 기둥을 따라 산사태 지점을 우회하고 지그재그 길 위쪽 도로로 빠져나왔다. 위에서 내려다본 풍경도 크게 다르지 않았다. 잠시 처참한 모습을 바라보다 돌아섰다. 오두막까지 아직 3킬로미터가 남아 있었다.

위츠엔드길을 헐떡이며 올라가다 보니 서쪽 언덕을 쳐다보지 않을 수 없었다. 바로 그 너머에서 산사태가 일어났다. 이쪽에 서 있으니 거대한 괴물의 등 뒤로 몰래 살금살금 다가가는 기분이었다. 본능적으로 조용히 해야 한다는 생각이 들었다. 언덕이 아주 예민한 상태라 한 마디만 내뱉어도 무너질지 모르니까. 나는 살금살금과 터벅터벅 사이의 중간 걸음으로 계속 걸어나갔다. 하지만 살금살금 걸을 때가 마음은 더 편했다. 나를 비웃을 친구들만 옆에 없었어도 마지막 50미터는 엎드려 기어갔을 것이다. 우리가 위츠엔드길의 언덕을 넘은 것은 막 어둠이 내려앉은 시간이었다. 오두막의 빛바랜 회색 외벽과 녹슨 금속 지붕의 윤곽이 흐릿하게 보였다. 내 오두막은 아직 그 자리에 서 있었다. 능선 너머의 세상이 완전히 뒤집어진 현실에서 오두막은 존재 자체만으로 기적 같았다.

큼직한 나뭇가지들이 진입로를 막고 있었다. 더 큰 가지가 지붕에 피해를 입히진 않았는지 밖에서 최대한 자세히 살펴봤다. 굴뚝 뒤에 단풍잎이 쌓여 있기는 했지만 별다른 문제는 보이지 않았다. 데크 주변에 담배꽁초가 전보다 더 많이 흩어져 있었다. 지난번과 마찬가지로 침입이나 절도의 증거는 찾을 수 없었다. 한편으로는 미스터리 방문객에게 감사하기도 했다. 그 작은 흔적은 진흙 너머의 세상에 여전히 일상이 존재한다는 뜻이었기 때문이다. 자연적이고 인위적인 위험이 넘쳐났음에도 문은 잘 잠겨 있었고 창문도 멀쩡했다. 오두막 상태도 전반적으로 괜찮아 보였다. 그래, 만듦새는 초라했지만 어쨌거나 여전히 그곳에 서 있었다. 문을 여니 삼나무와 연기 냄새가 흘러나왔다. 모든 것이 제자리에 있었다. 익숙한 광경을 보고 냄새를 맡자 울컥하고 목이 메였다. 몇 달 동안 떨어져 있으면서 오두막을 바라보는 내 시선도 달라졌나 보다. 정말 집으로 돌아온 느낌이었다.

진흙투성이로 안에 들어가고 싶지는 않아 입구에 서서 손전등을 이리저리 비췄다. 내가 휴가 간 사이 거미들이 오두막에서 활개를 친 듯했다. 야심 찬 거미줄 몇 개가 군데군데 걸려 있었다. 하나는 매트리스 위를 가로지르기까지 했다. 건방진 놈들.

하지만 누군가는 이곳에서 제 할 일을 하고 있었다고 생각하니 한편으로 고마웠다. 사소하지만 다 오두막의 구조적 안정성에 도움이 되는 일이었다.

난로를 힐끗 보다가 제자리에 얼어붙었다. 난로에서 무언가가 반짝였다. 물인가? 장화를 벗고 안으로 들어가며 어차피 진흙 묻은 양말로 돌아다닐 텐데 장화를 왜 벗었나 하는 생각을 했다. 난로 뒤쪽이 젖어 있었다. 가까이 다가가 보니 녹도 전보다 심해졌다. 고개를 들자 굴뚝 연통 가장자리에 맺혀 있는 물방울이 보였다. 얼마나 기다렸을까. 물방울이 난로 위로 툭 떨어졌다.

난로 아래의 연분홍색 타일도 조금 축축했지만 주변의 인조 목재 바닥은 괜찮았다. 잠시 난로 앞에 무릎을 꿇고 앉아 문제를 해결할 방법을 궁리해 봤다. 하지만 내가 할 수 있는 일은 아무것도 없었다. 만약 물이 지붕으로 들어온 거라면 어디로든 떨어질 수 있었다. 가장 유력한 누수 의심 지점은 굴뚝 주변이었다. 오두막이 아마추어 목수들의 놀이터였다는 사실을 머릿속으로는 알고 있었다. 하지만 안 그래도 결함투성이인 이곳에 내 손으로 문제를 추가했다고 생각하니 자책이 들었다. 조금 부끄럽기도 했다. 큰 문제는 아니겠지만 오두막에 책임을 다하지 못했다는 생각이 마음을 무겁게 짓눌렀다.

나는 예전부터 사물을 의인화하는 버릇이 있었다. 내 첫 차는 1986년식 혼다 어코드로, 외관과 내부 모두 짙은 진홍색이었다. 생일이나 성적표가 잘 나왔을 때 받은 용돈을 차곡차곡 모으고 첫 성찬식에서 두둑하게 받은 현금을 합쳐 첫 차를 샀다. 가격은 1,300달러였다. 자동차 성능을 우수에서 불량까지 놓고 평가한다면 그 차는 불량도 안 되는 미달이었다. 팝업 헤드라이트 중 제대로 작동하는 것은 하나뿐이었다. 창문 네 개 중 세 개가 내려가지 않았고 온도 조절 장치도 망가져서 히터를 최대로 틀어야 엔진에서 연기가 나지 않았다. 창문 문제와 온도 조절 장치 문제가 겹치며 여름철에는 아무도 내 차를 타려고 하지 않았다. 수명이 다해가는 차의 가장 큰 문제는 시동이 재깍 꺼지지 않는다는 점이었다. 학교 주차장에 차를 세우고 시동을 끄고 키를 뽑고 차에서 내려 문을 닫은 뒤에도 내 차는 탈탈거리며 생명을 유지했다. 어떨 때는 몇 분을 기다려도 시동이 꺼지지 않았다. 다시 차에 타 한 바퀴 돌고 나서야 시동이 꺼진 경우도 있었다.

솔직히 말해 그 차의 수많은 결함은 내 가슴을 불안으로 채웠다. 수리할 돈이 없다거나, 수리하기가 귀찮다거나 하는 이유는 아니었다. 갑자기 멈춰서 오도 가도 못할까 봐, 마트에서 장을 보는 동안 시동이 켜져 있는 차를 누가 훔쳐갈까 봐 걱정한 적도 없었다. 어떤 마음인가 하면 연민이었다. 나는 그 차가 가여웠다. 주차장에서 덜컹거릴 때면 렌치를 들기보다 따뜻하게 안아주고 싶었다. 내가 기계치였기 때문만은 아니었다.

차를 사고 몇 년 동안 내가 아는 범위에서 최선을 다해 관리했다. 주말에 정기적으로 세차를 했고 후드에서 페인트가 벗겨지려 하는 부분은 건드리지 않도록 주의했다. 가능하다면 가파른 언덕을 피해서 우회로를 선택했다. 열역학적 재앙을 막기 위해 한여름에도 히터를 최대로 틀었다. 자동차 호스피스의 간호사가 된 기분이었다. 다음 주인(엄마의 직장 동료의 딸)이 고속도로에서 뻗어버린 그 차를 처분했다는 소식을 들었을 때 처음 든 생각은 이거였다. 사랑이 부족했나 보네.

그래, 나는 오두막 관리인으로서 부적격이었다. 하지만 그 누구보다 오두막을 아낀다고 자부했고 지금은 그것만으로 충분했다. 뾰족한 해결책이 떠오르진 않았지만 나는 난로를 가만히 바라보며 요스와에게 작은 쓰레기통을 비워달라고 부탁했다. 그 안에는 야외 화장실에서 볼일을 볼 때 필요한 소나무 톱밥이 들어 있었다. 요스와가 데크에서 빈 쓰레기통을 건넸고, 나는 물방울이 떨어지는 곳에 그 통을 놔뒀다. 비가 계속 내렸지만 누수가 심하지는 않았다. 몇 분이 지나서야 플라스틱 통에 물방울이 툭 떨어지는 소리가 들렸다. 제발 내가 돌아오기 전까지 넘치지만 않기를.

나는 마지막으로 오두막을 한 번 더 점검한 뒤 키친타월을 한 움큼 쥐고 뒤로 기어 나가며 진흙 묻은 발자국을 닦아냈다. 오두막 밖으로 나와서는 더러워진 키친타월을 주머니에 쑤셔 넣고 문을 굳게 닫았다. 열쇠를 돌려서 데드볼트까지 잠갔다. 우리는 나뭇잎 사이로 스며든 이슬비를 맞으며 어두컴컴한 위츠 엔드길을 내려와 산사태 지점으로 향했고 굉음을 내뿜는 선셋 폭포를 따라 ATV 도로를 지났다. 숲에서 나와 뒤를 돌아보니 달이 떠오르며 하얀 폭포를 비추고 있었다. 아래의 못으로 쏟아져 내리는 물줄기가 반짝반짝 빛났다. 우리는 진흙 범벅이 된 옷을 벗어 트렁크에 던져 넣고 깨끗한 청바지로 갈아입은 뒤 신발을 갈아 신었다. 언덕을 마지막으로 한 번 더 바라본 뒤 차에 올라타 다시 고속도로를 향해 달렸다. 그날 밤, 친구들과 모닥불을 피우고 놀다가 와이파이가 터지는 곳으로 슬그머니 빠져나와 리버사이츠 페이스북 페이지에 새로운 소식이 올라왔는지 확인했다. 다음 날 아침에도 같은 행동을 했다. 오후에도 한 번 더 확인했다. 비 예보가 있었다. 상황이 좋지 않아 보였다.

14 절대 무너지게 놔두지 않겠다고

어떻게 해도 도로를 복구할 수 없다는 사실을 주민들이 깨달았을 때 마을 회비는 거의 바닥난 상태였다. 도로에서 진흙을 긁어내고, 새 자갈을 들여오고, 쓰러진 나무를 치우고, 새로운 우회로를 내는 일은 고되기만 하지 아무 성과가 없었다. 이렇게 헛고생만 하는 동안 돈은 더 빠르게 고갈됐다. 집주인들이 연 2회 납부하는 관리비 몇백 달러는 가끔 폭설이 내릴 때 제설 작업에 쓰는 비용이었다. 혹독한 겨울 끝에 도로에 패인 구멍을 메우는 데 쓰기도 했다. 언덕의 이동을 막을 기금은 모아본 적이 없었다. 명확한 해결책이 없는데 돈까지 바닥나니 마을 전체에 긴장감이 감돌았다. 매월 열리는 운영 위원회 회의에 누구나 참석할 수 있었지만 사람들은 페이스북 페이지에 불만을 토로하는 쪽이 더 쉽고 편리하다고 생각한 모양이었다. 불평거리는 차고 넘쳤다.

누군가는 마을 운영 위원회가 선의로 활동하는 자원봉사 단체로 보이지만 사실은 하나같이 구린 구석이 있는 부동산 소유주들이라고 말했다. 어차피 그들은 산사태가 일어난 지역 아래에 살아서 고립된 주민들을 신경도 쓰지 않는다고 했다. 한 위원이 제설 기사 일을 하는 주민에게 제때 비용을 지불하지 않아서 도로가 무너졌다고 주장하는 사람도 있었다. 그 위원이 자기 집 앞의 눈을 제대로 안 치웠다며 제설 기사의 꼬투리를 잡았다고 했다. 어떤 노인은 지난 봄 측량 작업을 한다고 언덕에 구멍을 뚫은 당국을 탓했다. 그의 주장은 빠르게 지지를 얻었지만 측량을 진행한 곳이 능선 아래쪽이었다는 사실이 밝히지면서 결국 묻혀버렸다. 사람들은 눈에 불을 켜고 문제의 해결책보다 원망할 사람을 찾으려 들었다. 물론 아이디어가 전혀 나오지 않았다는 말은 아니다.

산을 감싸는 옛 산림청 관리 도로를 통해 남쪽에서 리버사이츠로 진입하면 어떠냐고 제안한 사람도 있었다. 그 도로와 가장 가까운 연결 지점은 위츠엔드의 끝자락이었다. 말만 들어도 끔찍했다. 온 마을의 차량이 내 오두막 앞을 지나가면 평온한 삶과는 작별이었다. 폭약을 싣고 언덕에 올라가자는 의견도 있었다. 더 이상 산사태가 일어나지 않는다는 확신이 들 때까지 언덕을 폭파하자나 뭐라나. 그렇게 하면 도로를 다시 건설하고 일상으로 복귀할 수 있다는 논리였다. 아예 다 포기하고 이주할 수 있도록 정부에 연방 지원금을 요청하자는 사람들도 있었다. 예전에 이곳에 살았던 사람들도 페이스북 페이지에 나타났다. 위로의 메시지를 전하는 사람도 있었지만 자기는 떠나서 다행이라고 위안하는 글이 더 많았다. 산사태 전에는 마을 페이지를 자주 방문하며 다양한 이웃의 일상을 엿보고 장난꾸러기 곰들이 보안 카메라에 찍힌 모습을 구경하곤 했다. 하지만 분열과 논쟁과 쪼잔함과 두려움과 산사태 영상으로 얼룩진 새로운 시대의 페이지는 쳐다도 보고 싶지 않았다. 아무도 책임지는 사람이 없어 보인다는 점이 가장 걱정스러웠다. 그러는 동안에도 언덕에서 진흙이 계속 미끄러져 내려왔다. 3월 말이 되자 진흙이 강까지 내려와 맑은 강물을 갈색 물결로 더럽혔다.

산사태 속에서도 가끔은 인간에게서 희망의 빛을 볼 수 있었다. 자원봉사를 하는 주민들이 우비를 입고 ATV 도로로 자갈을 펴나르는 게시물이 올라왔다. 이제는 거대한 돌무더기가 길을 막고 있어 아무도 차를 들여오거나 빼낼 수 없었다. 장본 물건이 있으면 산사태 지점 아래의 주차장에서 집까지 날라주겠다는 사람들도 있었다. 마트 로고가 찍힌 봉투를 가득 실은 ATV 뒤에서 웃으며 엄지를 척 세우는 주민의 모습은 모두의 가슴에 희망의 불씨를 지폈다.

산사태 현장을 처음 다녀온 지 몇 주가 지났다. 나는 오두막으로 걸어 들어가 하룻밤 보내기로 결심했다. 봄이 가까워졌지만 밤 기온은 계속 영하를 맴돌았다. 마지막으로 장을 보러 술탄에 들렀을 때 장작은 한 묶음만 샀다. 장작을 직접 들고 가야 했으니까. 식사는 배낭여행용 동결 건조 식량으로 해결했지만 물은 1갤런짜리 생수통을 통째로 들고 움직이는 수밖에 없었다. 산사태 지점과 도로 입구에 도착했을 때는 날이 어두워지기 직전이었다. 주차장은 차로 가득했지만 주변에 보이는 사람은 없었다.

배낭을 다 싸고 맨 위에 장작 다발을 올려 끈으로 묶었다. 꽤 무게가 나가는 느낌이었다. 하지만 강제로 떠나는 이 모험에도 즐거움이 없지는 않았다. 수도와 전기가 없는 오두막의 불편한 생활을 즐기는 마음과 비슷했다. 남들이 가지 않은 길을 밟아야 할 때도 있는 법이다. 나는 헤드램프 불빛에 의지해 ATV 도로를 지나고 거칠게 물줄기가 쏟아지는 선셋폭포 쪽 도로로 다시 나왔다. 꼭대기에 이르러 램프를 끄고 어두운 길을 걷기 시작했다. 철로 아래를 지나고 다시 철로 위의 나무 다리를 건너 리버사이츠 깊숙이 들어갔다. 길에는 아무도 없었다. 온 동네가 어둡고 차가웠다. 가끔씩 누군가의 집 네모난 창문에서 따뜻한 불빛이 새어 나오거나 굴뚝에서 연기가 피어오르기는 했다. 집에 머물며 전기를 사용하는 사람들이 있다니. 참 반가운 풍경이었다. 나는 위츠엔드길의 아래에 도착해 오르막 쪽으로 몸을 기울이고 헤드램프를 다시 켰다. 곧이어 굳은 결심을 했다. 눈을 보기 위해.

그 눈을 처음 발견했던 날은 초겨울이었다. 단풍나무와 오리나무 가지가 앙상해지며 숲속이 훤히 들여다보이기 시작한 참이었다. 그날 나는 밤에 자동차 상향등을 켠 채 운전하고 있었다. 언덕을 중간쯤 올랐을 때 한 쌍의 눈이 번뜩였다. 멀리 떨어진 나무의 짙은 실루엣 부근에서 나를 응시하고 있었다. 퓨마에게 갈기갈기 찢겨 죽는 것은 북서부 출신이라면 누구나 가지고 있는 공포다. 뭐, 어디 출신이든 똑같이 공포스럽겠지만 이 동네에서는 더 현실적인 걱정이었다. 안전한 차 안에 있어도 불안감이 몸을 조여왔다. 나는 동물원에서도 호랑이가 가까이 다가오기만 하면 몸이 움츠러드는 사람이다. 호랑이가 유리벽을 뚫고 나올 수 없다는 사실을 알지만 그 점은 달라지지 않는다. 그날 밤 차를 세우고 한동안 앞을 응시하며 생각했다. 오두막 근처에 주차하고 우주정거장에 도킹하는 셔틀처럼 창문에서 창문으로 옮겨 갈 수는 없을까? 헤드라이트를 켰다 꺼도 눈의 위치는 그대로였다. 계속 그 자리에서 나를 똑바로 바라보고 있었다.

인정하고 싶진 않지만 나는 그 눈이 가짜라는 사실을 뒤늦게 깨달았다. 숲도 대낮에는 위험하지 않다는 어린 시절의 믿음을 가슴에 다시 새기고 눈의 정체를 확인하기 위해 다음 날 오후 산책을 나섰다. 문제의 나무는 금방 찾을 수 있었다. 역시나, 땅에서 약 6미터 높이의 삼나무 몸통에 눈 모양으로 자른 반사 테이프 두 조각이 녹슨 못 두 개로 고정돼 있었다. 누가 했는지 몰라도 영리하다고 생각했다. 재미있고.

눈이 가짜였다는 사실을 알고 두려움도 사라지지 않았냐고? 아니었다. 울창한 숲은 어두웠고 나는 그곳에 퓨마가 산다는 사실을 알고 있었다. 그쯤 되자 퓨마에 물어뜯길 수도 있다는 생각을 도저히 떨칠 수가 없었다. 우리 몸이 저절로 숨을 들이마시고 내쉬는 현상이 신기하고 흥미롭지 않느냐는 말을 들을 때도 나는 비슷한 반응을 일으켰다. 5분에서 10분 정도 공황에 빠져 의식하지 않으면 숨을 들이마시지 못했다. 다시 오두막을 찾은 밤에는 일부러 눈에서 시선을 피했다. 하지만 아예 안 보기로 작정하자 머릿속에 눈이 떠올랐고, 생각은 자연히 퓨마로 향했다. 공포가 되살아났다. 이래서야 그냥 눈을 쳐다보는 것과 뭐가 다르지? 아마 나는 퓨마가 두려웠던 것 같다.

결국에는 눈을 찾아 응시하는 연습을 하기로 했다. 그렇게 하니 내 주변에 있는 퓨마는 가짜고 움직이지 않는다는 확신이 들었다. 만약 눈 한 쌍이 더 보인다거나 그 눈이 움직인다면, 공포는 그때 가서 느끼자.

하지만 산사태 현장에서부터 걸어오던 그날 밤, 위츠엔드길을 오르는데 전혀 다른 차원의 공포가 나를 덮쳤다. 알루미늄과 강화유리로 나를 보호해 주던 자동차가 사라지자 불안감이 더 커졌다. 대왕 고양이의 습격을 받을지도 모른다는 생각은 가파른 언덕을 오르는 동력이 돼줬다. 발걸음을 빨리하다 보니 궁금해졌다. 혹시 그래서 눈을 달았던 건가? 한 아빠가 아이들에게 이런 말을 하는 모습이 떠올랐다. "언덕을 서둘러 올라가지 않으면 퓨마한테 잡아먹힌다!" 끔찍한 장난이다. 아빠가 되는 것도 의외로 재미있겠다는 생각이 들었다.

언제나처럼 무사히 오두막에 도착했다. 비이성적인 퓨마 공포증의 이면에는 오두막이 안전지대라는 믿음이 있었다. 이 보호구역만큼은 무시무시한 고양잇과 녀석들도 존중한다는 믿음 말이다. 데크에 발을 딛자 불안감이 씻은 듯 사라졌다. 오두막에만 오면 마음이 평온해지는 것도 퓨마 때문에 날뛰는 아드레날린을 가라앉혀 준다는 단순한 이유 때문이었을지도 모르겠다.

문을 열고 가방을 안에 내려놓은 뒤 야외 화장실 문을 열기 위해 입구 쪽 못에 걸려 있던 열쇠를 집어 들었다. 화장실 문을 잠글 필요까지 있나 생각한 적도 있었다. 안에 거미밖에 없고, 기껏해야 마른 장작 몇 개뿐인데. 하지만 그곳이 전기톱과 점점 늘어나는 AAA 건전지를 보관하는 장소가 된 뒤로는 화장실 문을 잠그는 행동이 책임감 있게 느껴졌다.

화장실에서 나는 실망스러운 점을 두 가지 발견했다. 첫째, 장작이 남아 있지 않았다. 아예 나무 자체가 없었다. 둘째, 전기톱의 연료통이 완전히 말라 있었다. 날이 무딘 파란색 손톱

handsaw을 써볼까 생각하다 낡은 프로판 난로를 집어 들었다. 마음 같아서는 진짜 불을 피우고 싶었다. 하지만 녹슬고 휘어지고 손잡이까지 빠져 달랑거리는 손톱으로 배불뚝이 난로에 넣을 장작을 쪼갠다? 그건 테니스공으로 다이아몬드를 깎는 일이나 마찬가지였다. 지금은 프로판가스 냄새나 맡을 수밖에. 체념하고 화장실 바닥에 장작 다발을 내려놓은 뒤 문을 닫았다. 다음에는 꼭 기름을 챙겨 오자고 머릿속에 메모를 하며 오두막으로 돌아왔다. 탁자에 헤드램프를 내려놓고 불빛이 천장을 향하도록 각도를 조정했다. 실내 정리를 할 동안 주변을 밝혀줄 조명이 필요했기 때문이다. 다행히 램프 기름이 넉넉히 남아 있었다. 불이 없는 것보다는 약하더라도 있는 편이 나았다.

오두막에서 생활하며 완벽하게 능숙해졌다고 자신할 수 있는 부분이 있다면 단연 디에츠Dietz의 등유 램프를 관리하는 일이었다. 램프 안에 기름을 채우고 불을 붙이는 일. 오두막 하면 떠오르는 이 램프는 흔한 빈티지 디자인으로 빨간색, 진녹색, 남색, 은색, 황동색의 제품이 있었다. 넓은 받침대에 기름을 넣고 그 위에 철사로 감싼 유리갓을 얹는 형태였다. 유리갓 안에 심지가 들어 있었는데 측면의 다이얼로 심지를 올리거나 내려 빛의 세기를 조절할 수 있었다. 얇은 철제 손잡이가 있어 들고 다니거나 고리에 걸어두기도 좋았다. 야밤에 램프를 들고 화장실로 가고 있으면 괜히 웃음이 나왔다. 그 모습이며, 동작이며, 정말 시간 여행을 하는 듯한 기분이 들었기 때문이다. 총을 가져본 적은 없지만 램프를 분해한 뒤 새 심지를 끼워 다듬고 유리갓을 닦아 재조립하는 이 모든 과정이 영화 속 한 장면 같았다. 기계적인 정밀함과 집중력으로 능숙하게 총을 분해해 닦는 캐릭터와 좀 비슷하지 않나? 나는 밝기를 최대화하고 연기를 최소화하려면 심지를 정확히 어느 정도의 높이로 맞춰야 하는지 알게 됐다. 불꽃이 깜박이거나 그을음을 뿜는 램프를 고치는 법도 익혔다. 어느 램프를 어느 위치에 둬야 오두막 안에서 조명이 가장 잘 어우러지는지도 알았다. 부엌 옆은 빛을 환하게 밝히고, 매트리스와 난로 옆은 어둡게 해야 한다는 것도. 뜨거워진 철사 손잡이를 함부로 건드렸다가 손에 화상을 입을 수 있다는 사실은 한 번 크게 당하고서야 깨달았다.

램프에 기름을 채우고 불을 붙여 각자의 자리에 가져다 놓았다. 램프 사이에는 양초를 몇 개 세워뒀고 곧이어 난로를 켜기 위해 콜맨 버너에서 프로판 가스통을 분리했다. 난로에 불을 붙이자 늘 그랬듯 손가락의 털이 그을려 사라졌지만 싸늘한 공간에 열기가 퍼지는 감각은 언제나 황홀했다. 10분 뒤, 겹쳐 입었던 옷을 훌훌 벗었고 젖은 천이 마르며 김이 피어올랐다.

아직 저녁 먹을 마음이 들지 않아 먹다 남은 위스키병 하나를 찬장에서 꺼내 머그잔에 따랐다. 그러고는 오두막 내부를 둘러보며 조사하기 시작했다. 우선 굴뚝이 새는지부터 확인했다.

몇 주 전에 놓아둔 양동이는 3분의 1 가량 차 있었다. 이 정도면 1갤런, 즉 3.8리터쯤 된다. 나는 누수가 이례적인 현상이기를, 거센 폭풍우 때나 나타나는 오두막 특유의 결함이기를 바랐다. 하지만 한 번으로 끝날 문제는 결코 아니었다. 지붕 위로 굴뚝 연통을 낸다고 구멍을 낸 부분에서 물이 새고 있었다.

나는 조잡한 사다리를 타고 다락으로 올라가 굴뚝을 확인하러 네발로 기어갔다. 굴뚝이 지붕을 통과하는 부분의 구멍은 크기가 넉넉했다. 지붕의 합판에 뜨거운 연통이 닿으면 불이 붙을 위험이 있어 일부러 그렇게 만든 것이었다. 그 사이의 틈을 들여다보니 빗물이 새지 않도록 레이가 굴뚝 밑부분에 끼워둔 고무 덮개가 보였다. 구멍 위쪽의 합판 가장자리에 물방울이 하나 맺혀 있었다. 손가락으로 닦자 또 한 방울이 서서히 맺히기 시작했다. 나는 한동안 그 자리에 앉아 물방울이 맺혀 떨어지는 모습을 지켜봤다.

지붕에 누수가 생긴 것을 봐도 놀랍지는 않았다. 여기는 오두막을 삼키는 위장胃腸이라고 할 수 있는 곳이었으니까. 온대우림에 건조한 나무라니 이 얼마나 부자연스러운가. 이곳에서는 모든 것이 썩어가는 중이었다. 거대한 상록수의 몸통도 지금은 믿기 힘들 만큼 튼튼해 보이지만 언젠가는 땅에 껍질을 내려놓고 썩기 시작할 것이다. 그렇게 죽어버린 잔해 위에서 새로운 묘목들은 조상의 유해를 감싸안은 채 뿌리를 내리고 성장할 테고. 지금 나는 새파란 양동이 하나만 들고 부패의 십자포화 속에 서서 생명의 순환이라는 거대한 힘으로부터 오두막을 지키려 하는 중이었다. 그리고 당연히 힘에서 밀리는 중이었다. 수많은 구조물이 이끼와 고사리와 썩은 흙 속으로 끌려 들어가는 이유는 하나뿐이었다. 그것을 대신해 싸워주던 사람이 저항을 멈췄기 때문이었다. 그날 내가 양동이에 받은 물은 강력한 한 방을 피하고 얻어낸 승리의 상징과도 같았다. 나는 그날 오두막의 시계를 조금 되감아냈다.

누수를 고치려면 지붕 위로 올라가야 했다. 그 말은 연장 사다리가 필요하다는 뜻이었다. 다락 입구의 사다리는 홈통 높이까지도 닿지 않았다. 무지막지하게 큰 연장 사다리를 들고 주차장에서부터 오두막까지 올라올 수 있을까? 머릿속에 영웅 같은 멋진 모습이 그려졌지만 현실적으로 불가능했다. 다른 사람의 사다리를 빌리거나 도로가 뚫리고 우리 집 사다리를 가져오기 전까지는 누수를 고칠 수 없었다. 도로가 트이는 날이 오기는 할지 의문이었다. 나는 다시 기어서 사다리 아래로 내려왔다. 떨어지는 물을 받는 양동이 위치를 재차 확인한 뒤 위스키 잔을 비웠다. 이제는 저녁을 준비할 시간이었다.

녹으로 얼룩진 초록색 뚜껑을 열자마자 식욕이 싹 달아났다. 쥐들이 콜맨 버너 안에 영역 표시를 해둔 것이다. 사방에 쥐똥이 있었다. 바닥과 창틀은 물론 버너 안에도 드글드글했다. 프라이팬에서 튄 스테이크 기름 방울이 위츠엔드의 쥐들에게 유해 동물 전용 고급 레스토랑을 차려준 듯했다. 배설물만 아니면 녀석들이 이곳에 계속 있었어도 크게 신경 쓰지 않았을 것이다. 전에 쥐를 키우는 여자와 사귄 적이 있어서 나도 쥐가 그렇게 싫진 않았다. 하지만 버너에 똥을 싸는 짓은 절친이라 해도 용납할 수 없는 행동이었다.

하지만 쥐들 입장에서는 걱정할 필요가 없었다. 쥐도 누수처럼 내가 해결할 수 없는 문제였기 때문이다. 오두막에 뻥 뚫린 구멍은 마감재와 철망 같은 재료를 덧대 막을 수 있었다. 하지만 마찬가지로 자재를 들여오는 단계에서 브레이크가 걸렸다. 그 많은 자재를 오두막까지 어떻게 나른단 말인가. 쥐덫 몇 개는 주머니에 넣어 올 수 있었다. 하지만 오두막을 몇 주 비운 사이에 쥐 두세 마리가 죽은 채로 바닥에서 썩어 있는 모습을 보고 싶지는 않았다. 그래서 당분간은 쥐들을 내버려두기로 했다. 거미와 조금 더 놀고 있으라 하지, 뭐.

일단은 모든 표면을 깨끗하게 닦았다. 409 클리너 한 병과 키친타월을 들고 난로와 탁자, 바닥, 벽, 창문을 집중적으로 문질렀다. 청소를 마치니 오두막에서 기분 좋게 나던 숲 내음이 사라지고 살균제와 인공 레몬향이 코를 찔렀다. 수납장에서 잣나무 인센스 스틱을 몇 개 꺼내 양초로 불을 붙였다. 날이 많이 따뜻해져 프로판 난로를 끄고 허리케인 램프만으로도 오두막의 온기를 유지할 수 있었다.

다시 저녁을 만들기 시작했다. 뜨거운 물을 끓여 배낭여행용 동결 건조 식량 용기에 붓고 매트리스에 앉아 음식이 익기를 기다렸다. 마침내 소독약 냄새가 사라지고 연기와 나무와 물로 익힌 체다치즈 냄새가 그 자리를 대신했다. 허리케인 램프의 밝기는 딱 적당했고, 간간이 흔들리는 양초 불빛은 난로에서 불이 타오르고 있다는 착각마저 일으켰다. 밖에서는 아직도 비가 강철 지붕을 때렸다. 비의 리듬에 맞춰 흔들리는 삼나무 가지들의 실루엣도 보였다. 이 정도면 익었을 것 같아 포장을 열고 뜨거운 김이 나는 용기 안에 숟가락을 넣었다. 식으라고 내용물을 후후 불었다. 턱도 없었다. 녹아내린 맥앤드치즈가 내 입을 지져서 땜질이라도 하려는 모양이었다. 옆에 용기를 내던지듯 놓고 몸을 뒤로 기댔다. 식을 때까지 기다려야지. 몇 시간은 걸릴지도 모르겠다.

쥐와 누수와 산사태 스트레스, 그리고 무엇 하나 해결하지 못하는 내 무능함에서 비롯된 스트레스가 너무 컸다. 하지만 오두막에 와 있을 때면 그런 문제가 머릿속에서 날아가버리는 순간이 꼭 한 번씩은 찾아왔다. 산책하고 돌아와 땀을 말리고, 바닥을 깨끗하게 쓸고 닦고, 불을 피우고 더 지피고, 빗물을 받는 양동이를 비우고, 화장실의 거미줄을 걷고, 쥐들을 쫓아내 고요를 지키고, 지글지글 익힌 스테이크로 식사를 차리고, 잔에 위스키를 따르고, 음악을 틀고, 탁자에 차를 올려놓는 순간만큼은 행복의 온기가 뼛속에서부터 차올라 온몸으로 반짝이며 흘러넘쳤다.

물론 흠도 있었다. 우리는 못을 수천 개쯤 박고 나서야 벽면의 합판에서 부츠 자국을 발견했다. 문 아래의 틈은 쥐들에게 들어오라고 하는 초대장이나 다름없었다. 문을 그렇게 자른 사람은 인디였다. 처음 문을 시험했을 때 넋이 나갔던 인디의 표정은 무엇과도 바꿀 수 없는 소중한 추억이었다. 문은 레이가 수리를 해준 뒤에도 첫날의 우스꽝스러운 상처를 지니고 있었다. 또 굴뚝에서는 빗물이 새긴 했지만 레이의 도움이 없었더라면 집 안에 홍수가 났을지도 모를 일이다. 오두막 자체가 일종의 추억 앨범이 돼 있었다. 벌어진 틈과 거친 절단면, 휘어진 못과 헐거워진 나사는 좋은 친구들과 즐거운 시간을 보내며 만들어낸 결과물이었다. 그리고 점점 나아지는 티가 났다. 발전이 있었다. 벽 패널 사이의 틈도 우리가 벽을 한 바퀴 빙 돌며 작업하는 동안 조금씩 좁아졌다. 그렇지만 해야 할 일은 아직 산더미였다.

산사태로 몇 달이나 하염없이 기다려야 했지만 그 속에도 한 가닥 희망이 있었다. 무엇보다 계획에 투자하는 시간이 늘어났다. 비가 지붕의 다른 지점을 찾아 침투하지 않을까 불안해지면 위층 다락에 붙일 벽 패널을 고르며 마음을 진정시켰다. 나뭇가지가 지붕을 뚫고 들어오지 않을까 걱정될 때는 L자형 부엌의 설계도를 꼼꼼하게 그렸다. 미친 마약 중독자들이 반쯤 남은 위스키병을 노리고 현관문을 뜯어내는 악몽을 꿀 때면 일어나서

명상을 하며 커튼, 오븐 장갑, 접이식 침대, 야외 벤치, 커다란 화덕을 떠올렸다. 할 일이 많았지만 지금은 오두막이 그곳에 서 있는 것만으로도 충분했다.

셔츠로 숟가락을 슥 닦는 수준으로 저녁 설거지를 하고 허리케인 램프의 심지를 내렸다. 남은 양초는 그냥 내버려뒀다. 어차피 한 시간 안에 꺼질 테니까. 나는 매트리스에 편안히 앉아 시애틀 슈퍼소닉스의 녹색 담요를 덮고 빗소리를 들으며 짐을 가득 실은 트럭, 화창한 날씨, 새로운 연장 들을 생각했다. 쌓여 있는 목재 더미와 뿌연 톱밥 먼지를, 따뜻한 불길 옆에서 보내는 밤을, 얼음과 맥주로 넘쳐나는 아이스박스를 상상했다. 이러다 보면 금방 잠이 들었다. 아침에 일어나 얼마 안 되는 짐을 싸고 바닥을 쓸었다. 그때 무언가가 떠올랐다. 아, 말린 세이지(박하과 허브의 한 종류. 북미 지역에서 말린 잎을 태워 그 연기로 공간을 정화하는 의식에 사용된다 — 옮긴이) 한 다발도 가져왔었지.

나는 그리 영적으로 깨어 있는 사람이 아니다. 어린 시절에 일요일은 내가 다니던 사립학교 건너편에 있는 성당에서 가톨릭 미사를 드리는 날을 의미했다. 신부님을 돕는 복사服事로도 활동했는데 미사 시간에 앉아 있기가 따분했기 때문이었다. 물론 부모님의 강요도 있었다. 우리 아빠도 어릴 때 복사였다. 아빠는 그것이 대대손손 물려주는 가업처럼 대단한 전통이라고 생각한 모양이지만 나는 그런 식이라면 아빠가 프로 야구선수였기를 바랐다. 어쨌든 복사 생활의 꽃은 향을 피우는 날이었다. 나는 미사 도중에 성물실(백스테이지를 뜻하는 성당의 은어다)로 들어가 숯에 불을 붙이고 향로에 향을 넣곤 했다. 새장처럼 생긴 향로에 약 1미터 길이의 금사슬이 달려 있어 신부님이 이리저리 흔들 수 있었다. 무릎을 꿇은 채로 눈을 감고 부모님과 노래하는 활동과 비교했을 때, 신부님이 금사슬에 매달린 연기 나는 구체를 휘두르며 행진하는 모습을 지켜보는 일은 미사의 하이라이트나 다름없었다. 나는 복사단장의 지시를 자주 어기고 숯과 유향을 정해진 양의 두 배나 세 배씩 넣었다. 그렇게 하면 싸구려 라스베이거스 마술사처럼 펑펑 피어오르는 연기에 에워싸여 성물실에서 나올 수 있었다. 그러니까 내가 어릴 때부터 연기를 피우는 의식에 묘하게 끌렸다는 이야기다. 오두막에도 약간의 행운을 더해서 나쁠 것 없다는 생각이 들었다. 그리고 칠리 요리와 립아이 스테이크를 배불리 먹는 사람들은 방귀를 많이 뀌지 않던가. 정화 의식을 오두막의 전통으로 만드는 것도 괜찮겠다고 생각했다.

나는 세이지에 불을 붙여 오두막 안을 천천히 훑었다. 다락에도 잠깐 올라갔지만 이 공간은 연기로 해결될 것 같지 않았다. 정화를 끝낸 뒤에는 세이지 다발을 난로에 넣었다. 그 안에서 알아서 불씨가 꺼질 테니까. 마지막으로 한 번 더 내부를 둘러보고 밖으로 나와 문을 닫았다. 바깥 날씨는 따뜻했고 말린 세이지 냄새 대신 젖은 흙, 이끼, 비, 썩은 낙엽 냄새가 났다.

주차장으로 돌아가는 길도 순조로웠다. 산사태 지점을 넘어서니 지나가는 차가 보였고 차에 탄 사람들이 내게 웃으며 손을 흔들었다. 기분 좋은 인사에 왠지 마음이 든든해졌다. 한 사람이 나를 태워주겠다고 차를 세웠지만 정중히 거절하고 산책을 즐겼다. 산사태 현장은 여전히 끔찍해 보였다. 흙이 계속 쏟아지는 바람에 몇 주 전에는 ATV 도로 근처의 주차장을 옮겨야 하는 사태까지 벌어졌다. 주차장은 언덕 아래에 선셋폭포가 떨어지는 못 주변 도로 쪽으로 더 멀리 이동했다. 우리는 단순히 고립된 것이 아니었다. 점점 밀려나고 있었다.

나는 산사태 지점 아래로 내려와 자동차에 짐을 던져 넣고 리버사이츠의 자갈길을 지나 고속도로를 타고 서쪽으로 달렸다. 시애틀 집에 있을 때 비가 오면 나도 모르게 오두막을 떠올렸다. 몽상 속의 나는 춥고 캄캄한 숲에서 오두막에 들이치는 물을 막으려 애쓰고 있었다. 한 방울, 한 방울 빗물로 채워지는 양동이가 보였다. 그런 생각 때문에 주기적으로 오두막을 찾아갔지만 그곳을 찾는 진정한 이유는 고요한 저녁에 있었다. 비가 오면 올수록 빨리 오두막으로 돌아가고 싶었다. 양동이를 비워야 했기 때문이다. 절대 썩어 무너지게 놔두지 않겠다고 오두막과 한 약속을 지켜야 했기 때문이다.

15 불가능한 부엌을 상상하다

5월 초, 인디와 나는 새집으로 이사했다. 그 집에는 쥐가 득시글거렸다. 밤이 되면 우리는 길 쪽으로 기울어진 현관 앞에 앉아 레드와인을 병째로 나눠 마시며 지하실의 쥐들이 나타나기를 기다렸다. 녀석들은 나무 열매든, 쓰레기든 먹이를 찾아 마른 낙엽을 사사삭 헤치며 움직였다. 우리는 대기하고 있다가 쥐들이 나오면 삽을 들고 쫓아가거나 깡통을 던졌다. 어떤 방법으로든 이곳이 우리 영역이라는 메시지를 전달해야 했다.

몇 달을 노력했지만 우리의 쥐 퇴치 운동은 어느 측면으로 보나 실패로 돌아갔다. 녀석들에게 이런 확신만 심어줬을 뿐이었다. '바깥은 조금 위험한 것 같아. 집 안에 있는 편이 낫겠다.'

쥐들은 더 대담하게 집 안을 누볐다. 지하실 문을 열었다가 쥐 한 마리가 팬트리에 있는 라면 한 봉지를 노리는 모습을 포착한 적도 한두 번이 아니었다. 계단 디딤판의 크기 때문인지, 각도 때문인지 모르겠지만 녀석들은 우리를 피해 계단으로 달아나다 몇 칸을 건너뛰며 공중으로 튀어 오르곤 했다. 몸이 완전히 뒤집힌 채 공중제비를 한 바퀴 돌고 바닥에 쿵 떨어져 먼 구석으로 도망가는 것이 이 쇼의 마무리였다. 우리는 대체로 라면 근처에서 녀석들을 발견했다. 지하실은 더 끔찍했다. 빨래를 하는 중에도 천장 단열재를 덮은 비닐 시트가 허둥지둥 도망치는 생물의 무게를 이기지 못하고 푹 꺼지는 모습을 심심찮게 볼 수 있었다.

마당에 도구를 설치하고 깡통을 던지는 방법이 끝은 아니었다. 덫, 끈끈이처럼 가게에서 쥐를 없애준다고 추천한 물건은 싹 다 구매해서 사용했다. 쥐를 박멸하겠다는 결심은 지하실을 쓰고 싶다는 욕구와 비례하면서도 반비례해서, 결국에는 현관에서 쥐를 때려잡는 시간보다 지하실에서 쥐들과 어울리는 시간이 점점 늘어났다. 어쨌거나 지하실은 이 집을 선택한 가장 큰 이유였으니까. 오두막처럼 지하실에 조금 더 어울리는 활동들이 있었다. 올맨 브라더스 밴드Allmen Brothers Band의 레코드판을 틀어놓고 싸구려 맥주를 마시며 공구를 정리하고 먼지 쌓인 의자에 기대앉아 포커 치는 흉내를 내는 것처럼. 물론 무언가를 만드는 일도 마찬가지였다.

산사태로 오두막 수리가 불가능해진 몇 달 동안, 나는 망치와 드릴을 쓰고 싶어 좀이 쑤시는 문제를 다른 방법으로 해결했다. 일하다 점심시간이 되면 가까운 서점으로 걸어가 건축 사진집부터 전기와 배관 관련 규정집까지 제목에 건축 비슷한 단어가 들어갔다 하면 닥치는 대로 읽었다. 주말에는 커피 한 잔을 들고 재활용 건축 자재점이나 DIY 매장의 진열대 사이를 거닐며 다음 프로젝트의 영감을 얻었다. 때로는 그 분위기를 느끼는 것만으로도 충분했다. 집에서 유튜브와 인스타그램의 세계에 빠져 허우적댈 때도 다양한 형태와 규모의 목공 프로젝트를 진행하는 사람들의 사진과 영상을 주로 시청했다. 오두막을 짓고 싶다고 생각하니 옷 스타일도 달라졌다. 내 옷장은 어느새 두꺼운 오일 캔버스 천으로 된 바지와 재킷, 무릎을 두 겹으로 덧댄 바지, 챙이 넓은 울 모자처럼 혹독한 환경에서 거친 일을 할 때 적합한 옷들로 가득 찼다. 친구들이 자기 아파트에 문제(막힌 싱크대, 삐걱거리는 문, 깜박거리는 조명)가 있다고 불평할 때면 직접 가서 눈으로 확인하고 어떻게 해결할지 연구해 보고 싶었다. 몇 가지는 내 손으로 고쳐낸 적도 있었다. 그 만족감은 며칠이나 갔다. 도움이 될 수 있다는 사실이 기뻤다.

그렇게 생각하지 않는 사람도 있겠지만 솔직히 자신이 하는 일과 자신의 정체성을 분리하기는 쉽지 않다. 나는 내 정체성을 바꿀 기회를 기꺼이 받아들였다. 책상에 앉아 이메일 템플릿이나 만들고 있는 내 모습을 상상할 때면 위화감이 들었다. 하지만 숲에서 무선 드릴을 들고 있는 내 모습은 너무도 자연스러웠다. 그래, 어느 정도는 낭만도 작용했을 거다. 숲속의 오두막으로 달려가 투명하고 깨끗한 시냇물을 마시고 통나무를 쓱싹쓱싹 자르는 일에 환상이 없는 사람이 어디 있을까? 하지만 그게 전부는 아니었다. 단순히 재미 삼아 홈디포에서 배관 부품을 구경하는 일은 낭만적이지 않다. 『월든』을 쓴 헨리 데이비드 소로Henry David Thoreau는 샤워실에 타일을 붙이는 사람의 한 시간짜리 유튜브 영상을 보지 않았겠지만, 나는 그런 일들을 하고 있었다. 오두막을 손보며 하나둘 생겨난 호기심을 탐구하는 것만으로도 너무 즐거웠다. 오두막에 전기를 공급할 방법을 조사했을 때는 콘센트나 전등 스위치를 달 수 없다는 사실을 바로 알았다. 하지만 그런 결정을 내린 뒤에도 나는 배선함, 분전반, 접지봉, 태양전지 배열에 관한 글을 계속 읽어나갔다.

오두막을 만나기 전의 나는 어떤 열정, 계시를 기다리고 있었다. 뭐하고 사느냐고 묻는 사람들에게 보여줄 증거가 간절했다. 왜 이런 압박감에 시달렸을까 생각해 봤다. 아마도 출근해서 일하고 퇴근해서 잠자는 것 말고는 하는 일이 없는 현실 때문이 아니었을까. 물론 친구들과 저녁 식사를 하고 여기저기 주말여행을 다니기도 했다. 하지만 내 삶은 대체로 재미없고 단조로운 일상을 중심으로 돌아갔다. 내가 하는 일이 나라는 사람을 정의하지 않는다는 말에도 일리가 있다. 하지만 일에 갇혀 살다 보면 그런 의심이 들 수밖에 없다. 게다가 그 말은 핵심을 잘못 짚었다.

내가 카피라이터로 규정되는 것은 두렵지 않았다. 그게 어떤 의미이든 간에. 다만 즐기지도, 보람을 느끼지도 못하는 일을 하는 곳에서 하루의 절반을 살아가는 사람으로 규정되고 싶지 않았다. 그 상태에서 벗어날 용기도, 패기도, 머리도 없는 사람으로 나를 정의하고 싶지는 않았다. 내가 작가인지 아닌지는 중요하지 않았다. 걱정은 하나였다. 삶을 이대로 그냥 의미 없이 흘려보내는 사람이 되면 어쩌지? 진흙에 빠진 것처럼 옴짝달싹 못 하고, 거기서 벗어나려는 본능조차 잃을까 봐 두려웠다. 하지만 오두막에서는 그런 감정에 맞설 수 있었다. 따분한 삶, 포기하는 삶, 발전 없이 제자리만 맴도는 삶에 저항하고 있는 것처럼 느껴졌기 때문이다. 오두막을 떠올리고, 오두막에서 할 수 있는 무수히 많은 일들을 상상하는 시간만으로도 쳇바퀴 같은 일상에서 벗어날 수 있어 소중했다. 그리고 초여름, 좋은 소식이 날아왔다. 이제는 오두막 수리 계획을 상상만 하지 않아도 됐다.

몇 개월 동안 옥신각신 싸우고, 먼 길을 돌아가고, 녹아내리는 언덕을 지켜본 끝에 산사태 문제의 해결책이 마련됐다. 산사태 지점 동쪽으로 강 위에서 고속도로와 마을을 연결해 주던 다리를 재건하기로 한 것이다. 반대 의견도 적지 않았지만 주민 대부분은 드디어 진전이 보였다고 만족했다. 늦여름쯤 새 도로가 개통될 예정이라고 했다. 그 말은 아직 준비하고 재료를 모을 시간이 몇 달은 남아 있다는 뜻이었다. 나는 오두막에 들일 물건을 구하고 새로 추가할 부엌의 설계도를 구상하며 시간을 보냈다.

그때까지 오두막의 '부엌'은 플라스틱 탁자, 스테이크 기름과 쥐똥으로 뒤덮인 낡고 녹슨 콜맨 버너, 냄비와 프라이팬 몇 개, 꼭 필요한 식기류, 커피포트만 있는 공간이었다. 현실적으로 배관을 설치하거나 수도를 연결할 수 없었기에 부엌 설계에는 창의성을 발휘할 필요가 있었다.

오두막에는 물 공급원이 없었다. 재미 삼아 우물 시공 업체 몇 군데에 전화를 돌려 우물 설치 비용을 물어본 적은 있었다. 그들의 대답은 내 기대를 저버리지 않았다. 나는 다음 아이디어로 눈을 돌렸다. 그래, 오두막에 비가 많이 내리니 빗물 저장 시스템을 활용할 수 있겠지. 하지만 몇 시간 동안 조사해 보니 빗물을 식수로 사용하려면 여과·정수 기술이 필요했다. 그리고 내가 애용하는 전원인 AAA 건전지의 용량으로는 그 전력을 감당하지 못했다. 계속 기대치를 낮춰가다 한 가지 해결책을 발견했다. 집에서 1갤런짜리 물통에 물을 리필해 오는 현재의 방법에서 조금 나아간 새로운 해결책은…… 물통 크기를 키우는 것이었다. 시애틀의 한 카페에서 밸브가 달린 단순한 세라믹 디스펜서 장치에 5갤런짜리 물통을 얹어서 사용하는 모습을 봤다. 간단하지만 천재적이다 싶은 해결책이었다. 주말에 쓸 물을 매번 가져와야 한다는 문제는 남았지만 물통 하나면 괜찮을 것 같았다. 싱크대에 설치하는 일도 어렵지 않고 말이지. 좋았어, 물 문제는 해결됐다. 이제 배관 문제를 공략할 시간이었다. 물이 싱크대를 지나 어디로 가는지 알아내야 했다.

나는 배수관에 대해 아주 기본적인 지식만 알고 있었다. 오수를 지정된 처리 장소로 운반하는 통로 아닌가. 도시에서는 그걸 하수관이라 부르는 것도 알았다. 시골에서는 정화조가 같은 역할을 한다. 하지만 정화조가 정확히 무엇인지는 감조차 잡을 수 없었다. 찾아보니 이런 설명이 있더라. "하수 시설과 연결되지 않은 경우, 가정에서 발생하는 오수는 정화조로 들어가며 대부분의 고형물은 그곳에서 가라앉는다. 이후 액체는 침투조로 갔다가 파이프 아래의 구멍을 통해 땅으로 빠져 나간다." 그러니까 결국 바깥으로 흘러 나간다는 말이었다. 싱크대를 통해 흘러갈 유해 물질이라고 해봐야 민감성 잇몸 치약 정도일 테니 정화조를 설치할 필요는 없지 않을까? 오두막의 현실적인 조건에 맞춰 내가 직접 설계할 수도 있겠다고 생각했다.

파이프의 원리는 이해할 수 있었다. 구멍도 마찬가지였다. 그렇다면 바닥에 구멍을 뚫고 싱크대에서 숲까지 파이프를 연결하면 되는 일 아닌가? 환경을 파괴하지 않도록 생분해성 비누를 사용할 거고, 기껏해야 5갤런의 물을 며칠간 흘려보낼 예정이고, 그마저도 어쩌다 한 번씩이니 배수관 침식으로 두 번째 산사태가 일어날 위험은 없을 것 같았다. 하지만 문제가 있었다. 시간이 흐르며 자연히 음식물 찌꺼기도 배수관을 통해 세상 밖으로 흘러 나갈 게 뻔했다. 새로 이사한 집의 쥐 문제가 아직도 생생했다. 파이프 끝이 회전 초밥 가게의 컨베이어벨트라도 되는 양 그 앞에서 기다리고 있을 쥐들의 모습을 떠올리지 않을 수 없었다. 기다리다 지치면 파이프를 타고 집 안으로 들어올 텐데 어쩌지. 파이프를 땅속에 묻을까? 하지만 그러면 파이프가 막혀서 역류할 위험이 있었다. 아니면 쥐가 못 들어오도록 파이프 끝에 철망을 달아? 문제는 쥐만이 아니었다. 수도 펌프가 없는데 약한 수압으로도 음식물이 내려갈까? 못 내려가면 어떻게 되지? 그냥 고여서 썩고 파이프는 물론 오두막 전체가 악취에 찌들지 않을까?

이런 질문은 다른 사람에게 묻자니 민망하고, 인터넷 검색으로 알아보자니 너무 구체적이었다. 검색어를 만드는 것조차 쉽지 않았다. 검색창에 "외부 파이프 쥐 들어옴 물 없어 악취 문제"라고 입력하다가 지우고 다시 썼다. "쥐 방지 배수관 묻거나 철망 다는 법"의 검색 결과도 신통치 않았다. 나는 어떤 문제의 답이 보이지 않으면 늘 같은 식으로 대처했다. 침대에 누워 일이 잘못될 수 있는 온갖 방법을 상상하며 잠 못 들기. 오두막 안에서 편하게 물을 쓸 수 있다는 희망은 사라지고 위장 냄새 나는 오두막에 쥐가 들끓는 공포가 엄습했다.

파이프 수수께끼를 머리에서 잠시라도 지우기 위해 일단 부엌 구조에 집중하기로 했다. 첫 번째로 고려할 사항은 공간이었다. 11.2제곱미터 면적의 오두막에 원목 작업대나 거대한 아일랜드를 설치할 수는 없었지만 꼭 필요한 요소는 갖춰야 했다. 작은 가스레인지, 스테이크에 소금을 뿌리거나 양파를 다질 수 있을 만한 크기의 조리대, 싱크대와 급수기를 놓을 공간이 필요했다. 다행히 선택의 폭이 좁아 배치 문제로 고민할 일은 없었다. 모퉁이 네 곳 중 세 곳은 난로, 다락 사다리, 수납장이 버티고 있었다. 뒤쪽 벽에는 매트리스가 붙어 있었고, 앞쪽 벽은 현관문이 차지하고 있어서 문에서 난로로 이어지는 L자 형태의 공간밖에 없었다. 그 구석은 유일하게 창문이 있는 자리이기도 했다. 오두막을 여러 차례 왔다 갔다 하며 장소를 정하고 나자 부엌 설계도의 윤곽이 머릿속에 잡혀가기 시작했다.

조리대를 길게 놓고 데크를 내다보는 창문 바로 아래에 싱크대를 설치한다. 모퉁이에는 작은 받침대 위에 대형 물통을 놓고 싱크대로 물이 빠지게 할 계획이지만 아래의 남는 공간에 접시와 식기류를 수납할 수도 있겠지. 창문이 두 개 있는 긴 벽면에 있는 조리대에는 캠핑카용으로 나온 2구짜리 소형 프로판 가스레인지를 설치하기로 했다. 그 아래 선반은 프로판 가스통, 아이스박스, 쓰레기통은 물론 통조림과 동결 건조 해시브라운을 보관할 공간으로 충분할 것이다.

이런 설계도를 그려본 적은 없었다. 하지만 집이나 회사에서 혼자 시간을 보내며 무언가를 만드는 몽상에 빠져 있을 때 나는 부엌을 어떻게 설계할지 자주 생각했다. 싱크대를 어떻게 지지할지, 선반을 어떻게 달지, 어떤 색으로 할지, 스테인과 페인트 중 무엇을 바를지, 냄비와 프라이팬을 어디에 보관할지 고민했다. 그러는 동안 머릿속으로 하나씩 시험해 봤다. 싱크대 앞에서서 헐벗은 단풍나무 가지 사이로 얼어붙은 베어링산의 봉우리를 내다보며 머그잔을 씻는 내 모습을 상상했다. 스테이크를 지글지글 구우며 위츠엔드를 어슬렁거리는 머피나 퓨마를 찾아 도로를 살피는 상상도 했다. 물이 끓는 동안 난로 옆에 서서 커피를 내릴 준비를 하고 있는 내 모습도 그려봤다. 세세하게 상상하는 일은 이 과정의 핵심이었다. 신기하게도 작은 변화 하나하나가 오두막의 환경을 극적으로 바꿔놓았다.

오두막에 있으면 평소와 다르게 주변을 깔끔하게 정리해야 한다는 집착이 생겼다. 오두막에 온 초창기부터 그랬다. 나는 본능적으로 신발을 현관에 내팽개치지 않고 한쪽 구석에 가지런히 뒀다. 물병이 줄 맞춰 서 있는 모습을 보면 기분이 좋아졌다. 장작을 쌓는 방식과 그 모양새에도 나만의 취향이 있었다. 시애틀 집에서는 신경 쓰지도 않았던 것들이다. 아예 눈에 보이지도 않았다. 아무래도 협소한 공간 때문이었던 것 같다. 주변 환경에서 인식할 수 있는 물건의 개수가 유한하다면, 당연히 좁은 공간일수록 물건의 세세한 부분까지 집중하기 쉬워지니까. 비좁은 오두막에서는 디테일들이 더 또렷하게 보였다. 어떤 물건이 제자리에 걸려 있을 때, 램프의 밝기가 딱 알맞을 때, 난로의 불이 막 제대로 타오르기 시작할 때 나는 그 사실을 금방 알아차렸다. 물론 단순히 좁아서만은 아니었다. 오두막에서 하는 모든 활동이 몰입감을 불러일으켰다. 애초에 오두막을 찾은 것도 이 공간을 오롯이 몸으로 느끼기 위해서였다. 오두막에서는 휴대전화가 터지지 않았다. 처음에는 불편할 줄 알았다. 오두막을 고칠 때 검색할 정보도 있을 텐데 어쩌냐고 툴툴댔다. 하지만 실제로 경험해 보니 휴대전화를 차에 두거나 음악 재생용으로만 쓰는 쪽이 오히려 축복이었다. 고속도로를 벗어날 때 휴대전화를 비행기 모드로 전환하는 일은 우리의 전통으로 자리를 잡았다. 이제부터 세상을 잠시 뒤로하자는 의식이랄까.

장작을 구하고 요리와 청소를 하고 빈 깡통에 비비탄총을 쏘는 등 할 일은 끝도 없이 많았다. 하지만 우리가 가장 좋아한 활동은 단순했다. 오두막 안에 가만히 앉아 주변을 감상하는 것. 그러다 보니 몇 루멘의 빛이나 담요의 배치가 주는 변화에 극도로 예민해졌다. 집착이라고 할 수도 있지만 그런 행위 자체가 즐거웠다. 분재를 키우는 사람이나 완성품을 세상에 공개하기 전 수년간 그림의 디테일을 조금씩 수정해 가는 화가가 느끼는 희열과 비슷하지 않을까 싶다. 그래서 부엌 설계는 절대 서두르지 않았다. 물품들도 여유를 갖고 하나씩 사 모았다.

가스레인지의 경우는 회사에서 한가한 날에 인터넷 검색을 하다 빈티지 트레일러 용품 전문점을 발견했다. 그곳에 스테인리스로 된 2구짜리 소형 가스레인지가 있었다. 단화 〈우주가족 젯슨〉에 나올 법한 디자인인데 오두막의 다채로운 개성과 잘 어울릴 것 같았다. 조리대와 싱크대를 고를 때는 퇴근길마다 재활용 건축자재 상점에 습관처럼 들렀다. 눈에 확 들어오면서도 내 지갑을 털어가지 않을 물건을 찾고 싶었다. 이 가게는 낡은 주택과 건물 철거 현장에서 나온 자재와 아이템을 구조해 파는 곳이었다. 낡은 나무 창문부터 주철 욕조, 빅토리아 시대의 문손잡이까지 정말 없는 것이 없었다. 닳아버린 볼링장 레인 바닥이 DIY 커피 테이블을 만들기에 완벽한 크기로 잘려 있었다. 그중에서도 근사한 물건들은 집의 개성을 차차 쌓아가기보다는 단번에 돈으로 사는 편이 쉽다고 생각한 부자들에게 고가로 팔렸다. 하지만 인기가 덜한 물건들은 헐값에 살 수 있었다.

한번은 상태가 좋지 않아 비를 고스란히 맞고 있던 목재를 구경하러 간 적이 있었다. 그리고 운 좋게도 철도 침목 조각과 오래된 방부목 판자를 뒤지다 커다란 나무판 한 장을 발견했다. 길이 5미터에 폭은 50센티미터 정도로, 정육점 도마 재질의 셔플보드 탁자처럼 보였다. 나무의 색감은 황홀했다. 특히 젖어 있는 끝부분에서는 진한 마호가니색부터 밝은 황톳빛 금색까지

각양각색이 찬란한 빛을 뿜어냈다. 끝에서 끝까지 일정한 크기로 골프공만 한 구멍이 뚫려 있다는 게 유일한 오점이었지만 그 외에는 정말 아름다운 목재였다. 나는 그 나무판 앞에 서서 채소를 썰고 냄비를 젓는 손짓을 하며 식사를 준비하는 상상을 했다. 폭도 아주 적당했다. 다양한 색감을 가진 이 나무판은 이미 여러 가지 색조의 나무가 혼재된 오두막의 미감과도 완벽하게 어울려 보였다.

계산원이 이 나무판의 역사를 설명해 줬다. 보잉 사에서 길고 손상되기 쉬운 비행기 부품을 운송하던 나무 상자의 일부였다고 했다. 커다란 상자의 측면에는 마호가니 등 단단한 목재로 만든 5미터 길이의 판자가 두 개씩 들어갔다. 내가 본 구멍은 그 판자를 볼트로 고정했던 자리 같았다. 계산을 하고 밖으로 나오는데 이런 생각이 들었다. 이 물건이 스테이션왜건에 실려 배송된 적은 없나 보군. 나무판이 내 차보다 30센티미터는 더 길었다. 다행히 이 가게의 보관 정책은 빡빡하지 않았다.

일주일 뒤, 나는 뒷좌석에 무선 원형 톱을 싣고 재활용 상점으로 돌아갔다. 직원들의 도움을 받아 나무판을 밖으로 끌고 나왔다. 친절한 직원들은 거대한 자재를 해체하기 위해 설치된 톱질대 위에 판자를 올릴 때도 힘을 보태줬다.

사람들이 보는 앞에서 곧 조리대가 될 판자를 자르다니. 솔직히 말하면 자부심으로 가슴이 터질 것 같았다. 홈디포와 홈앤

허스home-and-hearth 매장, 목재 시장에서 쩔쩔맸던 시간을 생각하면 자부심을 가질 만하지 않을까? 내 체중과 맞먹고 내 키보다 세 배는 더 긴 나무판을 어렵지 않게 반으로 자를 수 있었다. 어깨가 으쓱해졌다. 아무도 몰랐겠지만 나는 그날 톱질대를 처음 써봤다. 그전까지는 나무를 자를 때 통나무나 데크 끝이라는 완벽한 받침대가 있는데 굳이 톱질대까지 살 필요는 없다고 생각했다. 하지만 톱질을 하다 보니 나무를 허리 높이에 두고 자르는 것이 훨씬 편하고 안전하다는 사실을 깨달았다. 허리를 굽히고 자를 때는 톱날이 무릎을 겨냥해 전속력으로 달려오는 위험을 감수해야 했다. 톱날이 판자의 마지막 섬유를 끊은 순간, 두 조각으로 갈라지면서 위로 튕겨 오르더니 서로 반대쪽으로 날아가 요란한 소리를 내며 바닥으로 떨어졌다. 나는 "끄아악!" 같은 비명과 함께 뒤로 펄쩍 물러섰고 누가 이 광경을 목격하지는 않았을지 주위를 두리번거렸다. 나를 보는 사람은 없었다.

나무판을 반으로 자르고서야 겨우 내 스테이션왜건에 집어넣을 수 있었다. 좌석을 전부 젖혀서 평평하게 만들었는데도 앞유리와의 간격이 1센티미터도 되지 않았다. 나는 나무판과 유리 사이에 운동복을 끼워 넣고 스스로에게 감탄했다. 몇 밀리미터 두께의 면으로 80킬로그램도 넘는 단단한 목재를 보호할 생각을 하다니. 이 얼마나 책임감 있고 선견지명 있는 조치인가.

톱질대를 반납하러 가는 길에 싱크대와 가전제품, 각종 손잡이와 선반, 배선이 쌓여 있는 주방용품 코너를 지나쳤다. 온통 검은색, 흰색, 스테인리스로 이루어진 바닷속에서 색다른 물건이 눈이 들어왔다. 자그마한 청록색 싱크대였다. 얼음 한 봉지를 겨우 담을 수 있을 크기인 그 싱크대를 집어 들었다가 의외의 무게에 깜짝 놀랐다. 상표에 적힌 소재를 보자 미스터리가 풀렸다. 주철이었다. 게다가 수십 년 전 제품이 분명한데 새것으로 보였다. 어느 가게의 안쪽 진열대에 오랫동안 방치돼 있다가 가게가 문을 닫으며 남은 물건을 전부 처분했던 것일까. 나는 25달러를 내고 뒷좌석에 싱크대를 쑤셔 넣었다. 짧은 길을 돌아가는 내내 내 팔은 미래의 조리대 위에 얹혀 있었다.

집에 도착해 나무판을 들고 낑낑대며 계단을 지나 지하실 문을 통과하고 부엌 자재들이 모여 있는 구석에 2×4 각재들과 함께 쌓아뒀다. 그 상태로 한 달 넘게 방치하는 사이 여름은 쏜살같이 지나갔다. 신경 쓸 일이 너무 많았다. 친구들과 호수에서 놀고, 콘서트를 보러 가고, 캠핑 여행을 떠나야 했으니까. 날씨가 좋아지니 오두막, 비, 도둑에 대한 걱정도 줄어들었다. 여름의 유쾌한 기운이 나를 낙관적으로 만든 덕분이었다. 8월 중순에 다리가 개통된다는 소식을 들었기 때문이었을 수도 있다. 운명의 날이 다가왔을 때, 인디와 나는 개통일에 맞춰 오두막으로 갈 계획을 세웠다. 금요일부터 다리를 사용할 수 있었다. 그날은 목요일 오후였다. 부엌을 완성할 시간이 딱 하루 남았다.

16 실패가 당연했던 우리에게

나는 인디가 돌아오기 전까지 설계도를 완성하고 모든 준비를 끝마쳤다. 지하실이 다 그렇듯 우리 집의 지하실도 위층 수납장에는 들어가지 않지만 아직 굿윌 스토어Goodwill Store에 기부하기로 결정하지도 못한 물건들의 임시 저장소로 변해 있었다. 한 시간 가까이 지하실을 치우고 아무렇게나 놓인 그림들, 겨울 점퍼로 가득한 마대 자루를 한 곳으로 몰았다. 낡은 데스크톱컴퓨터 앞에서는 잠시 추억에 잠기기도 했다. 고등학교 때 쓴 글들이 그 안에 저장돼 있던 탓이다. 약간의 공간을 확보한 뒤에 세탁기와 건조기 위에 깔개를 깔고 외과 의사가 금속 쟁반에 메스와 절단기를 늘어놓듯 정갈하게 공구들을 올렸다. 지하실 반대편에서 끌어온 연장선에 레코드플레이어를 연결하고 아마추어 목공 작업의 배경음악으로 어울릴 만한 레코드판들을 올렸다.

내가 설계도를 검토하기 시작했을 무렵, 인디가 도착해 차가운 맥주를 들고 지하실로 내려왔다. 우리는 천장의 검은 비닐 시트 주위를 빙글빙글 도는 쥐들의 방해를 받으며 내가 엉성하게 완성한 밑그림의 규모와 범위를 머릿속으로 상상해 봤다. 서로 번갈아 줄자를 들고 조리대의 적당한 높이와 너비도 가늠했다. 오두막의 치수를 미리 다 재어놓았기 때문에 설계도상에서 싱크대는 창문 하나의 정중앙에 딱 맞게 나왔다. 또 전체 구조물이 문 위로 튀어나오거나 난로와 부딪히거나 얼마 없는 바닥의 빈 공간을 침범하는 일도 없었다. 큰 틀을 유지하는 한 조금씩 조정하는 것도 가능했다. 보잉 사의 운송 상자 출신인 나무판의 너비는 다행히 완벽했다. 약 43센티미터였다. 쉽지 않겠지만 조리대 옆에 싱크대와 새 프로판 가스레인지를 끼워 넣을 공간이 남아 있었다. 이제 모든 것을 지탱할 구조물만 고안하면 부엌은 완성이었다. 그리고 그 구조물을 2×4 각재를 써서 만들어야 한다는 사실은 나도, 인디도 알고 있었다.

내 오두막은 2×4 각재에 바치는 찬가였다. 보통 단순한 구조용 자재로만 쓰이는 2×4 각재는 벽 패널, 마감재, 문, 창문, 단열재에 가려 보이지 않게 마련이다. 하지만 내 오두막에서는 진짜 나무라면 무엇이든 아름답다고 여겼다. 탁자, 의자, 계단,

부엌 수납장 등 어디에든 2×4 각재를 쓸 수 있었다. 제재소의 까만 잉크 도장이 지워질 때까지 미친 듯이 사포질을 하고 우드 스테인을 듬뿍 발라주기만 하면 됐다. 그러면 어둑한 오두막에서 눈을 가늘게 떴을 때 제법 그럴싸해 보이는 작품이 완성됐다. 잘못된 판단, 미숙한 경험, 부족한 인내심이 우리의 붓이었다면 2×4 각재는 우리의 물감이었다.

높이를 약간 조절해 최종 디자인을 결정하고 스케치를 새로 그렸다. 기존의 오두막 분위기와 아무것도 제대로 만들지 못하는 우리의 어설픈 기술력을 완벽하게 반영한 결과였다. 우리는 상자에 다리가 달린 형태를 고안했다. 거기에 보잉 사 출신의 나무판을 상판으로 사용하고 남아 있는 삼나무 목재로 하단 선반을 짜 넣을 계획이었다. 싱크대로 들어갈 물과 음식물 찌꺼기를 어떻게 처리할지는 아직 정하지 못했다. 일단 거름망이 달린 스테인리스 배수관은 사뒀다. 언젠가는 싱크대를 파이프에 연결할 날이 올 테니까.

레코드플레이어에서 크리던스 클리어워터 리바이벌Creedence Clearwater Revival, 레드 제플린Led Zeppelin, 롤링스톤스The Rolling Stones의 노래가 큰 소리로 흘러나오는 가운데 우리는 원형 톱으로 판자를 자르고 번갈아 가며 나사로 조립을 시작했다. 그러다 나사를 너무 깊이 박아 넣었는지 나사산이 마모됐다. 나사는 헛돌기만 할 뿐 드릴을 들고 용을 써도 빠지지 않았다. 인디가 이때다 하고 새로 산 드레멜을 상자에서 꺼내 왔다. 사실 인디에게는 아무 쓸모가 없는 물건이었다. 오두막이 내 이성을 망가뜨린 것처럼 인디의 머리도 어떻게 건드렸나 보다. 인디는 장난감을 원했고 현실 세계에서 필요도 없는 물건들을 몇 개나 사버리고 말았다. 그 안에는 새 망치(매장에서 가장 큰 망치였다), 방수 캔버스 천과 풀그레인 가죽 재질의 작업복 여러 벌, 아무짝에 쓸모 없는 전기톱도 포함돼 있었다. 온갖 부속을 빛의 속도처럼 빠르게 돌려주는 로터리 툴인 드레멜도 같은 이유로 구입했다. 같이 딸려 온 작은 디스크는 물건을 자르는 용도였고, 작고 폭신한 원통은 조그마한 것을 다듬기에 좋아 보였다. 사포가 달린 원통은 손이 닿지 않는 곳을 매끈하게 다듬는 용도로 완벽했다.

나는 45분 가까이 인디가 설명서를 읽는 모습을 지켜봤다. 인디는 몇 분마다 한 번씩 드레멜의 끝에 부속을 끼우고 조심스럽게 전원을 켰다. 하지만 그럴 때마다 비트가 휙 날아가 저기 먼 구석으로 모습을 감출 뿐이었다. 비트들이 빠르게 소모되고 있었다.

“야, 그냥 나사를 빼면 되잖아. 그 나무 판자는 버리고 다시 시작하든가. 아니면 그냥 쇠톱으로 잘라.” 내가 세 번째인가 네 번째로 제안했다.

“아니, 아니, 이거 봐봐. 기다려보라고. 이제 된 것 같아.” 그러면서 인디가 스위치를 켰다. 또 다른 디스크가 쌩하니 벽을 스치고 건조기 뒤로 날아갔다.

인디는 위층으로 올라가 유튜브 영상 몇 개를 보고 오더니 드레멜 부속을 장착하고 바위에 박힌 엑스칼리버를 향해 다가가는 아서왕King Arthur처럼 엄숙하게 나사 쪽으로 몸을 굽혔다. 최대 속도로 설정된 드레멜이 굉음을 내며 작동하기 시작했다. 덩치가 곰만 한 벌이 내는 소리 같았다. 인디가 나사 가장자리에 조심스럽게 디스크를 대자 방 안에 갑자기 황금색 불꽃의 폭포가 쏟아져 나왔다. 나는 그 광경을 홀린 듯 바라봤다. 정말 아름다웠다. 하지만 인디의 반응은 그리 유쾌하지 않았다.

"으아아아!"

알고 보니 그 불꽃은 녹아내린 금속의 파편이었다. 불꽃이 인디의 얼굴, 특히 눈 주변으로 튀었다. 나사는 그대로였다. 한쪽에 선명하게 긁힌 자국만 남아 있었다.

"굉장하다." 내가 중얼거렸다. 인디도 같은 생각이었을 것이다. "그런데 보안경을 쓰는 게 어때?"

"보안경이 있어?"

"없지." 보안경은 오두막의 전기톱 옆에 한 번도 사용하지 않은 채 얌전히 놓여 있었다.

몇 분 뒤, 인디가 선글라스를 끼고 다시 무릎을 꿇었다. 선글라스는 눈을 보호해 주겠지만 안 그래도 어두운 지하실에서 시야를 더 어둡게 만들어 이 상황을 두 배는 더 위험하게 만드는 효과도 있었다. 하지만 인디는 개의치 않고 스위치를 켰다. 윙윙거리는 소리가 다시 들리고 불꽃 쇼가 재개됐다. 독립기념일 불꽃놀이를 보는 것만 같았다. 쥐들이 피크닉 매트 대신 칵테일 냅킨을 깔고 쇼를 구경하는 모습이 머릿속에 그려졌다.

그 뒤로 한 시간은 본 프로젝트와 관련이 없지만 우리에게 꼭 필요한 일을 하며 보냈다. 우리는 지하실을 헤집고 다니며 드레멜로 사정없이 갈아낼 만한 물건들을 찾았다. 한 사람이 작업하는 동안 다른 사람은 사진을 찍었고, 어느새 누가 불꽃을 더 크게 일으키느냐 하는 경쟁으로 번졌다. 바닥 장선과 벽에 박혀 있던 구부러진 못들을 다 갈아낸 뒤에는 2×4 각재에 나사를 박고 그 나사를 또 미친 듯이 갈았다. 드레멜의 배터리가 방전된 뒤에야 황홀한 쇼에서 벗어날 수 있었다. 우리는 레코드판을 뒤집고 하던 일로 돌아갔다.

일이 점점 풀리고 있었다. 사실 우리 예상보다 훨씬 순조롭게 진행됐다. 싱크대와 가스레인지를 끼워 넣으려고 조리대를 조심스럽게 자르는 일도 별 탈 없이 끝났다. 진짜로 뭔가를 배우고 있다는 느낌이 들었다. 유튜브 영상을 보고 홈디포를 배회하고 밤마다 〈이 오래된 집 This Old House〉(노후 주택을 리모델링하는 리얼리티쇼—옮긴이)을 시청하며 보낸 시간들이 마침내 결실을 맺은 것 아닐까?

내가 표시를 하고 판자를 자르면 인디가 나사를 박아 전부 조립했다. 긴 판자를 흔들리지 않게 고정해야 할 때, 제대로 조립하기 위해 접합 부위를 힘껏 붙잡아야 할 때는 서로를 도와주기도 했다. 대화는 별로 오가지 않았다. 클래식 록 음악의 비트, 위이잉 돌아가는 원형 톱 소리, 쿵쿵거리는 충전식 임팩트 드라이버 소리만 뒤섞여 들렸다. 모든 표면에 톱밥이 내려앉았고 공기 중에 떠다니는 톱밥의 양은 더 많았다. 참으로 아름다운 광경이었다. 인디의 여자 친구인 칼리Kali가 세탁이 끝난 빨래를 건조기에 넣으려 내려왔다가 새 부엌이 진짜 커 보인다고 말했다.

"고마워!" 내가 외쳤다. 인디가 또 나사를 박고 있어 목소리를 더 높여야 했다.

"아니." 칼리가 말했다. "어떻게 여기서 빼낼 거냐고."

그때는 하늘을 나는 듯한 기분이어서 부엌에 관한 말이라면 뭐든 칭찬으로 받아들이고 싶었다. 하지만 꼭 그렇게 산통을 깨는 사람들이 있다. 사실 완성된 부엌이 지하실 문을 통과할 수 있을지 진지하게 고민한 적은 없었다. 오두막 문도 마찬가지고. 하지만 부엌은 거의 다 완성된 상태였다. 이대로 포기하면 아깝지 않을까? 그리고 모두가 즐거운 시간을 보내고 있지 않은가. 설마 우주가 이렇게 건전한 프로젝트에 찬물을 끼얹는 잔인한 짓을 할까? 나는 칼리에게 괜찮을 거라 말했고, 칼리는 내가 "야, 이것 좀 봐!"라고 말한 뒤에 내 손을 자동차 문으로 찧으려 할 때 지을 법한 표정을 지었다. 칼리가 위층으로 올라간 뒤, 인디와 나는 다시 작업을 이어갔다. 부엌과 지하실 문 크기에 대한 불안감은 애써 눌러 담은 채. 지금 와서 돌이키기에는 너무 늦었다.

마지막 나사를 박고 싱크대와 가스레인지를 제자리에 끼운 뒤 우리가 만들어낸 작품을 감상했다. 쓸데없이 크긴 했다. 조리대를 지지하는 2×4 각재의 수가 오두막 벽 전체에 들어간 것보다 더 많았다. 그 위에 오토바이 몇 대를 쌓아도 끄떡없을 정도였다. 혹시 오두막이 무너진다 해도 부엌이 한동안은 구조물을 지탱해 주겠다는 생각이 들었다. 지진이 일어나면 조리대 아래의 선반이 대피소 역할을 할 수도 있었다.

그날 밤, 우리는 쌓여 있는 레코드판을 틀고 눈에 보이는 곳마다 교대로 샌딩 작업을 했다. 그런 다음에는 식용 미네랄 오일을 발라 마호가니의 색감을 더 선명하게 살렸다. 하단의 2×4 각재와 삼나무는 조리대의 진한 색조와 어울리는 짙은 색 우드스테인으로 마감했다. 새벽 2시쯤 모든 작업이 끝났다.

몇 시간을 겨우 쉬고 침대에서 힘겹게 몸을 이끌고 나와 출근했다. 다행히 금요일이었다. 정오 무렵에 인디가 문자로 부엌 사진을 보내왔다. 온종일 미네랄 오일을 겹겹이 발랐다고 했다. 인디는 작품을 마무리하고 있다는 만족감에 취해서 한 발짝도 움직이지 못하고 있었다. 내가 퇴근한 뒤에는 같이 지하실로 내려가 완성된 부엌을 보며 이런 말들을 중얼거렸다. "그러네, 이게 딱 좋은 크기 같다." "풋, 당연히 문으로 나갈 수 있지."

원래는 퇴근해서 집에 오자마자 오두막으로 출발할 계획이었지만, 장을 보고 짐을 싸는 데 몇 시간이 걸렸다. 전날 밤에 시간이 없어 미뤄둔 탓이었다. 부엌을 운반하기 위해 이번에도 엄마의 빨간색 포드 레인저를 빌렸다. 우리는 차에 짐을 싣고 지하실로 불안한 걸음을 옮겼다.

우리 사이에 감도는 긴장감을 느낄 수 있었다. 이곳은 오래된 집이었다. 모든 공간이 좁았다. 지하실 문은 더더욱. 문이 살짝 비뚤게 달려 끝까지 열리지 않는다는 문제도 있었다. 부엌이 아마 지하실 문을 통과하지 못하리라는 사실을 우리 둘 다 잘 알았다. 하지만 지금 그 얘기를 입 밖으로 꺼내거나 탈출 전략을 짠다고 문의 치수를 재면 왠지 부정을 탈 것만 같았다. 징크스를 만들고 싶지는 않았다. 긍정적인 기운에 의지하고픈 마음도 있었다. 선한 카르마가 힘을 발휘하여 우리가 문을 지나는 순간 부엌을 축소시켜 주지 않을까? 부엌의 무게가 110킬로그램이 넘는다는 사실도 문제였다. 인디가 미네랄 오일을 미친 듯이 발라 놓아 손에 잘 잡히지 않는다는 점도. 어쨌든 그냥 시도해 보기로 했다.

우리는 양쪽 끝에 서서 고개를 끄덕이고 부엌 세트를 들기 시작했다. 손가락을 끼울 공간을 어렵사리 찾고 골반을 이용해 문 쪽으로 밀었다. 문이 가까워질수록 우리의 입에서 다양한 아이디어도 터져 나왔다.

"이쪽으로 돌려야 할 것 같아." 조리대 끝이 문에 걸리길래 내가 말했다.

"안 될 것 같은데." 인디가 조리대를 다른 쪽 문설주에 대고 돌렸다 빼며 말했다.

"이쪽은 어때?" 한번 밀어봤지만 소용없었다.

"흠. 안 될 거야."

"잠깐, 기다려봐."

우리는 이미 땀 범벅이었다. 미네랄 오일 얼룩이 잔뜩 묻은 셔츠가 땀으로 절여졌다. 그래도 부엌을 손에서 내려놓지는 않았다. 내려놓으면 문제를 인정한다는 뜻이었으니까. 문제는 거부한다. 우리에게 필요한 것은 기적이었다. 춤을 추듯 부엌을 천천히 빙글빙글 돌렸다. 위아래를 뒤집고 왼쪽, 오른쪽으로 비틀었다. 시계 반대 방향도 시도했다. 정말 온갖 방향으로 돌려봤다. 수년간 이사를 다닌 경험 덕분에 우리는 물건을 들고 문을 통과하는 일에 도사가 돼 있었다. 맥퍼슨 스위치, 투산 슬라이드 등 우리가 아는 모든 기술을 동원했다. 나사NASA가 아폴로 달 착륙선에 장비를 싣기 위해 고안했다는 복잡한 코르크 스크루 기법인 마리코파 셔플까지. 그러는 동안 우리는 점점 더 지쳐갔다. 결국 부엌을 떨어뜨리며 둘이 동시에 "잠깐 내려놓자!"라고 외쳤다. 일부러 잠시 내려놓은 것처럼.

"부엌과 집 중 하나를 선택하라면 이걸 해체하느니 집에 불을 지를래." 나는 숨을 고르며 인디에게 갈라진 목소리로 말했다. 손으로 무릎을 짚은 인디도 동의한다는 듯 고개를 끄덕였다. 과호흡이 와서 말을 못하는 것 같았다.

우리는 짧은 휴식 뒤에 어떤 대안이 있을지 따져봤다. 계단을 통해 부엌을 집 안으로 들여올까? 하지만 계단의 폭이 지하실 문보다 좁았다. 그리고 계단 꼭대기에서 부엌을 놓쳐버릴 위험도 있었다. 우리가 아무리 한 쌍의 바보라지만 그 정도로 멍청하지는 않았다. 지하실 문에 가망이 아주 없는 것도 아니었다. 3~5센티미터의 여유가 필요할 뿐이었다. 그래서 우리는 문을 해체하기 시작했다. 첫 번째 희생양은 문짝이었다. 경첩의 핀을 뽑고 문짝을 끌어내 마당으로 내보냈다. 그래도 소용없었다. 문짝을 떼어낸 뒤에는 문틀의 마감재들을 조심스럽게 제거했다. 역시나 실패로 돌아갔다. 다음으로는 고도의 집중력을 발휘하고 분노를 에너지 삼아 장도리 끝으로 문틀 자체를 아무렇게나 떼어냈다. 분명 임차 계약 조건에 위배되는 행동이었지만 그렇게 한 보람이 있었다. 내가 안에서 밀고 인디가 밖에서 당기자 느슨해진 나뭇조각들이 문틀에서 떨어져 나갔고 마침내 부엌은 마당으로 나올 수 있었다. 이른 저녁의 금빛 햇살에 마호가니 상판이 어느 때보다도 더 환히 반짝였다.

설마 집이 부엌을 다시 빨아들이지는 않겠지? 불안해진 우리는 부엌을 얼른 트럭으로 옮겨서 낡은 침낭과 담요로 싸매고 화물 고정용 끈인 래칫 스트랩을 잔뜩 둘러 고정시켰다. 문은 주말이 지나고 오두막에서 돌아온 뒤 제대로 손보기로 다짐하고 일단 그럴듯하게 조립해 놓았다. 곧이어 가방 몇 개와 꼭 필요한 공구를 챙기고 오두막과 새 다리를 향해 출발했다.

산사태가 일어나며 오두막을 포함해 리버사이즈의 절반에 접근할 수 없게 된 뒤로 거의 8개월이 지났다. 마지막 순간까지 정말 드라마 같은 상황의 연속이었다. 다리가 개통되기 며칠 전, 한 정신 나간 주민이 산사태 시기 동안 쌓인 불만을 표출한답시고 다리를 폭파하겠다며 협박했다. 협박 사건은 이 동네의 성격에 걸맞게 몇몇 사람이 범인을 찾아가 이야기를 들어주는 방식으로 잘 해결됐다. 경찰이나 폭발물 처리반이 개입할 필요도 없었다. 사람들을 그를 가족 내 문제아처럼 대했다. 정신이 조금 온전치 않을 뿐 여전히 우리 식구라고.

개통일의 모습은 은퇴자들의 수십 년 된 디지털카메라에 고스란히 담겼다. 주민들은 개통식 행사를 소규모 퍼레이드처럼 꾸몄다. 작은 성조기를 든 행렬이 다리를 건넜다. 다른 사람들은 트럭 짐칸에 올라 반 년 넘게 차가 한 대도 지나가지 못했던 길목을 지났다. 눈물을 흘리는 사람도 많았다. 페이스북으로 사진을 보는 나조차 울컥해 목이 멨다.

그곳에 내내 머물던 사람들의 고생을 잊기는 쉬웠다. 리버사이즈는 산사태로 집까지 등반을 해야 하기 전부터 살기 편한 곳은 아니었다. 겨울이면 며칠 만에 온 동네가 눈에 파묻혔다. 홍수도 잦았고, 툭하면 전기가 끊겼다. 쓰레기를 곰으로부터 지켜야 했다. 산속의 퓨마와 가끔씩 출현하는 마약 중독자로부터 내 몸도 지켜야 했다. 식료품점 하나 없었다. 병원과 관공서, 가족, 친구 전부 멀리 떨어져 있었다. 휴대전화도 터지지 않았다. 감당해야 할 문제가 많았다. 하지만 분명 그럴 가치가 있었다. 모든 게 잘 돌아갈 때 이곳의 아름다움과 평온함은 어떤 고통도 잊게 해주는 만병통치약이었기 때문이다. 사진 속의 사람들은 싸워서라도 지켜내고 싶은 삶의 방식을 되찾으려 하고 있었다. 그 싸움이, 그 싸움에 참여하는 사람들의 자긍심이 조금은 부러웠다.

내게는 오두막과 단절된 지난 몇 달이 그저 골치 아픈 시간일 뿐이었다. 나는 매일같이 산사태와 씨름해야 했던 사람들의 안도감과 기쁨을 함께할 자격이 없었다. 오두막이 아무리 소중해도 명목상으로는 휴가용 별장에 지나지 않았으니까. 그래도 마을이 정상화되고 있다는 소식은 더없이 반가웠다.

새 다리를 처음 찾아간 날, 차를 천천히 몰며 차창 밖의 풍경을 감상하고 다리의 견고함을 만끽했다. 내 차에는 장작 여덟 묶음, 다량의 키친타월, 스테이크와 맥주와 얼음 두 봉지가 든 아이스박스, 공구 상자, 발전기, 휘발유 5갤런, 여분의 침낭, 담요, 베개, 음악을 틀 대형 스피커, 음악이 끊기면 쓸 배터리 여분, 거기에 부엌 세트까지 실려 있었다. 말 그대로 온갖 잡동사니를 실었다. 순전히 진입로부터 오두막 현관문까지 2.5미터 이상의 거리를 오가며 짐을 나르지 않아도 된다는 만족감 때문에 가져온 것들이었다.

오두막에 도착해서 우리는 담요로 감쌌던 부엌 세트를 꺼내 의식을 치르듯 안으로 들고 들어갔다. 시애틀 집의 문틀과 비교하면 거인 같은 오두막의 문틀은 가볍게 통과했다. 계획했던 자리에 부엌 세트를 두니 처음부터 그곳에 있었던 것처럼 자연스러웠다. 싱크대와 창문 높이도 완벽하게 맞았고, 조리대는 창틀 몰딩 아래에 딱 맞게 미끄러져 들어가 전체가 빌트인 부엌 느낌이 났다. 설계도를 구상할 때 창문 높이를 잴 생각조차 하지 못했다는 사실을 고려하면 기적 같은 일이었다. 가스레인지와 싱크대를 각자의 자리에 설치하고 프로판 가스통을 연결했다. 그러고는 딱히 대안이 없어 싱크대 아래에 양동이를 하나 가져다 뒀다. 결국 싱크대 거름망은 장식품 이상의 역할을 하지 못하게 됐다.

한 걸음 물러나 오두막을 둘러보니 물건 하나하나 공들여 선별하고 모아온 과정이 눈앞에 그려졌다. 모든 물건의 역사가 떠올랐다. 전부 내게 크나큰 의미가 있는 것들이었다. 나는 싱크대와 특별한 인연이 있지도 않았고, 보잉 사에서 썼다는 나무 상자를 전에 본 적도 없었다. 하지만 모두 불가능에서 시작했다는 점이 마음에 들었다. 사실 조리대는 정교한 포장재나 마찬가지였다. 스카치테이프와 풍선껌에서부터 시작해 점점 복잡해지는 스펙트럼의 끝에 위치한 존재. 비행기 부품을 보호했던 나무 상자는 일회용으로 잠깐 사용한 뒤 폐기돼야 하는 운명이었다. 그랬던 목재가 쓰레기 처리장이나 소각장 신세에서 탈출해 주인이 있는 산속 오두막의 조리대가 됐다. 그 자체로 기적이었다. 수십 년째 선택받지 못하고 방치돼 있던 싱크대도 마찬가지였다. 원래는 어느 벽 속에 묻혀버릴 예정이었던 2×4 각재들도 이제는 스테인 처리를 거쳐 당당히 진열돼 있었다.

이런 생각의 끝에는 나 자신이 있었다. 나 역시 이곳에 이를 확률이 얼마나 희박했을까. 내가 살아갈 수도 있었던 수많은 삶의 모습들을 생각했다. 어쩌면 이 오두막도, 이 안을 함께 채워 준 친구들도 만나지 못했을 수 있었다. 이렇듯 수많은 우연 속에서도 삶이 제법 괜찮은 방향으로 흘러간다고 생각하니 마음이 따뜻해졌다.

그날 이후로 오두막에서 보내는 시간은 더없이 호화스러웠다. 불은 쉽게 붙었고 오래 타올랐다. 우리는 목구멍에 맥주를 마음껏 들이부었다. 다음 날 차를 몰고 나가 맥주를 더 사 올 수 있게 되자 갈증을 참기 힘들었다. 안에서 요리하기에는 실내가 너무 더웠지만 우리는 새 가스레인지에 커피포트를 올리고 모닝커피를 준비했다. 그리고 한참이나 부엌을 바라보며 전부 크기가 딱 맞는다고 이야기했다. 싱크대에 물을 붓고 양동이에 깔끔하게 떨어지는 모습을 지켜봤다. 가스레인지도 주기적으로 켰다가 껐다. 다른 이유는 없었고 그저 잘 작동하는지 확인하고 싶어서였다. 성공은 스펙트럼 안에 존재하지 않는 경우가 많았다. 오히려 성공 아니면 실패, 둘 중 하나였다. 실패가 당연했던 우리에게 한 번의 성공은 엄청난 승리와도 같은 감격을 안겨줬다.

17 남의 땅에 화장실을 짓다

"A 제곱 더하기 B 제곱은 C 제곱 맞지?"

"그래, 맞아. 맞긴 한데, 그렇게 그냥 해도 되는 거야? 각도를 알아야 하지 않아?" 맷이 말했다. 우리의 얼굴은 몇 센티미터도 안 되는 거리에 있었다.

"몰라도 될 것 같아. 이것만 재서 제곱근을 구하면 돼."

맷과 나는 어두컴컴하고 비좁은 다락에서 어깨를 맞댄 채 줄자, 손전등, 연필을 들고 씨름하고 있었다. 나는 고등학교 2학년 때 기하학 수업에서 배운 방정식을 필사적으로 떠올리며 종이에 적었다. 맷은 바닥과 지붕이 만나는 모서리를 줄자로 찔러대며 줄자 끝을 걸 지점을 찾아서 치수를 한 번 더 쟀다. 아마 열

두 번은 넘게 재봤을 것이다. 다락 창문 너머로 우리가 고생한 흔적이 선명하게 보였다. 아래의 데크 주위에 십여 개의 합판 조각이 흩어져 있었다. 전부 삼각형 모양이었지만 자세히 보면 조금씩 달랐다. 맞는 조각이 하나도 없었다. 다시 치수를 재서 문제를 해결하기 위해 다락으로 올라온 참이었다. 서까래와 창문, 바닥 사이에 들어갈 삼각형의 크기는 아무리 계산해도 답이 나오지 않았다. 그야말로 금단의 도형이었다.

"각도를 알아야 할 것 같아. 혹시 그래프 계산기 있어?" 맷이 어딘가에 걸린 줄자를 휘둘러 빼내며 물었다.

"고등학교 이후로 그래프 계산기는 본 적도 없어." 나는 스워츠 선생님의 수업을 떠올리며 대답했다. 어떤 애가 그래프 계산기로 슈퍼 마리오 게임 하는 법을 알아낸 뒤로 반 전체가 그 게임에 빠졌던 기억이 났다. "하지만 각도는 사인 같은 걸로 알아낼 수 있잖아. 코사인, 사인, 또…… ㅌ으로 시작하는 거였는데. 토사인은 아닐 거고."

이번 주말의 목표는 다락 공사를 마무리하는 거였다. 사실 다락은 피할 수 있다면 피하고 싶은 공간이었다. 벽장처럼 좁았고 거미줄과 거미, 망치로 머리를 한 방 더 때려줘야 할 녹슨 못이 가득했다. 낡은 부동산 간판으로 만든 합판 바닥은 튼튼했지만 먼지와 쥐똥 천지였다. 그 덕에 더 견고해진 느낌도 없잖아 있었지만. 천장의 서까래 사이로는 연분홍색 단열재가 삐져나와 축 늘어졌다. 천장에서 제일 높은 지점도 140센티미터 이하였기에 우리는 걷기를 일찌감치 포기하고 기어다녔다. 제일 적합한 자세는 눕기였다. 다락을 침실로 사용할 계획이었으니 완벽했다.

도로가 뚫린 뒤로 오두막 방문 횟수는 기하급수적으로 늘었다. 같이 오고 싶다는 친구들도 많았다. 하지만 잠자리가 여의치 않아 공간을 더 확보해야 했다. 매트리스는 두 사람이 쓰기에 딱 적당했지만 세 명만 돼도 상황이 복잡해졌다. 자기 차에서 자거나, 데크 옆의 삼나무와 단풍나무에 묶어놓은 해먹에서 자겠다는 친구들도 있었다. 매트리스 앞 바닥에서 자는 것은 기술적으로 불가능했다. 바닥 공간이 좁아서 사람이 누워 있으면 현관문을 열 수 없었기 때문이다.

작은 창문이 사다리 위에 하나, 아래층 문과 데크 바로 위에 하나 더 있었지만 다락에는 빛이 거의 들어오지 않았다. 하루 중 가장 환한 시간대에도 어두컴컴해서 책 한 권 편하게 읽을 수 없었다. 하지만 잠잘 공간으로는 아주 훌륭했다. 창문이 두 개나 있어 사계절 내내 기분 좋은 맞바람이 불었다. 더위를 피해 서늘하고 아늑한 곳에서 잠잘 수 있다면 거미 몇 마리, 따가운 유리섬유 단열재 덩어리와의 싸움쯤은 별문제가 되지 않았다.

바닥을 깨끗하고 치우고 잘못 박은 못도 제거했다. 이제는 골조를 덮고 단열재를 보강하고 간단한 침대 몇 개를 만드는 일만 남았다. 우리가 다락 벽에 붙이고 있던 패널은 아래층 벽에 사용했던 합판과 같았다. 말도 안 되게 얇은 합판은 가볍고 저렴했다. 진짜 나무처럼 생겨서 오두막에 딱 어울리는 재료였다.

하지만 이 프로젝트의 진짜 적은 수학이었다. 돌이켜 보면 우리 잘못이 아니었다. 수학이 문제지. 수학은 정확하고 정밀하고 오류가 없는 학문이다. 누가 오두막을 지으면서 "정확하다", "정밀하다" 같은 단어들을 사용한단 말인가? 오두막 수리는 즉흥 공연과 비슷하다. 여러 사람이 자유분방하게 움직이며 즉석에서 상황을 만든다. 한바탕 즐거운 시간을 보내고 다음 장면, 더 재미있는 순간으로 넘어가는 식이다. 나는 나무와 금속을 덧붙여 만든 패치워크에 자기만의 DIY 스타일을 더해가는 무수한 얼간이들 중 하나에 불과했다. 그런데 즉흥적으로 무언가를 덧붙일수록 문제가 복잡해지고 자른 부분은 괴상해졌다. 정답과 점점 멀어지고 있었다. 벽은 수학 공식을 적용할 수 있는 평면이 아니었다. 마치 보물찾기를 하는 기분이었다.

우리는 패널을 어떤 모양으로 잘라야 하는지 꼼꼼하게 밑그림을 그렸다. 치수를 재고 목재에 최대한 정확히 표시한 뒤 잘랐다. 정확히 맞아야 하니 벽에 패널을 대보며 문제가 없는지 확인했다. 벽의 골조가 휘거나 뒤틀린 경우도 있었고, 벽의 일부가 수직이 아닌 경우도 있었다. 우리가 직각이라 생각한 각도가 직각이 아닌 경우도 있었다. 그러면 조심스럽게 패널을 내려놓고 원형 톱으로 모양을 다듬었다. 한쪽을 잘라내는 바람에 다른 쪽의 길이도 너무 짧아졌다는 사실은 다락으로 돌아가서야 알 수 있었다. 원형 톱으로 빠르게 고쳐 나가기를 몇 번 반복하자 패널이 쓸 수 없을 지경으로 작아졌고, 결국 처음부터 다시 시작해야 했다. 이 짓을 몇 번이나 했다. 이제는 남아 있는 목재도 거의 없었다.

정공법은 포기해야 했다. 맷과 나는 과거의 실수를 머리에 새기고 치수를 다시 쟀다. 새로운 패널을 자르기 위해 바닥을 뒤로 기어서 사다리를 타고 데크로 내려왔다. 맷이 원형 톱으로 나무를 자르는데 무언가가 내 눈에 포착됐다. 나무 뒤가 소란스러웠다. 소음에 맞춰 무언가가 움직이고 있었다. 시끄럽고 격렬한 싸움이 벌어진 듯했다. 고사리와 블랙베리 덤불이 격렬하게 흔들렸다. 덤불이 쓰러지더니 숲을 소음과 연기의 소용돌이에 빠뜨린 사람의 형체가 등장했다. 남자는 언덕 아래에 다다르자 커다란 제초기의 전원을 끄고 엽록소 학살로 라임색 얼룩이 진 하얀 운동화를 쿵쿵거리며 걸어왔다. 고함을 치는 소리를 듣고서야 알았다. 그는 이웃 주민이었다.

“내 집으로 화장실을 만들어?” 남자가 나와 맷에게 소리쳤다. 집중해서 목재를 자르던 맷도 당황해서 눈을 크게 뜨고 놀란 표정으로 고개를 들었다.

문득 오두막 계약을 끝내고 토니가 했던 말이 머리를 스치고 지나갔다. "오두막 한쪽이 자기 집인 줄 아는 옆집 남자도 신경 쓸 문제는 아니고요." 나는 제초기를 든 남자를 보며 생각했다. 아, 이 사람이구나.

"어어……. 네?" 내 입에서는 그 말밖에 나오지 않았다.

"이 화장실의 외장재 말이오. 켄모어Kenmore에 있는 우리 집에서 가져온 거잖아." 남자가 가스식 제초기를 휘두르며 말했다. 그 모습이 위협적이지 않았다고는 말할 수 없겠다.

다른 사람의 외장재를 가져다 썼다는 말을 들으니 등골이 서늘해졌다. 이 남자를 만난 적도 없고, 그 집에 가본 적도 없고, 켄모어에 가본 적도 없는데 무슨 소리야. 나는 누가 봐도 물러나는 모양새로 "모르겠어요", "죄송해요", "다른 사람이" 같은 말을 뒤죽박죽 주워섬겼다. 화장실을 당장 철거하겠다는 영혼이 텅 빈 약속을 하고 있을 때, 남자가 얼굴을 일그러뜨리더니 미소를 지었다.

"하하! 에이, 뭐, 상관없어요." 그가 화통하게 웃으며 제초기를 내려놓고 데크로 올라왔다.

나는 크리스 러시Chris Rush의 곰 발바닥 같은 손을 잡고 일어났다. 꿀단지를 엎은 듯 가슴에서 긴장감이 흘러 나가는 느낌이었다. 크리스는 환한 미소를 지으며 우리가 수리한 오두막을 칭찬했다. 잠시 자기소개 시간을 가졌다. 크리스는 워싱턴대학교 교수로, 알고 보니 내 친구를 가르친 적도 있었다. 나는 이 인맥이 앞으로 일어날 수 있는 이웃 간의 불화를 해결하는 데 크나큰 도움이 되기를 바랐다. 하지만 대화 주제가 오두막으로 돌아왔을 때는 긴장되고 두려워졌다.

"이 오두막, 내 땅에 지은 겁니다. 이 화장실도 마찬가지고." 크리스가 전혀 심각하지 않은 말투로 말했다.

나는 이번에도 혼란스럽다는 반응만 내놓았다. 이렇게 되면 오두막의 진짜 주인이 누구인 거지? 당황하는 나를 보고 크리스가 자초지종을 설명했다.

아주 오래전, 크리스와 아내 레슬리Leslie는 위츠엔드에 있는 오두막을 샀다. 러시 부부는 숲속의 작은 집에서 행복한 나날을 보냈고 차차 이웃들도 만나게 됐다. 옆집의 조지George도 그렇게 만났다. 조지는 크리스보다 먼저 위츠엔드에 정착했다. 사실 1960년대에 위츠엔드길이 생긴 이래로 여기에 집을 지은 토지 소유주는 조지가 최초였다. 1990년대 후반, 세상에서 잠시 벗어나 손재주를 부릴 공간이 필요했던 조지는 자그마한 오두막을 짓기로 했다. 위츠엔드길에 가장 먼저 터를 잡은 주민으로서 참고할 만한 건물은 없었다. 그는 자신의 땅이 어디쯤 있는지 대강 짐작하며 평평한 지대를 찾았고 그 땅에 훗날 내 오두막이 될 구조물을 세웠다. 러시 부부의 집이 들어설 땅과는 불과 몇 발짝 거리였다.

시간이 흐르는 사이 조지는 골조를 세우고 지붕을 올리고 전나무 패널로 외벽을 덮었다. 작업은 거기서 중단됐다. 조지는 점점 발길이 뜸해졌다. 시간이 없었다. 체력도 없었다. 크리스는 오두막이 서서히 방치되는 모습을 지켜만 보다 조지에게 매입을 제안하기로 했다. 조지는 크리스의 땅 바로 옆 땅을 소유하고 있지 않은가. 조지의 땅을 사들이면 공간을 더 넓게 쓸 수 있으리라 생각했다. 가족이 늘어나던 상황에서 새 오두막의 골조는 특별한 보너스였다. 조지는 크리스가 부른 가격을 수락했다. 러시 가족은 조지의 땅과 오두막을 갖게 된다는 희망에 부풀었다.

하지만 양쪽 다 알지 못했다. 조지가 평지에 집을 짓고 싶다는 일념으로 자기 땅의 경계를 넘어 옆 구획까지 침범했을 줄은. 크리스는 분명 조지의 땅을 샀다. 하지만 조지의 오두막은 그 땅에 5퍼센트만 걸친 상태였고 나머지 95퍼센트는 전부 옆 구획에 속해 있었다. 아무것도 모르는 크리스는 자기가 오두막의 주인이라 믿었고 행복하게 오두막을 고쳐나갔다. 훗날 인디가 바닥의 경사와 맞추기 위해 잘라야 했던 단단한 나무 문짝을 달았고, 창문도 새로 달았다. 하자 있는 판자와 광고 간판을 조각조각 이어 붙여 다락 바닥을 만들고 데크 골조를 세웠다. 현재 화장실 벽을 장식하고 있는 딸기우유색 외장재도 크리스의 작품이었다. 수십 주 동안 즐겁게 사이드 프로젝트를 진행하던 중 어느 날, 토니가 나타났다. 토니는 원소유주가 쓸모없는 빈 땅이라 판단하고 버린 그 땅을 경매로 샀다고 주장했다. 크리스는 자기 소유도 아닌 오두막에 거금을 부은 꼴이 됐고, 이제는 나까지 등장했다. 크리스의 입장에서 나는 오두막을 훔친 것도 모자라 그의 땅에 오로지 똥을 보관하기 위한 건물을 세우고 그의 집에서 가져온 나무로 화장실의 외벽을 장식한 놈이었다. 아름다운 그리스 비극 같았다. 한 편의 서사시에 나올 법한 이야기라고 생각했다. 다행히 크리스도 생각이 같았다.

설명이 끝났을 때 나는 말문이 막혀 아무 말도 하지 못했다. 그러다 고개를 저으며 몰랐다고, 미안하다고, 돈이든 내 첫 아이든 뭐든 주겠다고 중얼거리기 시작했다. 충직한 친구인 맷은 우리의 오두막을 빼앗으려 한다면 당장이라도 공격할 태세로 내 옆에 버티고 서 있었다. 내 판단 능력이 정상으로 돌아오기도 전에 크리스가 먼저 말했다.

"아, 걱정할 필요는 없어요. 나중에 맥주나 한잔 사요. 어디, 이웃집들은 좀 봤어요?"

머피를 만나 그의 집을 구경했지만 다른 오두각은 선불리 접근할 수 없었다고 대답했다. 리버사이즈에 유행하는 장식이 있었는데, 그것은 바로 '출입 금지' 표지판이었다. 고요하고 인적이 드문 마을이지만 다른 사람들의 집을 기웃거리는 것은 예의가 아니라고 생각했다. 하지만 크리스는 내 걱정을 웃어넘겼다.

크리스는 우리에게 위츠엔드 투어를 시켜줬다. 잘 아는 곳은 손가락으로 가리키며 설명하고 모르는 곳은 우리와 함께 궁금해했다. 그의 앞집에는 노부부가 살았지만 못 본 지 몇 년 됐다고 했다. 길 건너에 사는 브래드Brad의 집으로 가려면 브래드가 직접 가파른 바위를 깎아 만든 길을 통해 능선을 넘어야 했다. 다른 오두막의 주인들과 친하게 지낸 적도 있었지만, 세월이 흐르고 형편도 달라지며 한때 끈끈했던 마을 공동체는 흩어지고 말았다고 했다. 예전에는 이 길이 훨씬 북적였다던 머피의 말은 사실이었다. 크리스는 내가 이 동네에 온 걸 고마워하고 있었다. 우리는 동네 투어를 마무리하며 능선 꼭대기로 걸어 올라갔다. 전부터 궁금했지만 다른 사람의 땅을 지나야 해서 선뜻 가보지 못한 곳이었다. 크리스가 괜찮다고 나를 안심시켰다. 크리스의 말에 따르면 탐험은 필수였다. 작은 오솔길을 따라 올라가자 별안간 산사태 현장이 눈앞에 나타났다. 아수라장 위에 처음 선 우리는 산사태의 규모를 실감할 수 있었다. 여름은 건조한 계절이라 진흙 더미가 크게 움직이지 않았지만 지금도 초콜릿 셰이크 같은 진흙색 물이 이끼와 고사리로 뒤덮인 카펫 위로 스며 나오고 있었다.

"맙소사." 크리스가 말했다. 우리도 같은 생각으로 고개를 끄덕였다.

우리는 산사태가 지역사회에 어떤 영향을 남겼는지에 관해 이야기했다. 길이 뚫리기는 할지, 영영 이 상태로 남을지 알아보려 애썼던 시절의 일화도 공유했다. 나는 산사태 시기 동안 마을에서 무슨 일들이 있었는지 물었다. 크리스도 자세히는 몰랐다. 다리가 언제 개통될지 가끔씩 확인하러 오는 정도였다고 했다. 돌이켜 보니 나도 차라리 문제를 외면하고 오두막을 그냥 내버려뒀다면 마음이 훨씬 편했겠다는 생각이 들었다.

오두막으로 돌아오는 길은 아까보다 조용했지만 이웃집을 가리키는 크리스의 손짓은 계속됐다. "저 집 주인은 학교 선생님이에요. 조만간 만날 수 있을 겁니다. 곧 돌아올 때라." 크리스가 말했다. "저 집은 노부부가 지었는데 남편이 돌아가시고 나서 할머니가 자식들한테 물려줬을 거예요. 여기 살지는 않는 것 같고. 어떻게 된 일인지는 나도 잘 모르겠네요. 저 집에는 할머니 두 분이 살고 있죠. 오다 가다 볼 거예요." 이야기는 좀처럼 끝나지 않았다.

길가에 있는 오두막은 전부 버려진 듯 보였다. 크리스의 오두막도 사정이 다르지는 않았다. 숲이 멀쩡한 집도 금세 사람의 발길이 끊긴 폐가로 탈바꿈시킨다는 사실을 그때 처음 깨달았다. 몇 장의 나뭇잎, 거미줄, 나뭇가지 더미만으로 사람의 흔적을 금방 지울 수 있었다.

우리는 서로의 오두막 사이에 있는 길에서 헤어졌다. 크리스는 필요하면 언제든 와서 자기 장작과 공구를 써도 된다고 했다. 나는 오두막에 올 때마다 그의 집을 확인해 주겠다고 약속했다. 전화번호를 교환하고 악수를 나눴다. 나는 화장실, 외벽, 오두막에 대해 미안하다고 마지막으로 한 번 더 사과했다. 다음에 또 만나려면 몇 달은 지나야 할 터였다. 위츠엔드의 인물들은 유령처럼 나타났다 사라지곤 했다. 공사를 하다 만 흔적으로 누군가 왔다 갔다고 짐작할 뿐이었다. 나를 궁금해하는 사람도 있을까 문득 궁금해졌다.

그래도 크리스 덕분에 삼각형 패널 문제에서 잠시 벗어날 수 있었다. 우리는 맑아진 정신으로 의욕을 되찾고 줄자와 톱을 손에 쥐었다. 이번에는 운이 따랐나? 아니면 고생 끝에 교훈을 얻은 것일까? 맷이 마지막으로 자른 조각은 거의 완벽하게 들어맞았다. 우리는 히죽히죽 웃으며 패널을 끼워 넣고, 너무 작아서 망치로 내리칠 때마다 엄지도 함께 치게 되는 못도 박았다. 이로써 패널 작업은 끝났다. 작업을 마치고 드러누워서 새로운 다락의 모습을 감상했다. 새로 붙인 목재로 다락의 분위기는 한층 환해졌다.

다음 날 아침에는 2×4 각재와 얇은 소나무 판자를 이용해 임시 침대 두 개를 만들었다. 대단한 일은 아니었다. 싱글 침대와 비슷한 크기의 상판 두 개를 바닥에서 10센티미터 정도 띄운 수준이었으니까. 하지만 우리에게는 크나큰 발전처럼 느껴졌다. 침대 위에는 녹색 메모리폼을 깔고 새 침낭을 얹었다. 마지막으로 바닥에 얇은 줄로 연결된 조명을 두르고 이날을 위해 특별히 구입한 휴대용 배터리와 전원을 연결해 인테리어를 완성했다.

밤에 조명을 켜니 다락이 환한 빛으로 깨어났다. 침낭으로 기어 들어가 창문 두 개를 살짝 열자 차가운 공기가 빠르게 밀려들었다. 바람에는 전나무와 삼나무의 향기가 묻어 있었다. 다락이라는 공간적 특징 때문인지 멀리 있는 강의 소리가 더 크게 들렸다. 우리는 흐르는 물소리를 들으며 뒤척이지도 않고 곧장 잠이 들었다.

18 오두막이 고쳐지면 내 문제도 해결될까

새 다리는 8월 중순에 개통됐다. 이제 따뜻한 계절이 달력상으로 한 달 조금 넘게 남아 있었다. 태평양 연안 북서부는 여름이 늦게 시작해 늦게 끝나는 편이다. 6월에도 겉옷과 장화를 꺼내야 했고, 9월 하순까지도 선크림을 발라야 했다. 어느 해에는 핼러윈 장식용 호박을 따는 중에 주변 공기가 산불 연기로 가득했던 적도 있었다. 곧 있으면 날씨가 더 건조해진다. 부엌과 다락도 완성했겠다, 이제 오두막 외부 작업에 집중할 차례였다.

진입로의 자갈은 대부분 내려앉았고 돌이 헐거워지며 작은 구멍과 요철이 생겼다. 눈이 내리고 땅이 얼었다가 녹기를 반복하는 겨울이 되면 더 심해질 게 분명했다. 칼에게 자갈을 한 트럭 더 배달해 달라 부탁하면 금방 해결될 문제이기는 했다. 아니면 예전처럼 삽과 갈퀴를 들고 몇 시간 땀을 흘리거나. 하지만 이번에는 진입로에 합판을 깔고 내 차로 전진과 후진을 반복하는 창의적인 다지기 공법으로 작업을 마쳤다. 실제로 효과가 있었는지는 잘 모르겠다.

조경은 어느 정도 자연에 맡겼다. 튤립과 켄터키 블루그래스 잔디가 아니라 고사리, 새먼베리, 허클베리, 토종 이끼로 마당이 채워져도 상관없었다. 어느 날은 충동적으로 야생화 혼합 씨앗을 한 봉지 사서 아침에 한 움큼 뿌리기도 했다. 오후에 나가 보니 씨앗은 새들이 거의 다 먹어 치운 뒤였다. 놀랍게도 꽃은 단 한 송이도 피지 않았다. 블랙베리 덤불이 진입로 가장자리로 점점 침투해 차에서 내릴 때마다 성가시게 옷이 가시 줄기에 걸렸지만 그 문제는 녹슨 전정 가위로 얼마든지 해결할 수 있었다.

데크는 거의 1년 동안 눈과 비와 썩은 낙엽 찌꺼기로 세월의 흐름을 덮어썼고, 그 덕분에 오두막과 자연스럽게 어우러졌다. 얼핏 둘이 비슷한 시기에 만들어진 듯도 보였다. 하지만 오두막은 대대적인 보수 작업이 필요했다.

외벽은 칙칙한 회색이었다. 회색으로 칠한 것은 아니고 외벽을 덮은 얇은 판자인 삼나무 싱글shingle(얇은 낱장 형태의 지붕 마감재—옮긴이)이 풍화됐기 때문이었다. 심지어 싱글은 오두막의 60퍼센트 정도만 덮고 있었다. 싱글의 경계는 오두막 앞쪽 벽의 중간쯤에서 멈췄다. 크리스에게서 이 땅 소유권을 둘러싼 추잡한 역사를 듣고 나니 이해가 됐다. 싱글이 끝나는 지점은 이 오두막이 자기 소유가 아니라는 사실을 크리스가 깨달은 시점과 일치했다. 오두막을 고치고 싶다면 외벽 수리가 가장 확실한 방법 같았다. 바보라도 쉽게 할 수 있는 일이라 더 좋았다. 오래된 싱글 옆에 새 싱글을 대고 못으로 박으면 끝이었다. 새 싱글 옆에 또 새 싱글을 대고 못을 박고. 이런 식으로 계속하면 됐다.

9월 초 목요일 저녁, 외벽 수리에 필요한 쇼핑 리스트를 들고 홈디포로 향했다. 삼나무 싱글 몇 장, 못 몇 상자를 사야 했다. 사실 어떤 작업을 할지 명확하게 계획한 뒤 간단한 리스트만 들고 DIY 매장에 가는 일은 드물었다. 오두막을 수리하다 보면 '만약에'의 늪에 빠져 갈피를 잡지 못하는 경우가 많았기 때문이다. 하지만 싱글을 붙이는 일은 심각하게 잘못될 가능성이 없어 보였다. 카트에 싱글과 못을 가득 싣고 주차장으로 밀고 가던 중 문제를 발견했다. 새로 산 싱글은 짙은 적갈색이었다. 갓 잘라낸 붉은색 삼나무는 칙칙한 회색으로 변해버린 오두막의 외벽과 어울리지 않았다. 싱글을 차에 싣고 휴대전화로 날씨를 확인한 뒤 다시 가게 안으로 들어갔다. 이번 주말 인덱스는 비가 오지 않고 화창하다고 했다. 페인트칠을 하기에 완벽한 날씨였다.

나는 풍화된 회색이 내는 느낌을 유지하면서 문과 창문 둘레의 몰딩만 흰색으로 칠해 살짝 정리하기로 했다. '풍화된 회색'과 '흰색' 페인트를 집어 들 수 있으면 좋았겠지만 페인트 색상을 고르는 일은 그리 간단하지 않았다. 페인트 견본 코너에 들어서기만 했을 뿐인데 전부 픽셀로 이루어진 가상 세계에 떨어진 기분이었다. 진짜로. 색상이 너무 많았다. 하나를 고르기도 어려운데 페인트 이름까지 고려해야 했다. 페인트 색상 이름은 중요하지 않다고? 어린 시절 죽도록 싫어했던 사람을 떠올려 보자. 다음으로 그 사람의 이름을 내 아이에게 붙여준다고 상상해 보라. 이름은 중요한 문제다. 회색 페인트 하나가 괜찮아 보였지만 이름이 '가을 안개'였다. 오두막이 가을 안개와 어울릴까? 종종 안개가 꼈지만 가을에만 그런 것은 아니었다. 늘 안개가 끼거나, 매일이 가을이거나 하진 않았다. 내가 가을의 오두막을 가장 좋아하긴 했다. 특히 나무들의 색이 바뀔 때. 하지만 다른 계절이 좋지 않다는 말은 아니었다. 나는 가을 안개색 견본을 쥔 채로 다른 색 페인트들을 둘러봤다. 새로운 색을 볼 때마다 오두막의 정체성과 충돌하는 실존적 고민들이 수면 위로 떠올랐다.

흥미로운 사실도 알게 됐다. 어떤 페인트 색상은 페인트 회사와 국립역사보존신탁National Trust for Historic Preservation(역사적으로 중요한 장소를 보존하기 위해 설립된 비영리단체—옮긴이)의 협업으로 탄생했다. 그래서 우드로 윌슨Woodrow Wilson의 생가와 같은 색으로 집을 칠하거나 뉴욕 북부에 있는 어느 박물관과 같은 파란색으로 의자를 칠할 수도 있었다. 건축의 세계에도 유명인 추천이 존재할 줄이야. 걱정스러웠다. 어떤 장소인지도 잘 모르는데 오두막에 그 화려한 명성을 빌려 써도 되나? 내가 생각이 너무 많은 건가? 하지만 그러다가도 다른 색상 견본을 집어 들면 이런 의문이 들었다. 앰버그리스ambergris는 대체 무슨 색이야?

세 시간 뒤, 내 손에는 싱글, 못, '머쉬룸 그레이색'의 불투명한 우드스테인 큰 통, '우드로 윌슨 생가색'의 하얀 페인트 작은 통(몰딩에는 약간의 고급스러움을 더해도 괜찮다고 생각했다), 페인트 붓 몇 개, 페인트를 섞는 젓개, 빨간색 양동이 두 개가 들려 있었다. 누군가 내게 앰버그리스에 대해 묻는다면 설명해 줄 자신도 생겼다. 향유고래의 소화기에서 생성되는 가연성 물질로 탁한 회색 또는 검은색을 띠며 밀랍 같은 고체라고. 싱글 하나 사러 홈디포에 들렀을 뿐인데도 이렇게 많은 '만약에'가 따라붙었다. 오두막에 싱글을 붙이러 왔다가 정신을 차리고 보니 손 안 가득 회색 페인트 견본들을 쥐고 낸터킷Nantucket 포경 산업의 역사에 대해 읽고 있었다.

다음 날, 아직 반납하지 않았던 엄마 트럭에 모든 짐을 싣고 마찬가지로 아직 반납하지 않았던 연장 사다리를 트럭 뒷문과 지붕 사이에 끼웠다. 지금이야 날씨가 괜찮다지만 곧 있으면 장마라는 점이 마음에 걸렸다. 지붕과 굴뚝 어디에서 물이 새는지 점검할 시기가 한참 지났기 때문이었다.

그 주말에는 친구 여러 명이 와서 함께 지냈다. 우리는 음악을 들으며 블랙베리 덤불을 뽑았다. 곧 있으면 난로를 피워야 할 계절이니 전기톱으로 통나무도 조각조각 썰었다. 싱글을 붙이는 작업은 그리 어렵지 않아 낡은 패널을 금세 다 가렸다. 색깔이 맞지 않아 언뜻 패치워크처럼 보였지만 예전과 비교하면 크나큰 발전이었다. 친구가 작업을 할 동안 나는 오래되고 아무 쓸모없는 두꺼비집을 오두막 외벽에서 뜯어냈다. 그리고 두꺼비집이 있던 문 오른쪽에 허리케인 램프를 걸 수 있는 작은 고리를 달았다. 밤에 시험해 보니 램프의 따뜻한 불빛은 새 싱글로 덮은 오두막 외벽과 상상 이상으로 잘 어우러졌다. 다음 날 아침, 친구 몇 명이 더 와서 페인트칠을 도왔다. 그 친구들에게는 산사태 현장을 넘어서 들어왔던 날 이후로 첫 방문이었다. 파란 하늘과 따사로운 햇살 아래 새로 단장한 오두막을 보여줄 수 있어 기뻤다. 우리는 페인트 통을 나눠 들고 벽에 회색 스테인을 도포하기 시작했다.

페인트칠은 내가 싫어하는 일 중에서도 다섯 손가락 안에 꼽혔다. 방수포와 페인트 천과 비닐을 깔고 문과 창문 주변에 꼼꼼하게 테이프를 붙여야 하는 준비 작업부터 싫었다. 이러다 보면 본 작업을 시작했을 때 페인트가 쏟아지거나 선 밖으로 삐져나갈 걱정 없이 그냥 막 붓칠을 해도 되겠다는 착각이 든다. 하지만 테이프가 제대로 붙어 있는 꼴을 한 번도 못 봤다. 방수포와 천도 페인트가 흐르는 걸 절대 막아주지 못한다. 준비 작업을 하면 마음은 든든하지만 그래서 방심하게 되고 엉망이 된 결과물을 보는 좌절감만 더 커진다. 내가 우드로 월슨 화이트색 페인트를 밟고 데크 곳곳에 발자국을 남기지 않기란 불가능했다. 그래서 방수포를 걷었을 때 삼나무 데크에 점점이 묻은 페인트 얼룩을 보고 놀라지는 않았다. 하지만 그럴 줄 알았다고 해도 조용히 치밀어 오르는 분노는 막을 수 없었다. 준비 작업과 뒷정리도 귀찮았지만 나는 순전히 불편해서 페인트칠을 싫어했다. 체력이 강한 스타일은 아니어도 운동신경이 없지는 않았다. 하지만 페인트 붓이나 롤러를 오래 쥐고 있을 때 뜨겁게 팔을 타고 올라오는 통증은 매번 충격이었다. 페인트를 칠하고 나면 진이 다 빠졌다. 최악은 끔찍할 정도로 지루하다는 사실이었다. 느리고 지겹고 반복적이었다. 그러니 나를 도와 일을 빠르게 끝내줄 친구들이 있어 얼마나 행복했는지는 말할 필요도 없을 것이다.

낡은 싱글 중 마지막 몇 줄은 첫 번째 작업 파티 이후 오두막 옆에 줄곧 쌓여 있던 폐목재에 가려 보이지 않았다. 방수포로 대충 덮어둔 목재 더미는 벌써 1년 가까이 그 자리를 지켰고 공사 마무리용으로 2×4 각재나 나무 판자가 필요할 때마다 거기서 한두 개씩 꺼내 쓰곤 했다. 방수포로 덮어놓았는데도 위에 먼지와 더러운 때가 두껍게 쌓여 있었다. 나는 장갑을 끼고 갈퀴를 들었다. 폐목재들을 치운 다음 목재 더미와 오두막 사이에 끼어 있던 잎사귀, 나뭇가지, 이끼를 긁어내기로 했다. 싱글을 닦으려고 몸을 굽힌 순간 그것을 발견했다. 쉉글의 마지막 줄 아래, 오두막의 가장 아랫부분에 건물 구조상 굉장히 중요해 보이는 판자가 있었다. 죽은 마녀의 치아처럼 썩어버린 상태로. 한참 망설이다 가장 흉한 부분을 손가락으로 쿡 찔러보자 판자가 크림치즈처럼 무너져 내렸다. 그 판자를 따라 오두막 뒤편으로 가니 그쪽의 상태는 더 심각했다. 썩어서 통째로 사라진 부분도 있었다. 손상이 앞쪽까지 번지지는 않았지만, 그렇다고 해도 큰 문제였다.

불안한 마음으로 손전등을 들고 오두막 아래로 기어 들어가 안쪽에서 그 부분을 살펴봤다. 땅바닥에 엎드려 수십 년 동안 쌓인 거미줄을 헤치며 오두막의 뒤쪽 구석을 향해 천천히 움직였다. 아래쪽에서 본 상황도 나을 것은 없었다. 벽 바로 밑의 썩은 판자는 오두막 바닥과 그 위에 있는 건물 전체를 부분적으로 지탱하고 있었다. 사실상 형체도 없을 정도로 썩어버린 탓에 오두막 한쪽이 다이빙대 끝에 아슬아슬하게 서 있는 신세나 마찬가지였다.

한참 동안 문제의 장면을 바라보다가 흙을 헤집으며 데크 밖으로 기어 나왔다. 온몸에 나뭇잎을 묻힌 채, 그리고 거미 대여섯 마리에 물린 채 내가 본 광경을 친구들에게 설명했다. 친구들도 걱정스러워했지만 누구 하나 뾰족한 대안을 떠올리지 못했다. 당연히 썩은 판자를 떼어내 튼튼한 판자로 교체하고 싶었다. 원래 그런 식으로 고치는 것 아닌가? 하지만 썩은 판자가 오두막 전체의 무게를 지지하는 상황에서 어떻게 그것을 들어내고 새 판자를 끼워 넣는단 말인가?

지붕의 상태는 더 심각하리라 생각하며 누수를 확인하기 위해 사다리를 세웠다. 굴뚝 자체는 그리 대단하지 않았다. 지름 20센티미터의 스테인리스강이 2미터 높이로 오두막 지붕을 뚫고 솟아 있었다. 레이는 굴뚝 주변의 구멍으로 비가 쏟아지지 않도록 실리콘 고리를 연통 밑부분에 끼우고 지붕 상단에 나사로 고정해 뒀다. 레이의 작품을 이렇게 가까이서 본 것은 처음이었다. 그날 밑에서 볼 때는 감탄만 나왔는데 가까이서 보니 느낌이 영 달랐다. 사방에 코킹제caulking(틈새를 메우고 밀봉하는 코킹에 쓰이는 재료. 주로 실리콘이나 우레탄을 사용한다—옮긴이)가 발라져 있었다. 검은색 실리콘 덩어리에는 솔잎이 박혀 있었고 연통 주변은 무질서하게 박은 나사로 빼곡했다. 마치 매직아이 포스터를 들여다보는 느낌이었다. 착시 현상을 일으키는 도형들을 뚫고 지나가면 물이 어디로 스며드는지 보일 것만 같았다. 하지만 보이지 않았다.

어디서 누수가 시작됐는지 알 수 없었던 나는 거의 핵폭탄식 해결책을 택했다. 코킹제 서너 통을 쏟아붓고 이 방법이 통하기를 기도하기로 했다는 소리다. 코킹제를 겹겹이 바르고 장갑 낀 손을 이용해 끈적이는 덩어리를 매끈한 형태로 다듬어보려 했다. 작업을 끝냈지만 누수 지점을 막는 데 성공해서는 아니었다.

코킹제가 떨어져 계속할 수 없었기 때문이다. 결과물은 한없이 초라하기만 했다. 세 가지 색상의 코킹제가 낙엽, 솔잎, 구부러진 나사와 뒤섞여 있었고 솔방울도 하나 들어갔다. 엉망진창이었다. 바보같이 이런 광경을 만들어내다니. 자괴감이 밀려왔다.

오두막은 많은 부분이 개선됐고 수리 과정은 내게도 만족스러운 경험이었다. 하지만 누수나 썩은 기초 같은 문제를 접할 때면 내 지식이 얼마나 얕은지, 내 경험이 얼마나 부족한지를 실감했다. 초창기에는 노하우가 하나도 없다는 사실을 유쾌한 농담거리로 취급했다. 실수를 해도 웃어넘길 뿐이었다. 실수를 바로잡으려고 노력하며 우리가 즐거우면 된다고 생각했다. 하지만 내 생각은 조금씩 달라졌다. 약간의 노하우가 쌓였기 때문이었다. 최소한 잘된 공사와 잘못된 공사를 구분할 수 있었다. 공사를 망칠 것 같으면 좌절감이 차오르기 시작했다. 오두막을 갓 샀을 때는 내 작업을 판단할 기준점이 없었다. 절단면이 똑바른지 신경조차 쓰지 않았다. 숲에서 다른 사람의 팔을 자르지 않고 마음껏 원형 톱을 쓸 수 있어 행복하기만 했다. 하지만 공구와 작업, 건축 용어에 점점 익숙해지며 발전하고 싶다는 욕구도 자연스럽게 따라왔다.

내가 가톨릭 가정에서 자랐기 때문일지도 모르겠다. 좌절감이 들면 더 잘해야 한다는 욕구가 솟구쳤다. 이 세상 어딘가에는 과일을 많이 먹고 잠을 충분히 자고 텔레비전을 적당히 보는 사람도 있을 것이다. 배움을 즐기고 좌절도 교훈의 기회로 받아들이는 사람들, 좌절을 겪으며 성장하는 것이 아름답다고 여기는 사람들이 있을 것이다. 하지만 내가 성장하는 과정은 조금 달랐다. 나는 주유소에서 산 부리또와 슈가프리 레드불로 에너지를 충전한 다음 60~70달러치의 코킹제와 나사를 바라보며 머리로 벽을 깨고 싶은 충동을 느꼈다. 하지만 이것은 좋은 징조였다.

좌절감은 오두막을 위해서도, 나 자신을 위해서도 더 발전하고 싶다는 신호였다. 나와 내가 아끼는 사람들에게 의미 있는 공간이 된 이 오두막을 지키고 싶었다. 건축과 수리라는 새로운 취미가 어디까지 이어질지도 궁금했다. 오랜 세월 삶의 목적을 찾지 못하고 방황하던 나였다. 오두막이 인생의 미로에서 탈출할 기회라는 생각은 점점 커지고 있었다. 사실 그냥 다 버리고 떠날 수도 있었다. 오두막을 크레이그리스트에 올리고 아무것도 모르는 불쌍한 청년에게 떠넘기는 거다. 일이 안 풀릴 때는 좌절감에 시달렸고 일이 잘될 때는 만족감에 젖었다. 두 가지 감정을 오가는 충동도 자연스럽게 따라왔다. 가끔은 나와 오두막이 한 팀으로 자기 계발 프로젝트에 참여하고 있는 기분이었다. 오두막의 문제가 다 해결되면 내 문제도 해결되지 않을까?

19 가을에 할 수 있는 것들

가을은 예고도 없이 찾아왔다. 생각해 보면 늘 그랬던 것 같다.

나는 가을을 좋아했다. 가을의 전형적인 특징이 좋았다. 상쾌한 공기라거나, 나른한 낮과 선선한 밤의 조화라거나. 낙엽을 밟고 지나갈 때 나는 바스락거리는 소리가 좋았다. 두툼한 긴팔을 입어야 하는 것도, 메뉴에 스튜가 추가되는 것도, 몇 달 동안 샌들만 신다가 다시 부츠를 신는 것도 좋았다. 하지만 무엇보다도 가을이 되면 생각이 조금 더 깊어지고, 현재에 조금 더 집중하게 되는 점이 가장 좋았다. 아마도 바깥에서 깊은 숨을 자주 들이마시기 때문일 것이다. 그럴 때면 젖은 땅의 축축한 냄새와 멀리 떨어진 어딘가에서 몇 달간 잠자고 있던 난로를 꺼내 장작을 태우는 냄새가 뒤섞여 내 코를 타고 몸에 스며들었으니까. 아니면 그저 가을이라는 계절의 기억에 몸이 습관처럼 반응한 것일지도 모르겠다. 가을은 언제나 큰 변화를 몰고 왔다. 새 학기를 앞둔 초조함 같은 뚜렷한 기억 외에 다른 추억들도 있었다. 내가 처음 유학생으로 해외에 나가 중국에서 맷을 만난 것도, 인디와 남반구에서 파타고니아 심장부를 관통하는 대장정을 떠난 것도 가을이었다. 장기 연애 두 번이 전부 낙엽이 떨어지는 계절에 끝난 역사도 있다. 10년 가까이 일 때문에 집을 자주 비웠던 아빠가 지방 판사로 당선돼 출장을 반복하던 삶에 마침표를 찍은 때도 가을이었다. 그해 가을은 아빠와 보낸 마지막 가을이기도 했다. 좋든 싫든, 내 인생에서 가을은 항상 새로운 시작, 긴 작별을 앞둔 마지막 인사의 시기였다. 리셋의 계절이었다.

나는 가을에 오두막을 샀다. 처음 리버사이츠에 와서 위츠엔드길을 찾아 헤매던 그날로부터 어느새 2년이 지났고, 가을이 오면 으레 그렇듯 또 사색에 잠겼다. 오두막은 첫 가을의 모습과 크게 달라져 있었다. 수백 시간의 노동과 전 재산을 탈탈 쏟아부은 결과, 이제는 그럴싸한 주말 별장의 모습을 갖췄다. 겉모습만 달라진 것은 아니었다. 도시와 사무실을 벗어나 숲에서 무언가를 만들고 새로운 기술을 배우고 휴대전화나 텔레비전 없이 친구들과 다시 우정을 쌓는 시간은 내가 수년간 정체조차 파악하지 못했던 문제를 치유해 줬다. 산사태로 스트레스를 받고 썩은 바닥 장선과 빗물이 새는 굴뚝 때문에 불안감도 끊이지 않았지만 그래도 이렇게 행복한 것이 얼마 만인가 하는 생각이 들었다. 주변 풍경도 내 감사함에 화답하듯 오두막의 가을은 숨 막히게 아름다웠다.

오리나무와 단풍나무는 갈색, 금색, 적갈색, 보라색, 주황색으로 물들인 레트로 감성의 담요를 깔아줬다. 숲속을 거닐 때면 특별한 행사에 참가해 레드카펫을 밟는 기분이 들었다. 잎이 떨어진 나뭇가지 사이로 멀리서 베어링산과 건 피크가 모습을 드러냈다. 둘 다 올해 고산지대에 처음 내린 눈을 봉우리에 얹고 있었다. 거대한 폭풍우가 불어닥치기 전의 몇 주는 소중한 시간이었다. 강은 수위가 낮고 잔잔했다. 선명한 에메랄드색의 강물은 그렇게 맑을 수가 없었다. 해가 알맞은 각도로 떠 있으면 수면에서 6미터 아래로 가라앉아 있는 그루터기와 바위까지 볼 수 있었다. 낮은 적당히 따뜻해서 티셔츠와 반바지 차림으로 일하기 좋았다. 기온이 내려가는 밤이면 타닥거리는 모닥불로 손을 녹이고 머리에 털모자를 썼다. 가을의 오두막이 제일 좋았다.

그날도 인디와 특별한 오후를 보내기 위해 오두막으로 떠났다. 낙엽을 모아 태우는 일은 인디에게 가을마다 따라야 하는 전통이었다. 사람들이 독립기념일 불꽃놀이나 크리스마스트리 장식을 기대하는 마음과 크게 다르지 않았다. 매캐한 연기 때문에 코가 따가웠지만 그것이 낙엽 태우기의 핵심이었다. 며칠이 지나서 그때 입었던 재킷을 걸칠 때 연기 냄새가 코끝을 훅 찌르면 잠시나마 숲으로, 오두막으로, 모닥불 옆으로 돌아갈 수 있었기 때문이다. 우리는 딱 하룻밤만 머무르며 폐와 옷에 가을의 불타는 추억을 담았다. 그 후 나는 주말마다 오두막으로 돌아가 가을을 만끽하고 겨울을 준비하며 장작을 더 쪼개 야외 화장실에 쌓아뒀다.

나는 화장실을 자주 생각했다. 잘 작동하고 있을까? 제대로 작동한다면 어떤 모습일까? 사실 설계할 때부터 자신은 없었다. 만약 내가 고안한 화장실이 어떤 이유로든 작동하지 않는다고 치자. 부수적인 피해를 처리하는 과정은 악몽과도 같을 것이다. 오두막의 화장실은 여느 야외 화장실처럼 구덩이에서부터 시작됐다. 내가 오두막을 샀을 때부터 있던 구덩이에서. 지름 약 1.5미터, 깊이 약 1.2미터의 구덩이는 오두막에서 열 발짝쯤 떨어진 곳에 있었다. 평평하고 창문에서 보이지 않아야 한다는 두 가지 조건을 모두 충족하는 자리였다. 화장실을 지으려고 판 것 같기도, 키가 작은 사람을 묻으려고 한 것 같기도 했다. 전 주인이자 예인선 선장인 토니에게 화장실용 구덩이가 맞는지 물어볼까? 아니라고 한다면 경찰에 살인 혐의로 신고하자. 다행히 토니는 "넵."이라는 문자로 화장실 자리라고 확인해 줬다.

사전 조사를 해보니 화장실 설치는 보건 관련 정부 부처의 관점에서 틀림없이 회색 지대에 속했다. 나는 첫 번째 작업 파티를 앞두고 관련 부서에 전화를 걸었다. 그리고 화장실을 만들고 싶은데 누구와 통화를 해야 하는지 물었다. 수화기 너머로 자기 담당이 아니라는 사람들만 잇따라 나타나더니 한 남자 직원과 연결됐다. 내가 화장실에 관해 질문하자 그는 살짝 귀찮다는 반응을 보였다. 당연했다. 내 질문은 대충 이런 식이었으니까. "저기요, 제가 사는 숲에 커다란 구멍이 하나 있거든요. 여기에 똥을 싸도 되나요?"

"대체 폐기물 처리 시스템"을 허가받는 데 필요한 절차들을 장황하게 설명하고 이따금 짜증스럽게 중얼거리는 답변이 한참 동안 이어졌다. 담당자는 잠재적 비용을 강조하려는 것 같았다. 그 일을 벌이면 내 시간과 자기 시간이 얼마나 낭비될지를 지적했다. 내 시간보다도 자기 시간을 아끼고 싶은 듯했다. 구덩이가 있으면 전에도 그 자리에 화장실이 존재했다는 뜻이니 새로운 승인 절차가 필요하지 않을 것이라는 말도 넌지시 했다. 그렇게 하면 모두의 시간과 노력을 크게 절약할 수 있다고. 마지막으로 조언을 덧붙였다.

"이렇게 하라는 말은 아니지만요." 그러고는 '아니지만'을 왜 강조했는지 내가 제대로 알아듣도록 잠시 뜸을 들였다. "그냥 쓰다 남은 목재로 화장실을 짓는 방법이 있습니다. 현실적으로 문제가 생긴다면 누군가가 민원을 넣었을 때뿐이니까요." 수화기 너머로 그가 과장되게 윙크하며 날리는 바람이 느껴질 정도였다.

"이해했습니다." 나도 같은 수법으로 '이해'를 강조하며 말했다. "뭐, 진행하게 되면 연락드릴게요."

"잘 생각하셨습니다." 담당자는 전화를 끊었다.

뻥 뚫린 곳에서 하는 작업을 오래된 목재로 위장하는 일은 의외로 간단했다. 오두막 안에서 뜯어낸 낡은 판자가(알고 보니 크리스의 것이었던) 화장실의 외벽이 됐다. 우리는 구 늪지대이자 현 진입로에서 폭이 1.2미터에 길이가 2.4미터쯤 되는 플랫폼도 발견했다. 페인트를 두껍게 칠한 목재 여러 조각을 합쳐서 만든 플랫폼은 구덩이 위를 가로지르는 다리이자 화장실 바닥으로 더없이 완벽했다. 화장실에 새롭게 설치한 것은 지붕의 금속판과 간단한 상자에 고정시킨 변기뿐이었다. 우리는 배설물이 통과할 수 있도록 왕복 톱으로 바닥에 구멍을 뚫었다. 구조는 비교적 단순했다. 하지만 작동 원리를 이해하는 대목에서 혼란이 일어났다.

최대한 단순하게 말하면 내가 고안한 화장실은 구덩이 위에 세워진 작은 방 한 칸이었다. 잠시 비바람을 피할 수 있고, 문을 닫고 무시무시한 짐승에게 뜯어먹힐 위험 없이 쪼그려 앉아 볼일을 볼 수 있는 공간, 문을 다시 열기 전까지는 사생활을 지켜주고 우리를 안전하게 보호해 주는 공간. 어떻게 설치하느냐에 따라 약간의 편안함도 누릴 수 있었다. 야외 화장실과 퇴비화 변기에 관해 조사하던 중 화장실을 가능한 한 복잡하게 만들려는 사람들이 아주 많다는 사실을 알게 됐다. 이 주제만을 다룬 책이 있을 정도였고, 웹사이트도 넘쳐났다.

화장실의 작동 원리에 관한 풍부한 지식으로 먹고사는 사람들이 이렇게 많을 줄이야. 나는 수동 환기 시스템, 복잡한 퇴적 기반, 내용물을 더 균일하게 분해하도록 혼합해 주는 정교한 나선형 장치, 액체와 고체를 분리하는 다단계 구조의 그림이 가득 실려 있는 책들을 탐독했다. 토마토를 더 크게 재배할 수 있게 똥을 비료로 만드는 방법을 연구하는 사람도 있었다. 그에 비해 내 목적은 단순했고 예산은 보잘것없었으며 자원도 한정적이었다.

모든 구조를 숙지하고 머릿속에서 아이디어를 숙성시킨 끝에 나만의 설계도를 완성해 냈다. 오두막에 자주 들르지 못하는 현실을 반영하고 내가 이해한 생체역학적 기본 원리를 활용한 시스템이었다. 나는 가장 단순한 간이 화장실, 그러니까 통 위에 변기를 얹은 구조를 특대 크기로 키웠다. 통에 톱밥이나 우드칩을 넣고 볼일을 본 다음 배설물을 우드칩으로 덮는 식이었다. 설계도 자체는 아주 훌륭했다. 하지만 통이 가득 찼을 때 처리하는 과정이 마음에 걸렸다. 그래서 수정안에서는 통의 크기를 키우기로 했다. 내가 구할 수 있는 가장 큰 용기인 55갤런 드럼통으로.

드럼통을 찾기는 어렵지 않았다. 사업체들에서는 이런 드럼통을 각종 산업용 액체를 저장하는 용도로 수천 개씩 사용했다. 중고 시장에서는 빗물 저장 시스템용 용기로 사용하려는 사람들에게 인기가 높았다. 크레이그리스트를 살펴보다 무수한 드럼통을 묶어 산처럼 차곡차곡 쌓아둔 사진을 발견했다. 한 드럼통 납품업체에서 올린 게시물이었다. 55갤런 용량의 플라스틱 드럼통이 개당 50달러밖에 하지 않았다.

회사 점심시간을 이용해 게시물에 있는 주소를 휴대전화에 입력하고 시애틀의 남쪽 공업 지대에 있는 특징 없는 건물들로 향했다. 내가 찾는 것과 똑같은 통들이 끝도 없이 늘어서 있는 벽 앞에 차를 세우고 입구를 찾아 길을 쭉 걸었다. 드럼통 납품업체 사무실의 모습을 어떻게 예상했는지 나도 잘 모르겠지만 실제 모습은 더 충격적이었다. 시간을 거슬러 과거로 돌아온 기분이었다. 모든 것이 검은 때로 뒤덮여 있었다. 벽에는 녹슨 서류 캐비닛이 줄을 지었고 그 위에는 대대로 드럼통 제작업자들이 냅킨으로 썼을 법한 종이들이 산처럼 쌓여 있었다. 컴퓨터는 한 대도 보이지 않았다. 콘크리트 바닥은 페인트와 기름, 금속 부스러기로 도배됐다. 사무실 한쪽에 반쯤 열린 문이 있었다. 문틈으로 컨베이어벨트 주변의 모습을 엿봤다. 사람들이 분주히 움직이고 불꽃이 사방으로 튀고 있었다. 잠시 뒤, 누군가가 나를 발견했다.

작업복 차림의 젊은 남자가 문을 열고 나타났다. 한때 파란색이었을 듯한 작업복은 회색과 검은색 얼룩으로 물든 상태였다. 남자의 얼굴에도 비슷한 색의 기름때가 묻어 있었다. 그는 무슨 외계 생명체라도 본 듯 당황한 표정을 지었다. 내 차림새도 외계인과 크게 다르지 않았다. 나는 쨍한 주황색 차코 샌들을 신고 밑단을 자른 데님 반바지에 진홍색 민소매 티셔츠를 입고 있었다. 지금 하는 일이 아니라 꿈꾸는 일에 맞추어 옷을 입으라는 말도 있지 않던가.

"안녕하세요, 55갤런짜리 플라스틱 드럼통을 좀 사려고요."

남자는 내 대답을 듣자 더 혼란스러워진 듯했다. "거기 가만히 있어요."라는 것처럼 손을 들어 올렸다. 하지만 그 동작에는 "이론적으로는 무슨 말을 하는지 알겠는데 너무 황당한 요청이라서요. 뭘 몰라서 하는 말 같으니 당신을 상대해 줄 사람을 찾으러 가보겠습니다."라는 의미가 담겨 있는 것 같았다.

기다렸다. 첫 번째 남자보다 열 살에서 스무 살 정도 더 많아 보이지만 거의 쌍둥이처럼 똑같이 생긴 남자가 나타났다.

"어떻게 도와드릴까요?" 그의 질문은 고객 서비스 담당자들이 로봇처럼 기계적으로 뱉는 멘트와 달랐다. 마치 맥도날드에 있는 어린이용 볼풀에서 낑낑거리며 일어나지 못하는 노인에게 쓸 법한 말투였다.

생각이 복잡해졌다. 내가 뭘 잘못 알았나? 다른 사무실이 또 있는 걸까? 드럼통을 파는 곳은 확실한데. 차를 세운 곳 바로 옆에 내가 사려는 플라스틱 드럼통이 산처럼 쌓여 있었다고. 우리가 대화하는 이 순간에도 뒤에서 드럼통을 만드는 사람들의 모습이 보였다. 드럼통의 개수가 사람의 수보다 1억 배는 더 많았다.

"음, 통을 하나 사러 왔는데요? 드럼통요? 55갤런짜리 플라스틱으로요?"

요청으로 시작한 말은 질문으로 끝났다. 내가 정말 드럼통을 사러 왔나? 그러려고 이곳에 온 게 합리적인 일일까? 혹시 내가 미쳤나?

"어어어어어, 네." 두 번째 남자가 여전히 걱정스러운 표정으로 천천히 말했다. "으으으으음, 잠깐만 기다려 보세요."

첫 번째 남자는 이 문제가 자기 소관이 아니라는 것을 깨닫자마자 사라졌고, 내가 담당자라고 여겼던 두 번째 남자는 무언가를 찾아 낡은 금속 책상의 서랍을 뒤지기 시작했다. 마침내 먹지 영수증 용지와 펜을 한 자루 꺼낸 그가 긴장한 듯 영수증의 빈칸을 채우기 시작했다. 이곳 전체가 무언가를 위장한 장소이거나 도를 넘어버린 설치미술 작품처럼 느껴졌다. 한때 유행했던 플래시몹 팀 하나가 낙오돼 어떻게든 이 안에서 살아가고 있는 것인지도 모르겠다. 아니면 기대를 걸었던 드럼통 사업이 생각만큼 잘되지 않았을 수도 있다. 수십 년 동안 제조만 했지 한 개도 못 팔았다거나. 밖에 쌓인 재고를 보니 그게 가장 유력한 추측 같았다.

놀랍게도 이곳은 신용카드를 취급했다. 오래된 수동 명세표 발행기로 '딸깍!' 소리를 내며 찍었을 때가 오히려 덜 놀라웠다.

서류 작업을 마친 남자는 나를 밖으로 안내했다. 내 차 주위로 55갤런 드럼통이 산처럼 쌓여 있었다. "이런 통 말씀하시는 건가요?" 대략 8,000개는 돼 보이는 쌍둥이 통들을 가리키며 그가 물었다. 내가 어떤 대답을 해야 안심할까? 직원은 진심으로 이 상황이 어색하고 혼란스러운 눈치였다. 나는 진심으로 그를 구해주고 싶었다. 하지만 이렇게 말하고 싶은 심정도 간절했다. "네? 그럴 리가요! 말도 안 돼죠." 아니면 그를 붙잡고 이렇게 외치고 싶었다. "왜요? 통 안 팔아요? 그게 뭐가 이상하다는 건데?!" 하지만 그러지 않았다. 그게 딱이라고 말했다. 내 차 뒷좌석에 통을 실어주면서 남자는 이런 생각을 하지 않았을까. '빨리 가서 사람들한테 이 얘기를 해줘야지.'

그렇게 선택받은 드럼통은 첫 번째 주말 작업 파티 때 다른 물품들과 함께 트럭에 실렸고, 구덩이에 묻혀 대형 분뇨통 역할을 하게 됐다. 생각 없이 드럼통을 다 채우고 나서 처리 방법을 고민하고 싶지는 않았다. 드럼통 바닥에 커다란 구멍을 뚫고 흘러나온 것들이 자연스럽게 퍼지게끔 그 아래 땅에 자갈을 층층이 쌓았다. 화장실 안에는 휴지통을 하나 놓고 삼나무 톱밥을 가득 채웠다. 변기 안에 톱밥을 넣고 그 위에 볼일을 보기 위해서였다. 나는 배설물이 삼나무 톱밥 위에 잠시 아늑하게 머물다가 곧 마르리라 생각했다. 마르지 않은 배설물은 아래로 가라앉아 자갈을 통과한 뒤 땅속으로 스며들어 흙이 될 테고. 아니면 걸려져 벌레나 용암이나 비료가 돼 식물이 자라는 데 기여하고, 그 식물이 광합성을 하고 비를 내리고 해서…… 나도 내가 무슨 생각을 했는지 모르겠다. 아무튼 내 목표는, 확고부동했던 내 바람은 드럼통 바닥에 구멍이 있으니 시간이 흐르며 내용물들이 가라앉는 것이었다. 어쩌면, 정말로 운이 좋으면 드럼통이 가득 차기 전에 내가 죽거나 소행성이 지구에 충돌할 수도 있고.

드럼통을 사용한 지 2년이 조금 넘었을 때 한번 확인해 보기로 했다. 늦가을의 어느 아침이었다. 모름지기 가을은 마주하기 힘들었던 문제를 돌아보는 회고의 계절이 아니던가. 나는 손전등과 희망으로 무장한 뒤 화장실 문을 열고 구덩이 안을 들여다봤다. 그전까지는 슬쩍 보고 독거미가 짠 라탄 의자에 앉는 것이 아닐까 확인했을 뿐 그 이상의 관심을 두지는 않았다. 그래서 불빛이 구덩이 바닥을 비췄을 때 깜짝 놀라지 않을 수 없었다. 생각만큼 끔찍하지 않았다. 아니, 오히려 깔끔했다. 게다가 살아 있었다. 작은 벌레 군단이 그 안을 드나들며 분주히 움직이고 있었다. 즐거워 보였다. 삶의 목적을 가지고 바쁘게 살아갈 수 있어 행복한 듯했다. 내가 구상한 퇴비화 계획에 벌레는 포함돼 있지 않았지만, 녀석들도 합류하기로 했다니 더없이 기뻤다.

하지만 쌓여가는 더미를 보니 어째 불안해졌다. 내 의도와 달리 드럼통은 차오르고 있었다. 더미의 높이를 눈으로 대충 가늠하니 약 20퍼센트는 찬 상태였다. 머릿속으로 계산을 해봤다.

내가 성인으로서 지켜야 할 일상적인 책임을 회피하고 지금과 같은 빈도로 오두막을 방문한다면 드럼통은 6년 뒤 가득 찰 터였다. 다시 말해, 6년 안에는 오두막을 팔아야 한다는 뜻이었다. 신중하게 식단을 계획하고 섬유질이 풍부한 음식이나 치즈, 립아이 스테이크, 시저 샐러드, 칠리, 동결 건조 해시브라운 대신 변비를 유발하는 음식을 먹는다면 시간을 조금 더 벌 수는 있겠지. 어쨌든 당장은 문제없이 작동하고 있었다.

20 목공은 수학보다 재즈

브라이언이 오두막을 다시 찾은 것은 12월 초였다. 가을의 마법은 사라진 지 오래였고, 영하의 날씨가 며칠째 이어지며 차디찬 고요가 온 세상을 가득 메웠다. 브라이언이 머무는 동안에도 일기예보는 비슷했다.

이번에는 오두막에서 느긋하게 시간을 보내고 몇 가지 프로젝트를 진행하며 손에 톱밥을 묻힐 계획이었다. 회사에서도 우리는 습관처럼 온라인 채팅으로 각자의 탈출구(나는 오두막, 브라이언은 요트를 개조한 집)에 관해 이야기했다. 돌이켜 보면 이런 대화가 내 업무 효율을 완전히 박살 냈던 것 같다. 부끄럽지만 인정한다. 사무실에 추파카브라 한 무리를 풀어놨어도 오두막이야기만큼 일에 지장을 주지는 못했을 것이다. 당시 내가 다니던 회사 사장님들에게 죄송할 따름이다.

혼자 작업해서 좋은 순간도 있었다. 홀로 사포질을 하거나 문이나 창문 테두리에 몰딩을 붙이고 있으면 기분 좋은 고독감이 느껴졌다. 페인트를 칠할 때도 마찬가지였다. 혼자서 작업할 때는 명상을 하듯 손의 움직임과 리듬을 맞췄다. 하지만 복잡한 공사를 할 때는 누구라도 불러 도움을 청했다. 혼자서는 뭘 잘못 자르거나 공구를 엉뚱한 데 놔둬도 다른 사람 탓을 못하니까.

브라이언과 작업을 하면 즐거웠다. 목공 지식을 함께 쌓아가는 사이라는 점도 하나의 이유였다. 우리는 만날 때마다 새로 배운 기술과 공법을 공유했다. 물론 왜 이렇게 어렵고 복잡하고 머리가 아프냐며 하소연을 하고 공감을 나누는 날이 더 많았지만. 건축의 세계는 끝이 없는 토끼굴 같았다. 모든 세세한 부분까지 파고들어야 했다. 때로는 어이가 없어서 헛웃음이 나왔다. 당황하거나 분노하기도 했다. 합판 두께(꼭 23/32인치로 만들어야 하는 이유가 있나?)나 페인트마다 다른 건조 시간 때문에 배를 잡고 웃고 싶었던 적도, 주먹으로 벽에 구멍을 뚫고 싶었던 적도 있었다. 사람들에게 이런 이야기를 하다 보면 나도 모르게 "아, 직접 봐야 알아요."라는 말을 중얼거리며 덧붙이곤 했다. 브라이언은 나름의 경험이 있다고 자부했지만 나와 채팅을 하며 끝없는 토끼굴에 함께 빠지기 시작했다. 또 다른 의미에서도 나처럼 토끼굴에 갇힌 신세였다. 우리가 상상했던 작가의 삶은 이런 감옥 같은 삶이 아니었기 때문이다. 우리는 긴 연휴가 찾아오면 책상을 벗어나 키보드와 마우스 대신 드릴과 망치를 쥘 수 있어 기뻐했다. 이번 주 계획은 뭐야? 계단이나 만들까.

다락은 발전을 거듭해 오두막의 나머지 공간처럼 살 만한 곳으로 변했다. 발견되는 거미의 숫자는 한 자릿수로 줄었고, 날카롭게 튀어나왔던 못은 머리, 어깨, 무릎, 발가락과 부딪힐 때마다 눌려 들어갔다. 맷과 나는 고생 끝에 벽과 천장의 98퍼센트를 얇은 합판으로 덮었다. 남은 2퍼센트는 합판 사이의 틈이 차지했다. 다락 천장이 작업하기에 까다로웠다기보다는 "적당히 잘 맞겠지." 하며 자른 패널을 추가할 때마다 오차가 누적된 탓이었다. 마지막에 끼운 복잡한 구조의 삼각형은 만드는 데 몇 시간이나 걸렸다. 대충 잘 맞았지만 사실 안 맞아도 맞아야 했다. 더는 재료로 쓸 나무가 없었으니까. 벽에 패널을 붙인 뒤에는 2×4 각재와 남은 삼나무 판자를 이용해 간단한 침대도 만들었다. 얼마 되지 않는 높이였지만 침대 그 자체에 상징적인 의미가 있었다. 바닥은 벌레와 거미와 먼지의 공간이었고, 사람들은 그 위에서 생활하는 구조였다. 깨끗이 청소도 하며 며칠 밤을 보내고 나니 어느새 다락은 잠을 자는 공간으로 굳어졌다.

하지만 다락으로 올라가는 것부터 난관이었다. 지금까지도 다락으로 가려면 조잡한 수제 사다리를 쓰는 방법밖에 없었다.

발판이 고르지 않아 늘 한쪽으로 기울어져 있었고 당장이라도 옆으로 쓰러지거나 뒤로 넘어갈 것만 같았다. 가로대 간격은 너무 좁아 내려갈 때마다 눈앞이 아찔했고 발을 어디에 둬야 할지 고민해야 했다. 또 다락 바닥이 지면에서 2.4미터밖에 떨어져 있지 않았는데 사다리는 그보다 더 짧았다. 오르내릴 때마다 코어 근육을 시험해야 하는 상황에서 사다리는 그저 불안정한 발판으로만 존재했다.

마음 같아서는 사다리를 계단으로 교체하고 싶었다. 물론 사다리를 새로 사는 편이 더 간단했다. 지금의 사다리를 업그레이드 하는 방법은 실패할 확률도 적었고. 하지만 나는 몇 가지 이유로 계단을 갖고 싶었다. 계단이 있으면 다락으로 올라가기가 더 편해질 터였다. 특히 물건을 들고 올라갈 때. 당시 우리는 사다리 아래에 서서 가방과 베개와 재킷을 지상에서 다락으로 던져 올리고 있었다. 물건을 다시 내려야 할 때면 매트리스에 던지곤 했는데 그러는 바람에 매트리스 옆 협탁에 놓인 머그잔, 램프, 안경이 몇 번이나 깨질 뻔했다. 계단은 사다리보다 더 멋지고 더 고급스러운 느낌이었다. 그리고 계단을 만드는 일을 하기 위해서라도 계단이 필요했다. 내 목공 실력은 이제 사다리 만들기가 껌이라고 말할 수 있는 경지에 도달했다. 쓸 만한 계단을 만드는 과정에는 새로운 도전 과제들이 놓여 있었다. 이 오두막은 독특한 특징 때문에 계단을 만들기가 훨씬 까다로웠다.

규정집과 전문가들의 말에 따르면 일반적인 계단의 폭은 90센티미터였다. 계단 높이는 17센티미터가, 발이 닿는 부분인 디딤판은 28센티미터 정도가 이상적이었다. 이 조건 그대로 오두막에 계단을 설치하면 내부 공간의 3분의 1 이상을 사용해야 했고 계단 끝이 벽을 뚫고 데크 중앙까지 나가는 수가 있었다. 평범한 계단은 불가능했다. 창의력을 발휘해야 할 시간이었다. 거기에도 나름의 재미가 있다고 생각했다.

브라이언이 방문한 첫날 밤, 우리는 보이차(흙내음이 나는 발효 흑차는 오두막의 소소한 전통이 됐다)를 마시고 종이에 설계도를 그렸다. 계단의 설계는 간단치 않았다. 우선 각도를 고려해야 했다. 각도가 좀 까다로운가. 게다가 한 치의 오차도 없이 정확해야 했다. 우리의 몸은 계단을 오르는 행위에 놀라울 만큼 쉽게 적응한다. 근육의 움직임을 복사해서 붙여 넣는 수준으로 계단 위에서 발을 움직인다. 잘 만든 계단은 아무 생각 없이도 오를 수 있다. 그러니까 특정 각도에 맞춰 계단의 시작과 끝을 어디로 정할지, 어떻게 각각의 계단을 똑같은 크기로 만들지 우리가 직접 알아내야 한다는 뜻이었다. 동시에 사람이 서 있을 수 있을 만큼 적당히 넓은 공간도 확보해야 했다. 나는 오두막을 방문하기 몇 주 전부터 구조 설계와 관련된 책들을 탐독하고 계단을 만드는 유튜브 영상도 무한으로 시청했다. 하지만 오두막에 도착해 수학 계산으로 머리를 쥐어짜고 있으니 그동안 쌓았던 지식이 전부 먼 기억처럼 희미하게 느껴졌다. 우리는 더 직접적인 접근법을 택하기로 했다. 계산기와 모눈종이를 버리고 직접 벽에 대고 계단의 윤곽을 그리기 시작했다. 합판 위에 줄자를 펼쳐 계단이 바닥에 닿을 위치를 가늠하고 계단을 고정할 방법을 궁리했다. 다양한 디딤판 크기를 바닥에 테이프로 표시하고 그 위에 서서 크기를 체감했다. 차를 더 마셨다. 그리고 처음부터 다시 시작했다. 몇 번 반복하자 막연하던 숫자가 서서히 구체적으로 바뀌었다. 밤이 됐을 무렵, 대강의 계획이 잡혔다.

계단은 좁게 시작하기로 했다. 소중한 바닥 공간을 최대한 지키고 싶었기 때문이다. 그리고 지면 가까이에 있으면 넓은 계단이 필요 없지 않을까? 좀 높이 올라가야 발을 디딜 때 불안하지 않았으면 좋겠다는 생각이 들지. 그래서 우리는 점진적으로 넓어지다 맨 끝에서 다락 입구와 같은 너비로 마무리되는 구조로 계단을 설계했다. 그래서 바닥에서 보면 계단이 살짝 휘어 보일 터였다. 형태도 합격, 기능도 합격. 숙련된 목수의 눈에는 어린애 장난처럼 보이겠지만 최종 설계도를 그릴 때 우리는 공학의 신이 된 기분이었다. 심지어 진짜 재미는 이제 시작이었다. 우리가 실제로 계단을 만든다니. 기대감과 긴장감, 흥분감으로 잠이 오지 않았다. 공구들을 꺼내고 팔팔 끓는 뜨거운 커피로 12월 아침의 추위를 이겨낼 내일이 기다려졌다. 계단을 망친다고 해도(그럴 가능성이 컸다) 터덜터덜 출근해서 온라인 회의를 하고 말로만 계획하는 것보다는 나았다. 이곳에서는 하고 싶다고 말만 해왔던 일을 직접 하고 있었으니까. 행복한 시간을 보내고 있다는 사실을 우리 자신도 잘 알았기에 이 순간은 더 특별했다.

캐스케이드산맥 위로 동이 트며 충격적일 만큼 맑고 쌀쌀한 아침이 밝았다. 태양이 거의 푸른빛으로 보일 정도였다. 밖으로 나가니 온 세상이 희뿌연 서리를 뒤집어쓰고 있었다. 우리는 여유롭게 준비하며 난로에 장작을 몇 번 더 추가해 불을 지피고 든든하게 아침 식사를 차렸다. 아침 메뉴인 햄스테이크, 계란프라이, 해시브라운에 오두막 초창기부터 늘 큰 병으로 구비해 둔 타바스코 핫소스를 듬뿍 뿌리는 것도 잊지 않았다. 두꺼운 양말을 신고 맨투맨을 겹쳐 입기 시작할 즈음, 커피포트에서는 기름처럼 걸쭉한 커피가 두 번째로 끓고 있었다. 나는 밖으로 나가 목재를 내렸고, 브라이언은 원형 톱과 드릴의 배터리를 충전하기 위해 발전기에 시동을 걸었다. 배터리가 충전되는 동안 우리는 김이 모락모락 나는 머그잔을 들고 소중한 계획을 다시 한번 꼼꼼하게 점검했다.

우리의 설계도는 첫 번째 목재를 자른 뒤 난로로 들어갔다. 전날 밤의 노력이 연기로 변해 얼어붙은 숲으로 정처 없이 날아갔다. 우리가 각도를 잘못 계산한 모양이었다. 목재를 자르는 각도가 달라지니 계단이 바닥에 닿는 지점도 달라지고, 디딤판의 높이가 계단 전체의 높이에 영향을 미치는 등의 문제가 생겼다. 우리는 즉흥으로 문제를 해결하기 시작했다. 원래도 우리에게는 그런 방식이 더 잘 맞았으니까. 몇 년 뒤에는 이런 목공 방식을 가리키는 용어까지 창조했다. 일명 '재즈jazz'. 재즈는 수학적 지능이 전무하다는 사실을 깨닫고 인문학 전공을 선택한 사람의 방식을 뜻했다. 재즈는 시행착오를 겪으며 나아가는 목공이었다. 재즈는 자신감과 재료가 부족하고 중력과 물리학 등에 대한 이해가 떨어지는 것을 만회하기 위한 과잉 건축을 가리켰다. 우리에게는 재즈 방식이 더 잘 맞았다. 아무 믿음을 못 주는 수학보다는 그쪽이 훨씬 믿을 만했다. 나는 물건을 눈으로 보고, 치수를 잴 수 있을 때까지 재고, 최선을 다해 자르고 들어서 맞춰보는 방법이 옳다고 믿었다. 잘 맞으면 나사를 백만 개쯤 박아 넣고 다음으로 넘어갔다. 헐겁거나 흔들리거나 틈이 너무 벌어지면 이유를 알아낸 뒤 처음부터 다시 시작했고. 시간이 지나자 실수가 점점 줄어들었다.

기적적으로 모든 것이 제자리를 찾아가기 시작했다. 계단이 무너질지 모른다는 공포에 떨던 우리는 최악의 시나리오가 실현되는 걸 막기 위해 몇 시간 동안 계단에 나사를 박았다. 나사가 들어갈 공간만 있으면 무조건 박아 넣었다. 바닥, 벽, 다락 장선에도 나사를 박았다. 그래도 마음이 놓이지 않았다. 나사를 더 박기 위해 계단에 나뭇조각들을 덧붙였다. 고정 장치를 추가할 때마다 계단을 잡고 흔들어보며 상태를 확인했는데 결론은 늘 똑같았다. "좋아, 효과가 있네." 테스트에서 계단은 거의 움직이지 않았지만 그 주위가 눈에 띄게 흔들렸다. 괜찮은 건가? 아니면 불길한 징조인가? 판단하기가 어려웠다.

디딤판을 추가할 때마다 우리는 번갈아 가며 시험해 봤다. 몸으로 느낌을 확인하고 너비와 받침대를 조금씩 조정했다. 재료를 약간씩 추가하고 맛을 보며 필요한 부분을 수정하는 과정이 요리와 크게 다르지 않았다. 작업을 마친 뒤에는 한 발 뒤로 물러나서 우리의 작품을 감상했다. 데크 주변은 톱밥과 나뭇조각들로 뒤덮여 있었다. 아무 계획 없이 시작한 것치고 의외로 낭비한 재료가 없었다. 직접 부딪혀서 배우다 보면 재활용에 능숙해진다. 이런 장점이라도 없으면 목재는 오래전에 바닥났을 것이다.

평범한 사람의 눈에 이 계단은 기껏해야 표준 각목을 투박하게 조합해 만든 구조물로 보일지 모른다. 나무 집이나 닭장에 어울린다고 생각하겠지. 판자 옆면에는 아직도 제재소 도장이 선명하게 찍혀 있었다. 나사 간격도 균일하지 않았다. 나사의 종류도 제각각이었다. 나사 대신 못을 박은 곳도 있었다. 우리는 까다롭게 굴지 않았다. 조잡한 결과물이었지만 우리가 느낀 뿌듯함을 말로 표현할 수 없었다. 크기만 맞으면 됐지. 제 기능을 하고, 튼튼하지 않은가. 무엇보다도 다른 오두막에 놓으면 크기가 맞지 않는다는 사실이 중요했다. 다른 사람의 손에서는 이런 모양의 계단이 나오지 않았을 것이다. 중요한 점은 또 있었다. 계획과 수학을 무시했을지언정 우리가 좋은 계단, 올바른 계단을 만드는 본질적인 원칙은 지켰다는 사실이다. 우리의 계단은 계단이라면 마땅히 그래야 하는 것처럼 편안하고 단단했다. 안정적이었다. 한편으로는 아주 독특했다. 일상에서 처리해야 하는 일들과 달리 형체가 있는 무언가를 만들어냈다는 감각은 우리의 가슴에 깊고도 깊은 만족감을 남겼다.

21 

우리가 어떤 사람인지, 어떤 인생을 원하는지

효과는 생각보다 빨리 나타났다. 아니면 너무 추워서 그것, 그러니까 버섯(체내에 흡수되면 환각을 일으키는 독버섯을 가리킨다. 과거 아메리카 원주민들이 제사 의식에 사용한 것으로 알려져 있으나 현재는 대부분의 주에서 사용을 금지한다—옮긴이)의 기운을 느끼지 못했던 것일 수도 있고. 그때 바깥 날씨는 영하 15도쯤 됐을 거다. 오두막에 온도계가 없어 사실인지 확인할 방법은 없었지만 오기 전에 일기예보를 확인하니 밤 기온이 매일 영하 10도 이하로 떨어진다고 했었다. 첫날 밤에는 브라이언과 계단을 만들었다. 둘째 날 밤은 조금 달랐다. 준비 과정은 평소와 똑같았다.

몇 주 전 시애틀 집에서 냉장고를 열고 대용량 지퍼락에 얌전히 보관돼 있던 말린 버섯을 꺼냈다. 커피를 분쇄하는 용도로는 사용하지 않는 커피 그라인더를 꺼내 버섯을 넣고 몇 번 짧게 위이잉 소리를 내며 돌렸다. 버섯이 고운 가루로 변해 있었다. 뚜껑을 조심스럽게 열어야 한다는 사실은 잊지 않았다. 그렇게 하지 않으면 가루가 얼굴에 직통으로 날아온다는 교훈을 뼈아픈 경험으로 배웠기 때문이었다. 썩 유쾌하지 않은 경험이었다. 버섯 가루는 유리로 된 밀폐 용기에 담아 옮길 준비를 마쳤다. 오두막에서 이 가루를 뜨거운 물에 풀어서 브라운 그레이비 믹스를 소량 첨가하자 우리의 정신 상태를 바꿔줄 스튜 같은 혼합물이 탄생했다.

우리는 각자의 몫을 마시고 특유의 긴장된 에너지를 느끼며 앉아 있었다. 이번에는 우리를 어디로 데려다줄까 기대하면서. 이후의 일과는 늘 그렇듯 비슷했다. 화장실을 여러 번 드나들며 책임감 있게 주변을 정리하고 나중에 불을 피울 수 있도록 장작을 준비하고 물병을 채웠다. 주머니에서 지갑, 열쇠, 휴대전화 같은 귀중품을 빼고 그보다 더 귀하게 쓰일 손전등, 라이터를 넣었다. 오래 걸어야 하니 간식도 한두 개쯤 챙기고.

오두막 안에서 버섯을 하는 것도 나쁘지는 않았다. 아니, 환상적이었다. 하지만 아무리 영하의 날씨라 해도 바깥세상, 미지의 자연, 모험, 탐험의 유혹을 무시할 수 없었다. 추위에는 적응할 수 있었다. 얼음 왕국을 헤치고 나아가는 난쟁이 요정이 되지, 뭐. 온 세상이 선명하고 우스꽝스러울 터였다. 새로우면서도 한편으로는 익숙하겠지. 익숙하기만 할까. 시간을 초월할 텐데. 우리는 영원할 것이다.

"너무 춥지 않을까?" 우리 중 한 명이 물었다.

"에이, 잘 싸매면 되지. 괜찮을 거야."

우리는 코트와 모자를 겹겹이 착용하고 적당하다 싶은 데서 멈췄다. 옷이란 옷은 전부 다 꺼내 입은 상태였다. 양말과 두꺼운 부츠까지 신었다. 그렇게 완전 무장을 하고 출발했다. 오두막 문을 잠그지는 않았다. 누군가가 침입할 가능성보다는 숲에서 계획 없이 놀다가 열쇠를 잃어버릴 가능성이 100배는 더 높았기 때문이다. 진입로 끝에서 오른쪽으로 꺾어 위츠엔드길에 들어섰고, 주인이 누구인지도 모르고 덤불에 파묻혀 있는 낡은 지프차를 지나쳤다. 언덕을 넘고 크리스의 고요한 오두막을 지났다. 할머니들이 살던 별장도 지나쳤다. 그 집은 얼마 전 나무가 쓰러져 훼손됐다. 우리가 방수포를 덮어 수습해 보려 했지만 소용없었다. 지난 몇 년 사이 그 할머니들을 봤다는 사람도 없었다.

극한의 추위만이 만들어낼 수 있는 고요함이 사방에 감돌았다. 눈 덮인 풍경에 깔리는 정적과는 달랐다. 이건 금속성의 침묵에 가까웠다. 얼어붙은 나뭇가지, 바위, 이끼에 소리가 가볍게 부딪혀 튕겨 나왔다. 저음은 없고 고음만이 존재했다. 소리조차 추워서 밖으로 나오지 못하고 온기를 지키려 메아리를 품속에 안고 있는 것 같았다. 구름 한 점 없는 하늘에 보름달이 떴다. 별이 너무 밝아서 똑바로 보면 눈이 부실 정도였다. 공기 중에는 연기 냄새가 짙게 배어 있었다. 리버사이츠의 모든 이가 난로 곁에 모여 있으리라. 현명한 선택이었다.

"와, 이거, 참, 진짜 춥네." 위츠엔드길에서 큰길로 접어들며 내가 브라이언에게 말했다.

"그러게, 진짜로."

걸음이 빨라졌다.

"음, 저기 말이야……. 너무 춥지 않아?" 브라이언이 속도를 늦추며 물었다.

"어, 그런 듯."

우리는 멈춰 섰다.

"우리 밖에 이러고 있어도 되는 거야?"

"아니, 안 되지."

이게 문제였다. 곤란한데. 당연한 말이지만 너무 추웠다. 미칠 것 같았다. 우리는 얇은 재킷만 걸치고 있었다. 무슨 이딴 계획이 다 있지? 이곳은 우주보다 더 추웠다. 멍청한 짓이었다. 빨리 오두막으로 돌아가자. 지금 당장 가야 했다. 언덕은 가팔랐다. 원래 이렇게 가팔랐나? 오두막으로 돌아가야 해. 반짝이는 눈은 쳐다보지 말고. 지금은 고양이의 눈을 볼 때가 아니었다. 그러기에는 너무 추웠다. 온 세상이 얼어붙어 있었다. 혹시 나무가 터질 수도 있나? 저기 눈이 있네. 더 빨리 가야 해. 이렇게 추우면 나무도 터지지 않을까? 그래도 아주 높이까지 올라오지 않아서 다행이야. 책임감 있는 결정을 했어. 오두막에 들어가면 불을 피우자. 그 안은 안전할 거야. 따뜻하겠지. 잘했어. 금방 다 끝날 거야.

안으로. 안으로. 우리는 오두막 안으로 들어갔다. 하지만 별 차이가 없었다. 오두막에서 나올 때는 따뜻하지 않았나? 지금은 안과 밖이 비슷했다. 어쩐지 더 추운 것도 같았다. 불. 불을 피워야 했다.

"괜찮아?"

"안 괜찮아."

"빨리 불 피우자."

브라이언이 불을 피우고 내가 램프를 켜기로 했다. 큰 불과 작은 불. 좋은 선택이다. 브라이언이 화목 난로 앞에 쪼그려 앉았다. 45분 전만 해도 그 안에서는 장작이 활활 타고 있었다. 더 오래됐던가? 확인할 방법은 없었다. 더 오래됐을지도 모르겠다. 우리가 옷을 입는 데 시간이 너무 많이 걸려서.

나는 램프에 불을 붙이지 않았다. 다른 데 정신이 팔려 그럴 수 없었다. 겨우 계단에 걸터앉아 브라이언을 내려다봤다. 긴장이 됐는지 내 발이 썰매에 달린 방울처럼 흔들렸다. 가슴에는 다음 순간에 대한 기대감밖에 없었다. 뭐가 됐든 기다렸다. 매 순간을 견뎌야 했다. 견디는 것이 과제라면 모든 시간이 합격이었다. 아직은 정신이 멀쩡했다. 내 정신은 멀쩡했다. 아직 여기에 앉아 있어. 괜찮아. 내 정신은 아직 멀쩡해.

"거긴 어때, 친구?" 내가 큰소리로 말했다. 실은 나 자신에게 하는 말이었을지도 모른다.

브라이언이 나를 돌아봤다. 당장이라도 눈알이 튀어나올 것만 같은 표정이었다. "현실의 끄트머리를 겨우 붙잡고 있어."

그렇게 웃긴 말은 처음이었다. 우리는 쓰러졌다. 폭소를 터뜨리며 데굴데굴 굴렀다. 눈물을 흘리고 네발로 바닥을 기었다. 매트리스 아래에서 우리의 이성을 찾으려 했다. 야, 이거 봐, 라임이다. 우리는 이 오두막에서 죽을 거야. 그러면 얼마나 웃길까.

브라이언은 눈물을 닦으며 계단으로 물러나 목구멍에 걸린 웃음을 삼키려고 손바닥에 얼굴을 묻었다. 그사이에 내가 난로 앞에 자리를 잡고 앉았다. 이제는 내가 해결해야 했다.

필요한 재료는 다 있었다. 종이, 라이터, 불쏘시개, 난로. 모든 것이 완벽한 모습으로 내 앞에 쌓여 있었다. 지금 같은 순간을 위해 이렇게 준비해 둔 거였다. 어린애들 놀이 만큼이나 간단했다. 재료들이 자기들끼리 알아서 불을 피웠다고 해도 놀라지 않았을 거다. 나는 자신 있게 술탄의 슈퍼마켓 레드애플에서 받은 주간 할인 전단지를 찢어낸 종잇조각을 집어 들었다. 뇌에서는 오합지졸로 모인 임시 조직이 모든 운동 기능을 떠맡았고 그동안 1차, 2차, 3차 팀들은 해마에서 벌어지는 혼란을 처리하느라 바빴다. 휴가 중이던 뇌세포들이 호출을 받았다. 관리자들이 자다가 깼다. 합선된 머릿속에서 휘몰아치는 혼란을 이해하기 위해 모든 인력이 총동원됐다. 내 손의 통제실에는 진Gene밖에 없었다. 진은 신참이었고 여긴 그의 부서도 아니었다. 그는 내 나트륨 수치를 조절하는 비서의 조수였다. 내 손을 움직이는 일은 그의 직무와 아무 상관이 없었다.

브라이언이 계단과 현실의 끄트머리를 붙잡고 있는 동안 나는 진에게 종이를 구겨달라는 간청을 퍼부었다. 진은 황급히 정보가 담긴 바인더를 뒤졌다. 코 후비기와 사람들에게 중지 날리기 페이지를 지나쳤다. 그림 그리기에 관한 페이지를 넘기고 버튼 누르기 페이지도 지났다. 아, 마침내 구기기 페이지다!

어설프게나마 손가락이 말리기 시작했다. 종이가 구겨졌다기보다 휘어졌지만 시작은 시작이었다. 더 많은 손가락이 꿈틀거리며 살아났고 손과 손이 만났다. 드디어! 구겨진다! 성공이야! 연습을 거듭할수록 종이를 구기는 속도가 빨라졌다. 진도 이제는 불이 붙었다. 승진이 눈앞에 보이는군. 샴페인 딸 준비를 해야지. 대사代謝 부서의 에리카Erica도 이제는 나와 자겠다고 할 거야! 하하!

구겨진 종이를 난로에 넣는 일도 쉽지는 않았다. 실제로는 엽서 크기만한 입구가 시리얼 한 알처럼 작게 느껴졌기 때문이다. 그래도 연습을 거듭하니 성공률이 높아졌다. 난로 안에 종이가 쌓이기 시작했다. 우리는 종이를 구겼다. 던지는 일은 진이 맡았다.

종이로 연습을 한 덕분에 불쏘시개를 넣는 일은 훨씬 수월했다. 아주 순조로웠다. 나는 감히 브라이언을 돌아보지 못했다. 집중이 끊기면 다시는 되찾지 못할 것 같았기 때문이다. 온전한 정신은 이 불이라는 문을 통해서만 들어갈 수 있었다. 불을 붙이지 못하면 돌아갈 길이 없었다.

라이터를 집어 들자 정신이 혼미해졌다. 빛과 불꽃의 철학적 본질에 관한 내적 대화를 해볼까 하는 생각이 떠올랐지만 옆으로 미뤄뒀다. 불꽃은 정확히 무엇으로 이루어졌지? 아니, 지금은 말고. 라이터의 반대말은 뭘까? 진! 나는 진에게 생각의 주도권을 넘겼다. 최후의 시도였는데 통했다. 딸깍. 번쩍. 가스 냄새. 이거야.

소심한 불꽃이 구겨진 종이의 가장자리에 달라붙었다. 불길이 점점 커졌다. 얼어붙은 고요 속에서 고양이가 갸르릉거리는 듯한 소리가 점점 커지더니 호랑이의 포효 소리로 변했다. 나무가 타기 시작했다. 굴뚝에서 바람이 들어오고 있었다. 불이 태어났다. 나는 뒤로 넘어졌다. 팔다리가 젠가 조각처럼 바닥에 흩어졌다. 브라이언이 놀라워했다. 나도 놀랐다. 이제부터는 즐거움의 시간이다. 온기는 곧 안전이었다. 온기가 있으면 마음의 닻줄을 풀고 훌훌 떠내려갈 수 있었다. 우리는 그렇게 했다.

이후의 상황을 타임랩스로 찍었다면 두 남자가 각자의 현실 속에서 미개척지를 찾아 탐험하는 광란의 영상이 나왔을 것이다. 우리는 정신없이 위치를 바꿔 가며 움직였다. 4번 계단에 앉는 장점과 5번 계단에 앉는 장점에 관한 토론은 끝날 줄을 몰랐다. 다락 천장이 오두막에 배 같은 느낌을 주는지, 호박 같은 느낌을 주는지도 평가했다. 양측이 치밀하게 주장을 펼친 끝에 결론이 났다. 우리는 거대한 호박 안에 있었다. 우리는 너무 무겁지 않은 물건들을 요리조리 움직이며 재배치했다. 몇 시간 동안 조명을 어디에 둘지, 향을 얼마나 자주 피울지, 어떤 장르의 음악을 틀지 결정했다. 무한한 에너지로 경험의 순간을 정성껏 연출했다. 스펀지의 위치, 머그잔의 기울기, 담요의 배열를 결정하고 있으려니 말로 표현할 수 없이 즐거웠다. 지루할 틈이 없었다. 호기심밖에 존재하지 않았고, 사소한 발견조차도 어마어마한 보물처럼 느껴졌다.

버섯을 하는 것은 스카이다이빙과 조금 비슷하다. 몇 주 동안 그 순간을 준비하며 모든 통제를 내려놓고 장대한 낙하에 몸을 맡길 용기를 그러모은다. 문 앞에 서면 온몸의 신경이 곤두서고 속이 울렁거리지만 돌아서기에는 너무 늦었다. 여기까지 온 이유가 있을 테니까. 과거의 내가 내린 판단을 믿어야 한다. 일단 뛰어내리면 로그함수와 같은 혼돈이 시작된다. 속도는 점점 빨라진다. 더는 빨라질 수 없다는 생각이 들 때까지. 그러다 갑자기 낙하산이 펼쳐지고 우아하고 유려한 하강으로 세상이 돌변한다. 눈앞의 풍경과 선명함이 영원히 계속될 것만 같다.

예전에 심리상담을 받았던 적 있다. 상담실은 내가 살던 곳 근처의 쇼핑몰처럼 생긴 산업 단지 안에 있었다. 나는 처음이자 마지막이 된 상담일에 그곳까지 걸어갔다. 상담 전에 약간의 운동으로 정신을 다잡아 보겠다는 생각이었다. 아늑한 상담실에 도착해 상담사의 권유대로 푹신한 소파에 앉았고 대화를 시작했다. 그날의 상담은 앞으로의 과정을 설명하고 내 목표를 묻는 오리엔테이션 같았다. 듣자 하니 원래 그런 식인 듯했다. 열린 마음으로 임해보자고 다짐했지만 그날 상담실을 나서는 순간 다시는 돌아오지 않을 것을 알았다. 여러 가지로 이건 아니라는 느낌이 들었다. 상담사는 낯선 사람이었고 상담실은 익숙하지 않은 공간이었다. 돈이 오가는 것도 불편했다. 젖을 짜기 위해 끌려 나온 젖소처럼 감정을 착유당하는 느낌이었다. 계속하다 보면 편해지리라 생각했다. 하지만 그렇게 하지 않았다.

내가 처음 버섯을 해봤던 곳은 인덱스에서 그리 멀지 않았다. 오두막을 사기 한참 전의 일이었다. 오랜 친구와 A자형 텐트에서 하룻밤을 보내며 함께 버섯을 시도해 봤다. 내게는 계시와도 같은 경험이었다. 할 때마다 정신이 명료해지는 느낌이 좋았다. 하지만 모두가 이런 경험을 하지는 못했고, 지금도 마찬가지일 것이다. 과정 자체가 버겁게 느껴지고 압도감에 두려워지는 순간도 있었다. 하지만 나는 그런 대가를 치를 가치가 있는 경험이라 생각했다. 불을 피우려다 폭소를 터뜨리게 한 광기도 경험의 한 과정이었다. 집을 제대로 청소하고 싶으면 우선 가구부터 다 옮겨야 할 때가 있듯이. 늘 생각하지만 내가 그런 경험과 잘 맞는 사람이라 다행이었다. 나는 오두막을 사기 몇 년 전에 첫 경험을 한 이후로 가끔씩 버섯을 다시 찾았다. 그리고 버섯은 언제나, 어느 때나 내게 무언가를 줬다. 연애에 실패했을 때 감싸 안아 줬고, 아빠가 돌아가셨을 때 위로해 줬다. 나 자신을 사랑해야 한다는 사실, 주변 사람들에게 깊이 감사해야 한다는 사실을 일깨워줬다. 오두막처럼 버섯에도 우리 안의 응어리를 해소시키고 결핍을 채워주는 힘이 있는 듯했다. 우리에게 부족한 것이 깔깔 웃으며 보내는 하룻밤이라 해도 말이다.

이 여정에 변하지 않는 요소가 있다면 동행자와 배경이었다. 언제나 둘 다 최고 수준으로 준비했다. 제일 가까운 친구들 몇 명만 모았다. 친구들과 함께 태평양 위로 펼쳐진 은하수를 봤다. 해 질 녘 산속의 외딴 호숫가에서 캠핑을 하고 해먹에 몸을 뉘었다. 사막의 협곡에서 꽃을 피우는 세이지 향에 둘러싸여 기타를 꺼내고 노래를 만들었다. 그러니 우리가 버섯을 오두막으로 가져간 것도 당연했다. 사람의 내면에서 무언가를 끌어내는 곳이었으니까. 평소에도 오두막은 치유의 장소였다. 버섯을 하지 않아도 오두막에 있으면 평소 어렵거나 우습거나 불편해서

하지 못했던 말을 할 수 있었다. 오두막은 여유가 없어 좀처럼 붙잡지 못했던 생각들에 공간을 내어주는 것 같았다.

위츠엔드에서 주말을 보내고 일요일 오전에 도시로 돌아가는 길에는 새해 첫날 신년 계획을 세울 때와 비슷한 느낌이 샘솟았다. 오두막을 떠날 때는 늘 굳은 결심을 했다. 부모님에게 더 자주 전화를 하자고, 연인과의 문제를 해결하자고, 일을 그만두고 꿈을 좇자고. 항상 긍정적이었다. 오두막은 조용히 우리의 감정을 부추기는 응원단 같았다. 내면에 있는 자기 의심의 찌꺼기를 치우고 뭐든 할 수 있다는 용기가 들어갈 공간을 만들어줬다. 자연스레 오두막을 방문하는 일에 중독됐다. 결심만 하면 규칙적인 운동, 채소 섭취, 충분한 수면에도 중독될 수 있지 않나. 오두막에 들를 때마다 명확해졌다. 우리가 어떤 사람인지, 어떤 인생을 원하는지, 그런 인생을 누리기 위해서 무엇이 필요한지. 그래서 우리는 계속 오두막을 찾았다.

왜 그런 공간이 됐는지는 잘 모르겠다. 이유를 밖에서 찾을 수도 있었다. 물론 오두막에서 술이나 마리화나 같은 것들과 주말을 보내는 날도 많았다. 하지만 그런 건 시애틀의 파티나 모임에도 있는데? 시애틀에서는 오두막에서와 달리 영적인 해방감이 들지 않았다. 오두막에 가서 수프를 먹고 차만 마시고 올 때도 있었다. 뭐, 가스레인지와 연결된 프로판 가스통이 새고 있는데 우리가 몰랐을 수도 있고. 하지만 나는 다른 이유를 의심했다.

오두막은 공간이 협소했다. 휴대전화가 터지지 않았고 숲속 깊은 곳에 자리하고 있었다. 이런 특성이 모여 외부 세계가 존재하지 않는 듯한 공간이 만들어졌다. 모든 것이 이 좁은 공간에 응축된 것만 같았다. 복잡한 생각과 감정과 아이디어를 전부 꺼내 펼쳐놓고 찬찬히 살펴볼 수 있었다. 오두막이 워낙 단순하다 보니 나머지도 덩달아 단순하게 느껴졌다.

도시에서도 어쩌다 한 번씩 정전이 될 때가 있다. 냉장고, 보일러, 컴퓨터, 세탁기, 건조기, 식기세척기, 음식물 처리기 등의 웅웅거리는 기계음이 사라진 세상은 충격적으로 고요했다. 전자파로부터 뇌를 보호한답시고 은박 모자를 쓰고 다니는 음모론자는 절대 아니지만, 숲속에서 시간을 보내다 보면 전구 소리조차 귀에 거슬렸다. 인위적인 소리에는 사람을 피곤하게 만드는 힘이 있었다. 오두막은 양동이 배관 시스템과 얼음 냉장고가 있지만 와이파이, 휴대전화 신호, 노트북은 없는 곳이었다. 21세기에 존재하는 진공 공간 같았다. 우리의 마음은 그 안에서 방황하고 휴식을 취하고 다시 자리를 잡았다. 현대인은 10분에 한 번꼴로 휴대전화를 확인한다는 글을 읽은 적이 있다. 하지만 위츠엔드에는 정말 아무것도 없었기 때문에 10분을 훨씬 넘겨서도 마음의 공간을 탐험할 수 있었다. 그만큼 크기가 중요했다.

오두막 한가운데에 서 있으면 한 발짝만 움직여도 난로에 불을 지필 수 있었고, 아이스박스에서 음료수를 가져올 수 있었고, 친구에게 여분의 담요를 건넬 수 있었다. 허리케인 램프에 기름을 채울 수 있었고, 비비탄총에 탄환을 넣을 수 있었고, 매트리스 위에 있는 선반에서 책을 집어 들 수도 있었다. 설거지를 하고, 커피를 끓이고, 가방에서 물건을 꺼내고, 날씨를 확인하기 위해 창밖을 쳐다보는 모든 일이 한 자리에서 가능했다. 나는 휴대전화가 정신을 빼앗아 가듯, 사람 사이의 유대도 하찮은 일로 쉽게 끊어진다는 사실을 배웠다. 누군가가 부엌으로 달려가면 대화가 중단된다. 다른 방에서 물건을 찾을 때도 대화에 집중하지 못한다. 사람들은 무리에 있다가도 몇 명씩 떨어져 나가 자기들끼리 이야기를 나눈다. 그러나 오두막에서는 이렇게 주의가 분산될 수 없었다. 오로지 내 생각, 내 친구들과 한 공간에 갇혀 생활해야 했다. 그래서 오두막에 초대할 사람은 언제나 신중하게 골랐다. 사이가 좋지 않은 사람과 좁은 공간에 갇혀 지낸다? 악몽이 따로 없지. 그래서 방문객 명단에는 친한 친구나 가족만 올라왔다. 그런 역사 덕분에 오두막은 행복한 추억만이 가득해졌고 마법 같은 공간이라는 평판도 자연스럽게 굳어졌다.

친구들은 연인과 이별한 뒤 상처를 치유하러 오두막으로 도망쳐 왔다. 새 연인을 데려오기도 했지만 정말 의미 있는 관계라는 확신이 없으면 그렇게 하지 않았다. 요스와와 세라에게는 오두막이 매년 추수감사절 전용 휴가지나 다름없었다. 타지에서 누가 찾아와도 오두막에 들렀다 가는 것이 필수 코스가 됐다. 시리아 전쟁 취재를 위해 장기간 튀르키예에 나가 있었던 브라이언도 귀국하자마자 스트레스를 마음껏 해소할 수 있는 유일한 장소인 오두막으로 날아왔다. 오두막에 가도 되는지 친구들이 내게 문자를 보낼 때면 대개 "지금 꼭 가야 한다." 같은 표현이 담겨 있었다.

순례를 준비할 때는 시간을 들여야 했다. 허리케인 램프의 불빛을 적당하게 맞추고, 난로에 활활 불을 피우고, 완벽한 식사를 준비하고, 밤새 인센스 스틱을 피워두는 과정 중 하나라도 빠뜨리면 안 됐다. 그러고 나서야 순렛길에 오를 수 있었다. 인생의 어느 시점에 꼭 해야 할 말을 하고, 생각해야 할 생각을 하고, 느껴야 할 감정을 느끼도록 취약성을 길러주는 곳으로. 오두막은 내 주변 사람들에게 성스러운 공간이었고, 내가 그 안에서 진행한 작업들에 더 큰 의미를 불어넣어 줬다. 그러다 보니 막다른 길에 몰린 사람들에게 피신처가 돼줄 공간을 더 많이 만들고 싶다는 욕구는 점점 커졌다. 사람들이 오두막에서 경험한 행복이 전부 내 덕이라고 할 수는 없겠지만, 공간을 나눠어준 사람으로서 자부심과 책임감을 동시에 느꼈다. 세상을 벗어나 오두막에서 보내는 시간은 누구에게나 필요해 보였다.

시간이 흐르자 버섯의 효과는 사라졌다. 순례자들은 각자의 자리로 돌아갔다. 피로와 함께 이성이 돌아오자 우리는 물을 마셔야 했다. 밤새 쓸 장작이 충분한지 확인했다. 말수는 점점 줄어들어 침묵 같은 고요가 찾아왔다. 펄펄 끓던 우리의 생각은 점차 식어가더니 증기로 변했고 마지막에는 잔잔한 온기만 남았다. 우리는 그날 밤의 경험에 대해 이야기하며 최고의 순간을 되새기기 시작했다. 그 순간이 영원히 끝나지 않기를 바랐지만, 한편으로는 모든 것이 가라앉고 끝났다는 사실에 안도감을 느꼈다. 우리 몸은 다시 제 기능을 찾았고 움직임을 완벽하게 통제했다. 생각도 다시 제한 속도 이하로 돌아왔다.

우리는 늦은 밤까지 이야기를 나누며 완성된 계단을 두고 서로 축하를 나눴다. 계단에 앉아도 보고 얼마나 튼튼한지, 이 공간과 얼마나 잘 어울리는지 감탄하기도 했다. 회사에서 가장 행복했던 순간도 계단을 완성한 만족감과 비교하면 아무것도 아니라는 얘기도 했다. 우리는 밤새 계단을 오르내렸다. 그저 견고함을 느끼기 위해 올라갔다 내려왔다를 반복했다. 물론 전에도 비슷한 이야기를 한 적은 있었다. 하지만 그날 밤에는 이런 생각을 떨칠 수 없었다. 직업을 바꾸려면 어떻게 해야 할까. 우리는 숲속에 오두막을 짓는 일을 직업으로 삼자고 농담처럼 말했다. 계단 하나 만들었다고 아무것도 없는 땅에 떡하니 집을 지을 기술이 생긴 것도 아닐 텐데. 하지만 상상만으로도 짜릿했다. 가끔은 농담처럼 들리지만도 않았다. 그 이야기가 너무 황홀해서 중력처럼 절대 피하지 못할 강력한 힘으로 우리를 끌어당기는 느낌이 들 때도 있었다.

얼마 뒤 우리는 다락으로 올라가 맷과 내가 2×4 각재와 여분의 삼나무 판자로 간소하게 만든 침대에 누웠다. 그 위에는 라임색 메모리폼과 청록색 침낭이 깔려 있었다. 침대 두 개가 L자 형태로 배치돼 둘 다 창문이 열린 쪽으로 머리를 두고 잘 수 있었다. 눈에서 렌즈를 빼서 나뭇가지의 윤곽은 잘 보이지 않았다. 나무는 차디찬 밤하늘을 배경으로 꼼짝도 하지 않았다. 너무 추워서 바람조차 불지 않는 날이었다. 연필 한 자루 굵기만큼 창문을 열어 찬 공기를 초대했다. 침낭 깊숙이 파묻혀 있었기 때문에 추위는 무섭지 않았다. 얼어붙은 공기에서 소나무 냄새가 났다. 바깥에 생명이 존재한다는 의미였다. 저 멀리 강 위로 기차 지나가는 소리가 들렸다.

22 이웃이 생기면 어쩌지?

계단을 완성했다는 만족감은 연휴 내내 사라지지 않았다. 나는 기회만 있으면 와서 이것 좀 보라고 친구들을 오두막으로 데려왔고, 실내에 앉아 고운 눈이 수북이 쌓인 풍경을 만끽했다. 폭설이 내렸다. 지난겨울은 유난히 따뜻해 눈보다는 비로 질척한 땅만 봐야 했다. 처음에는 예년의 날씨로 돌아와 마냥 기뻤는데 겪어보니 눈에도 나름의 문제가 있었다. 큰길은 제설 작업이 돼 있었지만 위츠엔드길은 아니었다. 그 말은 우리가 언덕 아래에 주차하고 무릎까지 쌓인 눈을 헤치며 오두막까지 올라가야 한다는 소리였다. 물론 이런 불편한 모험을 짧게 겪고 나면 주말여행이 더욱 즐거워지는 효과는 있었다.

오두막에 도착하면 누군가는 삽을 들고 데크에 쌓인 눈을 치우고 데크 아래에 대충 만든 화덕으로 이어지는 계단을 정리했다. 오두막 안의 화목 난로와 화덕 양쪽에서 불이 피어올랐고 우리는 저녁 내내 둘 사이를 오가며 불꽃과 재가 튀는 소리를 스테레오로 즐겼다.

나는 새해 직후에 하룻밤만 짧게 머물다 오기로 했다. 일주일 내내 날씨가 따뜻했으니 도로의 눈이 녹아 오두막까지 차로 올라갈 수 있을 것 같았다. 눈이 더 오기 전에 장작, 물, 맥주처럼 부피가 제법 되는 물건들을 보충할 기회이기도 했다. 맥주를 아이스박스에 넣어두지 않으면 얼어서 터진다는 사실을 뼈아픈 경험으로 배운 터였다. 위츠엔드길 고개를 넘는데 진입로 끝에서 뜻밖의 선명한 글자가 나를 반겼다. 표지판에 떡하니 '팝니다.'라고 적혀 있었다.

위츠엔드길에 폐가 같은 집은 꽤 많았지만 내 오두막 진입로 옆에 있는 그 오두막은 차원이 달랐다. 이끼와 나뭇잎과 가지에 완전히 뒤덮여 자세히 보지 않으면 뭐가 있는지도 모를 정도였다. 머피와 크리스에게 물어봐도 알 수 없었다. 그 오두막은 두 사람이 오기 전부터 있었다고 했다. 적어도 10년 이상 아무도 안 살았다는 이야기였다. 겉모습만 보면 그보다 더 오래 방치된 것 같았다.

나도 그 오두막 주위를 몇 번 돌아봤다. 그러는 동안 그곳이

문이 잠겼거나 고장나서 열리지 않는다는 사실, 기초가 부서져 가는 콘크리트블록과 오래된 자동차 배터리로 만들어졌다는 사실을 발견했다. 그런 재료만으로는 서서히 주저앉아 이끼 속에 파묻히려 하는 건물을 지탱할 수 없다는 사실도 잘 알았다. 오두막 전체가 한쪽으로 심하게 기울어진 상태였다. 창문 안쪽을 들여다보려 해도 빛바랜 데이지 무늬 커튼이 시야를 다 가렸다.

나는 평화로운 위츠엔드길의 분위기를 진심으로 좋아했다. 도로는 전부 내 차지였다. 사람의 발길이 닿지 않는 숲속에서 대지 경계선은 무의미했고, 인구가 적었기 때문에 실제보다 더 넓은 땅이 내 소유였으며 주위에 나 말고는 아무도 없다는 행복한 환상에 젖을 수 있었다. 방치된 오두막들은 시끄러운 이웃, 소음, 시정잡배로부터 나를 지켜주는 보험과도 같았다. 뭐, 때로는 주인이 어떤 사람일까 궁금하기도 했다. 더 따뜻한 계절에 돌아오려고 잠시 거처를 옮겼나? 아니면 원주인이 죽고 자식에게 넘어간 걸까? 젊은 세대는 휴대전화 신호를 찾아 돌아다니거나 구덩이에 똥을 싸야 하는 숲속 생활을 원치 않을 수도 있지. 아니면 아이가 생겨서 삶의 방향을 틀었을 수도 있겠다. 하지만 찾아오지도 않는 오두막을 대체 왜 처분하지 않고 있을까?

사실 이런 집을 계속 소유한다고 불편할 일은 하나도 없었다. 재산세는 기름 몇 통 값도 되지 않았다. 매년 제설 비용 명목으로 내는 도로 사용료는 제대로 징수되지 않았고 금액 자체도 비싸지 않았다. 1년에 몇백 달러만 투자해도 언젠가 숲으로 탈출하겠다는 꿈을 계속 붙잡을 수 있었다. 오두막이 허물어지고 있다는 사실은 중요하지 않았다. 계속 그 자리에서 필요할 때마다 환상을 되살려줄 테니까. 오두막은 새해 결심으로 끊는 헬스장 회원권과 비슷했다. 몇 번 성실하게 이용하지만 이후로는 케틀벨을 언젠가 다시 쥘 수도 있다는 믿음 하나로 매달 계좌에서 돈만 빠져나가는 것처럼. 그러나 산사태 이후 생긴 다리는 그 공식을 조금 바꿔놓았다. 도로 사용료에 '특별 부담금'이 포함되며 오두막 클럽의 회원권에 약간의 경제적 가치가 붙은 것이다. 나는 그때쯤 이끼 오두막 주인이 집을 포기했다고 생각했다. 그가 새로 개설된 다리를 건너오는 일은 절대 없을 것이라 확신했다.

그나마 가격에 자그마한 희망을 걸 수 있었다. 제시된 매매가는 8,500달러였다. 내 오두막보다 1,000달러나 비싼데? 웃음이 나왔다. 겉모습만 오두막인 부비트랩에 그런 큰돈을 내겠다는 바보가 어디 있다고. 집 안에 제트스키라도 있나? 집으로 돌아와 부동산 사이트에서 그 집을 찾아봤다. 내부 사진은 없었지만 외부 사진은 실제 모습과 한 치도 다르지 않았다. 이 오두막의 가장 큰 문제는 사진만 봐도 알 수 있었다. 형태나 기능 면에서 옆에 쌓여 있는 썩은 통나무와 다를 바가 없었다. 그런데 일주일 뒤, 상태가 거래 완료로 바뀌었다!

나는 2월 초에 위츠엔드로 돌아왔다. 비 예보를 보고 지붕에

덧바른 1갤런 분량의 코킹제가 굴뚝 누수를 조금이라도 막아줬을지 확인하고 싶었기 때문이다. 큰 기대는 하지 않았다. 새로운 이웃이 왔을지도 모른다는 기대는 더더욱 하지 않았다. 내 오두막은 고립된 위치에 있었지만 항상 평온하거나 고요하지만은 않았다. 가끔씩 차들이 아래쪽 도로의 자갈을 밟고 지나가는 소리가 들렸다. 몇백 미터 떨어진 집에는 밤을 무서워하고 목청이 좋은 강아지가 살았다. 그리고 시골에서 살다 보면 전기톱, 망치, 제초기, 낙엽 청소기의 합창도 일상적으로 들어야 했다. 리버사이즈의 먼 구석에서 나오는 소리였지만 대개는 훨씬 가깝게 들렸다. 소리를 흩뜨려 주던 단풍나무와 새먼베리의 무성한 잎이 사라진 겨울은 특히 그랬다. 데크에서 커피를 마시며 고요한 순간을 즐기다 요란한 트럭 소리나 텅텅거리는 임팩트 드라이버 소리의 방해를 받는 때가 있었다. 하지만 대체로 짧게 지나갔고 아주 멀리서 들렸기에 견딜 만했다.

내 오두막과 이끼 오두막은 사이에 농구 코트 하나가 겨우 들어갈 만큼 가까웠다. 도시 사람들은 그게 뭐 어떠냐고 생각할 수 있지만, 숲속 한가운데에서는 이야기가 달라진다. 60미터 떨어진 길에서도 나뭇가지에 부엉이가 앉는 모습이 보이고 소리까지 들리는 곳이다. 진입로 끝에 누가 있으면 모를 수가 없다. 새 주인이 대대적인 공사를 해야 한다는 문제도 있었다. 이끼 오두막은 심각하게 기울어진 데다가 자동차 배터리로 기초를 깐 건물이었다. 당장 들어가 살 수 있는 집이라기보다는 불타는 헛간과도 같았다. 만약 이 오두막의 주인이 시어도어 루스벨트Theodore Roosevelt였다면 목수와 고고학자, 역사보존 전문가, 식물학자, 엔지니어로 이루어진 팀이 와서 무슨 조치라도 취했을 텐데. 크레인, 핀셋, 비계를 이용해 기초를 보강하고 원래 모습으로 되돌려 놓았을 것이다. 물론 원래 모습도 썩 훌륭하지는 않았겠지만. 아쉽게도 역사보존팀이 새 이웃으로 올 것 같지는 않았다. 그보다는 기존의 건물을 허물고 새 건물을 지을 사람일 가능성이 컸다. 안 그래도 소음에 시달리는데 공사가 시작되면 더 시끄러워질 게 분명했다.

최악의 상상이었다. 나는 이곳을 산 사람이 어쩌다 한 번씩 방문하는 시나리오를 꿈꾸기 시작했다. 주중에만 오면 더 좋고. 가족, 친구, 반려동물도 없기를 바랐다. 취미가 독서, 뜨개질, 근이완제 복용이기를 기도했다. 내가 이웃으로 원치 않는 부류는 명확했다. 나 같은 사람. 오두막에 자주 드나들고 엄청난 소음을 일으키고 다른 사람 땅에 화장실이나 짓고. 내가 새 이웃으로 왔다면 나는 질색했을 것이다. 이런 생각, 그러니까 이웃이 평범한 사람이 아닌 자비로운 유령 같은 존재이기를 바라는 내 바람이 자랑스럽지는 않았다. 막상 누가 오면 나를 반겨준 크리스와 머피처럼 다정한 이웃이 되려고 최선을 다하겠지. 하지만 언덕길 위에 혼자 사는 지금의 만족감을 깨뜨리고 싶지 않았다.

대학 입학과 함께 시애틀로 와서 10년 남짓한 세월이 흐르는 동안 내 거처는 십수 번쯤 바뀌었다. 매번 그럴 만한 이유는 있었다. 룸메이트가 나가서, 여자 친구와 헤어져서, 집주인이 집을 팔아서, 아파트 단지가 철거돼서. 그러는 동안 맥주 한잔하자고 청하거나 소파를 같이 옮겨주겠다고 나서는 좋은 이웃을 많이 만났다. 반면 주차 공간 문제로 소리를 지르거나 세탁기를 빨리 안 비웠다고 내 빨래를 쓰레기통에 던져버리는 이웃도 있었다. 얼굴 한 번 본 적 없는 이웃도 많았다. 도시 사람들은 거리나 복도에서 이웃을 마주칠 때 인사로 고개만 까딱하지 대체로 서로를 모르는 척하는 것이 기본이었다. 서로의 은밀한 사생활을 가르는 벽이 석고보드 두 장과 나뭇조각 몇 개에 불과한데도. 하지만 이런 관계로 스트레스를 받은 적은 없었다. 어차피 나는 금방 다른 곳으로 이사할 테니까. 장기적으로는 크게 걱정하지 않아도 됐다. 하지만 나는 오두막을 당장 떠날 생각이 없었다. 누가 이사를 온다는 것은 보통 심각한 문제가 아니었다.

그러니 위츠엔드에 도착해서 차를 세웠을 때 내 마음이 얼마나 불안했겠는가. 무엇을 보게 될지 몰라 두려웠다. 이웃이 걱정됐다. 누수가 걱정됐다. 한 박자 늦게 떠올랐지만 불과 몇 주 전에 발견한 썩은 장선도 걱정됐다. 언덕 꼭대기를 넘으며 오두막을 내려다보니 역시나, 처음 보는 검은색 지프차가 한 대 있었다. 하지만 이끼 오두막 앞이 아니었다. 그 차는 내 오두막 진입로에 서 있었다. 근처의 부동산 표지판 옆에는 한 남자가 삽을 들고 서 있었다. 자갈 더미와 트레일러가 내 눈에 들어왔다.

언덕 아래까지 천천히 내려와 오두막 진입로 입구에서 창문을 내렸다. 남자가 미소를 지으며 손을 흔들어 나를 반겨줬다.

"여기 분이세요?" 그가 자기 차와 내 오두막을 가리키며 물었다.

"어, 네, 맞아요. 안녕하세요? 저 오두막을 새로 사신 분이신가 봐요. 저는 패트릭Patrick이라고 합니다."

"안녕하세요, 마이크Mike라고 해요."

마이크는 30대 후반으로 보였다. 아니면 40대 초반? 이곳에서 한 시간 반쯤 떨어진 페더럴웨이Federal Way의 물류센터에서 일한다고 했다. 그는 오두막을 상주할 생각으로 샀다. 수리를 할 예정이며 아버지의 도움을 받고 있다고 했다. 집이 완성될 때까지는 트레일러에서 생활할 계획이었다. 그동안 지프차는 내 진입로에 세워둬야 했다. 그는 미안하다고 사과하며 차를 바로 빼겠다고 했다.

함께 테트리스를 하듯 차를 이리저리 움직였고 그제야 나는 내 오두막 쪽으로 후진해서 들어올 수 있었다. 나는 마이크의 주차장이 될 공간에 자갈을 까는 동안 우리 집 앞에 차를 세워도 좋다고 말했다. 둘 다 주차하고 중간에서 다시 대화를 이어갔다. 마이크의 얼굴에서는 미소가 사라지지 않았다. 이곳에 와서 무척이나 기쁜 듯했다.

마이크와의 대화는 한 시간 가까이 계속됐다. 나는 내가 아는 동네 소식을 전부 전하고 산사태 이야기를 들려줬다. 위츠엔드의 도로 복구 상황, 정확히는 도로 복구 지연 상황도 알리고 현관 앞에서 발견한 담배 꽁초에 대해서도 이야기했다. 마이크는 오두막을 다시 살려보겠다는 계획을 들려줬는데, 이야기를 시작하기 전부터 성공할 가능성이 희박하다고 껄껄 웃었다. 마이크의 소탈한 성격에는 왠지 우리 아빠를 떠올리게 하는 매력이 있었다. 모든 문장을 "뭐, 아무튼 간에."라는 말로 끝맺는 습관도 있었다. 나는 첫 만남부터 마이크가 마음에 들었다.

마이크가 오두막을 구경해도 되겠느냐고 물었다. 나는 흔쾌히 들어오라고 했다. 안에 들어서자 잣나무 인센스 스틱과 도마용 오일 향이 은은하게 풍겼다. 모든 것이 깔끔하게 정돈돼 있었다. 원목 조리대는 어둑해지는 하늘의 빛을 받아 반짝거렸다. 정말 근사해 보였다. 마이크가 오두막 내부를 둘러보는 동안 가슴에 뜨끈하게 번진 자부심이 목구멍까지 차올랐다. '둘러본다'라고 해도 실상은 중앙에 서서 천천히 한 바퀴 둘러보는 것이 전부였지만. 마이크는 화목 난로와 부엌에 감탄하며 물을 어떻게 사용하는지 물었다. 양동이로 싱크대 배수를 해결하다 이렇게 굳어졌다고 머쓱하게 설명하자 재미있다는 듯 웃었다. 우리는 빗물 저장, 발전기, 태양광 같은 여러 가지 방안에 대해 이야기했다. 사실 나는 1년 전만 해도 그런 쪽에 아무 지식이 없었다. 마이크도 우물을 설치하거나 빗물을 여과해 사용하는 방법, 길 아래에서 전기를 끌어오는 방법은 자세히 알지 못하는 것 같았다. 이상하게도 마음이 편해졌다. 처음에는 마이크가 완벽한 지식으로 무장하고 일하는 사람인 줄 알았다. 그도 나처럼 잘 모르는 것이 있다는 말을 들으니 괜한 안도감이 들었다.

다시 밖으로 나와 우리는 작별 인사를 나눴다. 나는 마이크에게 언제든 내 오두막 앞에 차를 세워도 된다고 했다. 마이크는 자기 공구를 빌려주겠다고 했다. 우리는 악수를 하고 헤어졌다. 데크에 서서 진입로를 걸어가는 마이크의 뒷모습을 바라봤다. 마이크는 네 걸음 더 가더니 삽을 들고 다시 일을 시작했다. 우리 사이 거리는 아직 서로의 목소리가 들릴 만큼 가까웠다. 지금 생각하니 지나치게 격식 있는 작별 인사를 나눈 것이 아니었나 싶다. 각자의 사생활을 보호해 주는 투명한 벽이 있을 것이라 잠시나마 생각했지만 마이크는 그 벽을 순식간에 무너뜨리고 내가 차에서 짐을 내리는 동안 틈틈이 말을 걸었다. 내가 오두막 안에서 아이스박스를 채우고 있을 때도 자기 집 앞에서 말을 걸어왔다. 주말 내내 그런 식이었다. 마이크와 나는 원반던지기 놀이를 할 수 있을 만큼 가까운 거리에서 각자의 오두막을 손보며 이야기를 나눴다. 대체로 먼저 말을 거는 쪽은 마이크였다.

마이크가 품은 계획도 자세히 알게 됐다. 땅의 경사가 가파르지만 계단식 테라스를 조성해 문제를 해결할 것이라 했다. 그곳에 정원을 꾸미고 창고도 추가하고 화덕 공간, 야외 샤워실도 만들 계획이었다. 우리 집 데크에서 바로 보이는 곳에. 공사 규모가 너무 커지지 않을까? 마이크의 샤워를 1열에서 목격하게 되는 거 아니야? 불안했지만 간단한 작업도 아니고 당장 실현될 리는 없었다. 그래서 두려움은 잠시 접어두기로 했다.

첫째 날이 저물어갈 무렵, 우리는 겨울치고 따스한 오후를 틈타서 데크 가장자리에 앉아 맥주를 마시며 이야기를 나눴다. 마이크는 주말에 산속의 호수에서 낚시를 즐기거나 등산 아니면 사냥을 하고 싶다고 했다. 곧 날이 어두워졌고 머리 위로 드러워진 나뭇가지에서 비가 막 톡톡 떨어지기 시작하는 소리가 들렸다. 혹시라도 다음 날 만나지 못할 수도 있다는 생각에 작별 인사를 했다. 연락처도 주고받았다.

"필요하면 언제든 말해요. 오두막이 잘 있는지 확인해 줄 테니까. 뭐, 아무튼 간에." 마이크가 휴대전화를 주머니에 다시 넣으며 말했다. "여기 있다가 이상한 게 보여도 바로 알려줄게요."

"좋죠." 내가 말했다. "정말 감사합니다."

나는 밤새 잠도 못 이루며 오두막을, 마약 중독자와 산사태와 폭풍우와 폭설을 걱정했던 나날들을 떠올렸다. 불안감은 위츠엔드길의 언덕을 넘고 오두막이 무사하다는 사실을 눈으로 확인할 때까지 지속됐다. 한편으로 그 걱정은 필요악이었다. 대부분 걱정에 이끌려 오두막을 다시 찾게 됐기 때문이다. 하지만 일단 도착하면 그런 마음은 금세 사라졌다. 오두막에 와 있으면 기분이 얼마나 좋은지, 그것만 떠올랐다. 불안감에 홀려 오두막을 습관처럼 드나들었지만 정작 그 불안감이 내 정신 건강에 도움을 주고 있는 셈이었다. 사무실의 형광등 아래에서 1~2주쯤 보내다 보면 오두막으로 돌아가는 것이 의학적으로 꼭 필요한 일처럼 느껴졌다. 그래서 옛날에 도시 사람이 병에 걸리면 의사가 '맑은 시골 공기'를 처방해 줬구나 이해가 될 만큼. 요즘 세상에도 약 대신 오두막 생활을 처방받으면 병이 나을 수 있는 사람이 얼마나 있을지 궁금해졌다.

오두막은 하나의 실험에서 시작됐다. 궁금했다. 내가 오두막을 제대로 활용할 수 있을까? 완벽하게 수리할 수 있을까? 친구들이 찾아올까? 오두막에서의 삶을 과연 내가 즐길 수 있을까? 질문들의 답은 얻었지만 그와 동시에 다른 문제들이 수면 위로 떠올랐다. 오두막을 떠나 있을 때조차 걱정에 시달릴 줄은 꿈에도 몰랐다. 물론 산사태가 불안을 부추기는 면도 없잖아 있었다. 하지만 그런 불안감이 빠른 시일 내에 사라질 것 같지는 않았다. 마이크의 제안은 내 걱정을 덜 기회였다. 정말 고마운 사람이었다. 샤워 시설을 짓고 싶다고? 하고 싶으면 해야지. 내가 도와주면 되겠네.

나는 저녁을 만드는 동안에도 마이크가 무슨 일을 하는지 궁금해 창밖을 엿봤다. 그는 빗속에서 헤드램프를 쓰고 갈퀴로 진입로 작업을 마무리하고 있었다. 자갈을 다 깔자마자 그쪽으로 지프차를 옮기고 차에서 내려 트레일러로 들어갔다. 화목 난로를 돌아봤다. 내가 고치지 못한 지붕에서 물방울이 치이익 소리를 내며 떨어졌다. 문제는 해결되지 않았다. 오히려 더 심해진 것 같았다.

다음 날 아침, 코킹제로 대충 막아서는 누수를 해결할 수 없다고 생각하고 오두막 뒤에 보관해 둔 사다리를 꺼냈다. 마이크의 지프차는 보이지 않았다. 오두막은 다시 나만의 공간이 됐다. 쓸 수 있는 도구란 도구는 다 들고 혼자 사다리를 올랐다. 그중에는 홈쇼핑 광고에서 본 특수 테이프도 있었다. 볼링공이 뚫고 지나간 배의 옆면도 막을 수 있다는 테이프였다. 내가 가진 테이프는 그것만이 아니었다. 비슷한 효과를 보장하는 테이프가 하나 더 있었다. 나는 전부 다 사들였다. 굴뚝을 감싼 실리콘 플래싱 주변에 박을 나사도 더 준비했다. 지난번에 코킹제 작업을 했던 자리에는 솔잎, 나뭇잎, 이끼가 추가로 새롭게 들러붙어 있었다. 그 위에서 대체 무슨 일이 벌어지고 있는지 알 수 없었다. 조금씩 끈질기게 물이 새는 지점이 어디인지 알아내기란 더더욱 불가능했고.

이번 주말이 지나면 사다리를 실은 트럭을 엄마에게 반납해야 했다. 이번이 누수 문제를 해결할 마지막 기회 같았기에 내가 가진 모든 것을 걸고 뛰어들었다. 굴뚝 주위로 60센티미터 반경 안이 테이프, 코킹제, 작은 실리콘 와셔가 달린 방수 나사로 뒤덮였다. 순전히 추측만으로 하는 작업이었다. 금속 지붕을 테이프 지붕으로 바꾸는 과정에서 어느 순간 누수가 잡힐 것이라 확신했다. 그렇다고 지금 하는 일에 자신감이 붙지는 않았다. '이거면 될 거야.'라는 생각은 단 한순간도 들지 않았다. 그냥 문제가 해결되지 않았다는 사실을 인정하고, 아무 도움이 안 됐다고 해도 문제를 해결하기 위해 내가 최선을 다했다고 오두막에 보여주는 의식에 가까웠다. 누수구가 저절로 막히지는 않을 테니까. 미미한 노력이라도 가만히 손놓고 있는 것보다는 낫다고 생각했다. 하루가 저물 무렵에는 하늘을 날아보겠다고 땅에 서서 깡충깡충 뛰기만 한 기분이라 허무했지만.

마이크는 그날 늦게 돌아와 자기 트레일러로 들어갔다. 해가 지며 비가 다시 내리기 시작했다. 나는 매트리스 끝에 앉아 연통 위쪽을 바라보며 필연적인 실망감을 기다렸다. 분명 물방울이 맺힐 것이다. 하지만 아무것도 보이지 않았다. 비는 그치지 않았고 나는 계속 연통과 난로를 확인했다. 물방울은 떨어지지 않았다. 습기조차 없었다. 다락으로 올라가 굴뚝이 지나가는 합판 윗면을 손으로 쓸어봤다. 차갑지만 젖어 있지 않았다. 몇 번은 난로에서 쉬이익 하는 소리가 들린 것 같다고, 아니면 물방울이 떨어지는 모습이 얼핏 보인 것 같다고 생각했다. 하지만 가벼운 환각이었나 보다. 비는 밤새 내렸다. 아침이 돼서도 오두막 안에 물기가 맺히지 않았다.

고장 난 물건을 만지작거리다 우연히 고쳐냈을 때처럼 썩 개운치 않은 만족감이 들었다. 크리스마스 전구를 흔들어 다시 살려냈을 때의 기분과 비슷했다. 다시 켜진 조명을 보면 기분은 좋지만 그 전구를 더는 믿을 수 없다고 생각하게 되지 않던가. 내가 한 어떤 행동으로 오두막에 새어 들어오던 빗물의 통로가 막힌 것은 분명했다. 하지만 누수구가 눈에 덜 띄는 곳으로 옮겨 갔으면 어쩌지? 벽 안의 알 수 없는 지점에서 물이 새는 상황은 누수구를 알아서 양동이로 물을 받을 수 있는 상황과 비교도 할 수 없을 정도로 심각했다. 기초의 썩은 판자가 완벽한 예였다. 언제부터 젖은 낙엽과 이끼, 흙이 습기를 머금은 채 그곳에 쌓여 판자를 흙으로 만들었는지는 아무도 모른다. 단순한 무지는 삽과 갈퀴로 해결할 수 있는 해프닝을 톱, 설계도, 방부목까지 동원해야 하는 사태로 키울 수 있었다.

짐을 싸고 나서 또 물이 샐까 봐 양동이를 난롯가에 다시 가져다놓았다. 일주일 뒤 어떻게 됐는지 보러 온 나는 두 가지 사실에 깜짝 놀랐다. 양동이가 물기 하나 없이 말라 있었고, 마이크의 오두막은 자취도 보이지 않았다. 나중에 맥주를 마시며 마이크의 설명을 들어보니 아버지와 기초를 수리하던 중에 오두막이 그냥 쓰러져버렸다고 했다. 폭발적인 힘으로 땅에 폭싹 주저앉았다기보다는 서서히 기울다가 소리 없이 푹 쓰러졌단다. 마지막 숨을 내뱉는 것처럼. 마이크는 오두막의 잔해를 "부서진 파편들"이라 표현하며 새로운 계획을 설명했다. "그걸 가져다가 이 도랑을 채워서 평평하게 다지려고요. 뭐, 아무튼 간에."

그가 말하는 도랑은 사람이 인위적으로 판 것이었다. 마이크는 자기 주차장 아래쪽에 옹벽을 세웠고 이제는 도랑 안을 채워 평평하게 만들려 하고 있었다. 오두막의 잔해를 사용하면 순조롭게 작업을 시작할 수 있겠지. 오두막이 땅에 묻히다니, 왠지 시적이었다. 숲은 오랜 세월 느리지만 끈질기게 부패 과정을 거쳐 땅을 되찾아왔다. 실존주의적 비유는 아니지만 오두막은 처음부터 흙으로 돌아갈 운명이었다. 언젠가는 새 나무의 거름이 될 것이고, 그 나무는 새 오두막을 만드는 데 쓰이리라. 결국 그렇게 돌고 도는 것이다. 마이크는 그 과정을 더 빠르게 진행시켰을 뿐이다. 기초로 사용됐던 자동차 배터리까지 도랑에 넣는다는 사실에서 낭만은 조금 덜하겠지만. 나는 이런 현실을 담담하게 받아들이는 마이크가 대단하다고 생각했다. 물론 집으로 쓸 작은 트레일러가 아직 남아 있긴 하지. 리모델링을 진행할 필요가 없어져 차라리 다행이라고, 다시 새롭게 시작할 수 있는 기회라고 여길지도 모르겠다. 기초부터 다시 쌓아 그만을 위한 숲속의 안식처를 만들 수 있을 테니까.

23 썩은 것을 걷어내는 일

겨울이 지나고 봄이 찾아왔다. 나는 몇 주마다 오두막에 들러 상태를 점검하고 불을 피웠다. 마이크의 작업이 어디까지 진행됐는지 확인하고 친구들과 숲속을 어슬렁거리며 돌아다녔다. 자잘하게 손이 가는 일들이 여기저기서 튀어나왔다. 인디와 나는 화장실의 거미를 줄여보려고 자투리 목재와 합판을 이용해 나무 상자를 만들고 경첩과 뚜껑을 달았다. 상자는 제 용도대로 장작을 건조하게 보관하고 거미도 막아줬지만 단점도 분명했다. 일단 경첩에 달린 뚜껑이 너무 무거워 뚜껑을 열려면 두 사람의 힘이 필요했다. 바닥도 너무 깊게 만들었다. 사람의 손이 닿지 않는 상자 바닥에 지금도 마른 장작이 깔려 있을 것이다.

오두막 공사가 하나씩 끝날 때마다 내 마음속에서 회사 일이 차지하는 비중은 점점 줄어들었다. 어떻게든 회사 일을 삶과 연결하고자 했던 내 바람도 차츰 시들어갔다. 회사 일은 서서히 수단으로 전락했다. 내게 회사란 더 많은 나무, 나사, 연장을 사기 위해 가는 곳, 프로젝트가 꼬일 경우를 대비해 건강보험을 유지해 주는 곳에 지나지 않았다. 나는 목적이 있는 일에 더 깊이 몰입했고, 꽉 찬 메일함 속에서 허우적거려야 하는 책상 앞보다는 줄자 끝에서 더 큰 자신감과 자존감을 발견했다. 6월이 되자 비가 조금 덜 오겠지 하는 순진한 기대가 생겼다. 자연스럽게 체크리스트에 아직 남아 있는 대규모 공사를 마쳐야겠다는 생각이 떠올랐다. 기초를 보수해야 했다.

나는 기술자는 아니었다. 하지만 건물 기초가 갖춰야 하는 조건이라고 해봐야 몇 개 안 되지 않나? 수평이 맞고 표면이 고르고 그 자리에서 영원히 움직이지만 않으면 되잖아. 내 오두막의 기초는 이런 기준에 살짝 미흡했다. 물론 그 '살짝'이 수십 센티미터인 지점도 있었다. 진입로 쪽 모퉁이를 지탱하던 콘크리트블록들은 내가 소유권을 넘겨받기 전에 이미 내려앉은 상태였다. 콘크리트블록들이 그냥 땅속으로 푹 꺼지며 오두막 바닥에서 한쪽 모퉁이가 반대쪽 모퉁이를 향해 점점 기울고 있었다. 오두막은 말 그대로 휘어지고 있었다. 이상한 말 같지만 엄연한 현실이었다. 문이 그렇게 이상한 각도로 잘린 것도 다 바닥 때문이었다. 바닥은 눈에 띄게 기울어져 물건을 두면 굴러가는 수준이었다. 모퉁이에 있는 부엌 찬장 아래에서 라임 몇 개, 통조림 캔을 꺼내야 했던 적도 한두 번이 아니었다. 걸어 다닐 때도 기울기를 느낄 수 있었다. 심각하지는 않았다. 둔을 향해 가고 있었는데 싱크대 앞에 이르는 일이 잦았을 뿐. 위스키 몇 잔을 마신 날은 더 심했다.

한 가지 좋은 소식은 내가 그곳에 머문 몇 년 동안 기울기가 변하지 않았다는 점이다. 바닥을 꺼지게 한 원인이 사라졌거나 멈췄거나 둘 중 하나였다. 적응하고 나니 신경도 안 쓰게 됐다. 어쩌면 더 큰 의미가 있었는지도 모르겠다. 보기 흉한 절단면, 구부러진 못, 헛도는 나사처럼 기울기 역시 내가 이 오두막을 사랑하는 하나의 이유였을지도. 흉터 하나하나가 생생한 기억을 불러일으켰다. 훗날 돌이켜 봤을 때 그 기억들은 웃음과 즐거운 시간으로 가득했다. 당시에도 그랬다. 완벽하게 매끈한 가장자리와 딱 맞게 들어간 나사에는 추억이 담기지 않았다. 내 작품은 아니지만 기울어진 형태조차도 오두막의 개성이었다. 하지만 개성과 붕괴 사이에 경계가 있다는 사실도 잘 알고 있었다.

다른 곳들의 기초는 조금 부족한 수준이 아니었다. 아예 없었다. 오두막의 반대편에서는 썩은 가장자리보를 발견했다(여담이지만 가장자리보라는 용어를 알아내는 데만 3주가 걸렸다). 이 문제는 이미 내려앉은 콘크리트블록과 다르게 확실히 진행 중이었다. 썩은 부위가 들불처럼 번지고 있었기 때문이다. 가장자리보가 이미 다 썩어서 구제할 길이 없었다. 이 상태라면 오두막은 물렁한 시트 케이크 위에 세워진 것이나 마찬가지였다. 가장자리보는 십여 개의 다른 장선과 함께 오두막 전체 구조를 지지하고 있었다. 가장자리에 있는 이 장선은 벽 바로 밑에 위치해 특히 중요했다. 나는 부스러진 판자를 몇 달이나 의심 반, 두려움 반으로 바라보며 그쪽 바닥을 지나갈 때는 발을 세게 딛지 않으려 노력했다.

문제는 언제나 같았다. 이걸 어떻게 고쳐야 하는지 몰랐다. 대체 어떻게 오두막 전체의 무게를 지탱하고 있는 판자를 빼내고 새 판자를 끼운단 말인가? 한 손에 새 장선을 들고 오두막 옆에 무릎을 꿇은 나를 상상해 봤다. 인디아나 존스처럼 눈 깜짝할 사이에 썩은 판자를 새 판자로 바꿔치는 내 모습을. 더 현실적인 상상이라면 자동차 잭으로 오두막을 들어 펑크 난 타이어처럼 장선을 교체하는 장면이 들어가겠지만 자동차 잭이 그 정도로 튼튼할까? 자신이 없었다. 오두막 무게는 얼마나 될까? 차보다 무거우려나? 내가 일을 너무 복잡하게 생각하는 것일지도 모른다. 그냥 썩은 나무 덩어리를 뜯어내고 새 방부목을 간단히 끼워 넣을 수도 있지 않을까?

이 질문에 대한 답을 찾는 방식도 언제나 같았다. 나는 불안감에 사로잡혀 미친 듯이 조사를 하기 시작했다. 각각의 요소가 어떻게 맞물려 있는지 알아내야 했다. 시간만 있으면 무조건 유튜브 영상이나 건축 규정집을 훑었다. 솔직히 말하면 답을 찾아가는 과정에서 뿜어져 나오는 에너지를 즐겼던 것 같다. 강박이 집중력과 호기심을 일깨웠다. 새로운 것을 배우는 과정에는 항상 성장통이 뒤따랐다. 단순한 재미가 아니라 목적이 있는 배움이었다. 내게는 최종 목표가 있었다. 어딘가에 답이 존재했다. 충분히 노력하면 나도 새로운 기술을 습득해서 앞으로 몇 년은 암흑의 숲에서 오두막을 지켜낼 수 있지 않을까? 부디 그러기를 바랐다.

진도는 느렸지만 우왕좌왕하는 과정도 학습의 일부였다. 가장자리보라는 명칭을 찾으려고 애쓰는 동안 장선과 보, 위깔도리, 토대, 끝막이보, 잭스터드, 킹스터드의 차이를 이해했다. 나는 다양한 구조 부재를 보통 뭐라고 부르는지 배웠고, 각 부재의 이름을 외울 때까지 주택 골조의 해부도를 들여다봤다. 대부분의 도표와 삽화는 내 오두막의 구조와 비슷해 보였지만 완벽하게 들어맞지는 않았다. 오두막의 실제 모습은 자료에 있는 그림 하나를 흐릿하게 재현해낸 것 같았다. 어둑한 불빛 아래에서 눈을 찡그리고 보며 나머지는 상상으로 메워야 하는 느낌이었다. 나는 본질적으로 기억에 의존해 작업하고 있었다. 책을 읽고 유튜브 영상을 보다가 머릿속에 제대로 된 이미지가 잡히면 숲으로 들어가 기억을 더듬으며 작업했다. 몇 주 동안 매번 자료로 돌아와 다시 도면을 들여다보기 일쑤였지만. 때로는 가이드를 데리고 와서 도움을 받기도 했다. 기초 공사를 할 때의 가이드는 토드Todd였다.

토드는 전 회사에서 카피라이터로 일할 때 만난 친구였다. 우리는 둘 다 글쓰기에 관심이 있었다. 토드가 나보다 글을 훨씬 잘 쓴다는 사실은 부정할 수 없었다. 그는 극작가였고 시애틀의 힙한 잡지들에 종종 단편소설을 기고했다. 작가가 되기 전에는 별별 일을 다 해봤다고 들었다. 비타민 가게에서 보조제를 팔았고, 몬태나Montana의 유기농 농장에서는 삽으로 땅을 팠다. 주택 리모델링 회사의 현장직으로 일했던 적도 있었다. 공구 벨트를 차고 일했던 경험이 있다는 것만으로 토드는 내 눈에 작은 신으로 보였다. 공사에 관해서 도움을 청할 때마다 토드의 차분하고 자신감 넘치는 태도를 보면 긴장이 풀렸다. 나는 문제 상황과 내가 생각한 해결책들을 설명했다. 토드에게는 비교적 간단한 문제라 우리는 6월 둘째 주 주말에 오두막으로 출발하기로 했다. 준비 기간은 일주일. 내 건축 실력이 아직 부족하다는 사실은 토드도 잘 알고 있었다. 그래도 먼저 가서 치수를 재고 사진을 찍어놓으면 좋을 것 같았다. 확실한 데이터를 바탕으로 계획을 검토할 수 있으니까.

간혹 주중에 오두막을 방문하는 날도 있었다. 그런 날은 술탄의 샌드위치 가게에서 산 샌드위치와 공책, 줄자만 챙겨 오두막을 찾아갔다. 데크에 쌓인 솔잎과 낙엽을 쓸고 앉아서 샌드위치를 먹기 시작했다. 다리를 데크 밖으로 늘어뜨린 자세로 베어링산과 건 피크를 바라봤다. 햇빛을 보자 전부 잘될 것만 같았다. 장선을 쉽게 고칠 수 있을지도 모른다. 조금 지나고 보면 상황이 그리 나쁘지만은 않을 수도 있겠다는 생각이 들었다.

샌드위치를 다 먹은 뒤 오두막 문을 열고 포장지를 문 안쪽에 있는 쓰레기통으로 던졌다. 몇 주 전에 왔을 때 피웠던 세이지 향과 삼나무 냄새가 공기 중에 남아 있었다. 냄새는 들어와 앉으라고, 책 한 권 펼치고 잠시 머물다 가라고 후각으로 나를 유혹했다. 하지만 나는 초대를 거부했다. 해야 할 일이 있었기 때문이다.

다시 밖으로 나가 오두막의 기초 앞에 무릎을 꿇고 죽은 낙엽 더미를 쓸었다. 그러고는 휴대전화 손전등을 이용해 가장자리보를 조금 더 자세히 살펴봤다. 대낮인데도 나무들에 가려 해질 녘처럼 어두웠다. 가장자리보는 달라진 점이 없어 보였다. 손가락으로 살짝 찌르니 구멍이 푹 뚫렸다. 주먹도 어렵지 않게 들어갔고 구멍은 더욱 넓어졌다. 오두막 앞쪽으로 갈수록 가장자리보가 단단해지기는 했다. 앞쪽 가장자리보는 오히려 습기 없이 튼튼해 보였다. 하지만 뒤쪽 가장자리보는 전부 썩어 있었고, 모서리 부분에서는 흔적도 보이지 않았다. 알아둬야 할 치수를 메모하고 가장 무른 곳을 손가락으로 찔러보는 영상을 몇 개 찍었다. 줄자를 탁 소리와 함께 다시 말며 뒤쪽으로 걸어가 오두막 밑에 머리를 넣어봤다. 다른 가장자리보의 상태도 확인할 수 있을지 궁금했다.

오두막 밑에서 몸을 끌어내려고 뒤쪽 장선을 붙잡은 순간, 쩍 하고 금이 가더니 판자가 부서졌다. 너무 심하게 썩어 있었던 탓이다. 오두막 외부 장선은 절반이 쓰레기나 마찬가지였다. 아직까지 멀쩡히 서 있는 것이 기적이었다. 그래도 나머지 기초 부분은 괜찮은 듯했다. 짝이 맞는 재료는 하나도 없었지만 꽤 견고해 보였다. 어디서 주워 온 것이 분명한 재활용 목재들은 스테인과 페인트 색상이 제각각이었고 못을 뽑은 자리에 구멍이 숭숭 뚫려 있었다. 보기 좋지는 않았지만 상태만큼은 멀쩡했다.

토드에게 상황을 보고했다. 걱정하리라 예상했는데 뜻밖에도, 그리고 다행스럽게도 썩은 장선 문제는 쉽게 해결할 수 있다고 했다. 우리는 함께 재료 목록을 점검했다. 장선을 대체할 새 방부목, 기존의 지지 구조와 연결할 아연도금 브래킷, 전체를 단단히 고정해 주면서 절대 녹슬지 않을 스테인리스 나사를 준비해야 했다. 오두막을 들어올려야 할 경우를 위해 잭도 하나 추가했다.

토드는 폭우를 맞으며 썩은 낙엽과 젖은 이끼 위에 드러누워 공사를 어느 정도로 벌여야 하는지 확인했다. 내 의심이 맞았다. 이 오두막의 기초에는 일반적인 구석이 하나도 없었다. 장선의 크기가 전부 달랐고 간격도 제각각이었다. 방부목을 사용한 부분도 있었지만 그 외의 목재는 성의 없는 페인트칠로 겨우 버티고 있었다. 벌레처럼 기어서 일을 해야 하는 주말에 비가 내리다니, 묘하게 잘 어울린다는 생각이 들었다. 흔한 안개비도 아니고 하늘이 홍수를 일으키려고 작정한 듯했다. 마치 『성경』에 나올 법한 폭우가 쏟아지고 있었다. 더 심각한 문제는 우리의 위치였다. 머피의 예언처럼 홈통이 눈의 무게를 못 이기고 휘어지는 바람에 경로를 이탈한 빗물이 지붕에서 우리 위로 쏟아져 내렸다. 이런데도 6월이라니.

우리는 할 일을 배분해 한 명은 밖에서, 한 명은 밑에서 일하기로 했다. 밑을 담당한 사람은 진흙과 오물과 물기와 냉기로 뒤덮인 땅으로 뛰어드는 수밖에 없었다. 말만 들으면 제일 피하고 싶은 일 같지만 이상하게 재미있고 즐거웠다. 우리는 임팩트 드라이버와 보틀 잭, 원형 톱을 들고 진흙 인간이 돼 미끄러지듯 움직였다. 빗줄기가 거세질수록 웃음은 더 크게 터져 나왔다. 웃고 있으니 추위나 불쾌함을 느낄 겨를도 없었다.

오두막 하단의 튼튼한 장선을 보강하고 낡은 장선은 뜯어냈다. 그런 다음 자동차 잭을 사용해(의외로 괜찮은 방법이었다) 오두막을 조금 들어 올리고 그 자리에 새 장선을 끼웠다. 복잡할 것 같았지만 막상 해보니 단순한 절차를 순서대로 따르면 될 뿐이었다. 기뻤다. 내가 고안한 방법이 정확한 해결책이었다니. 몇 시간 뒤, 우리는 뒤로 물러나 손수 만든 작품을 감상했다. 썩은 판자로 가득했던 곳에 새 판자가 당당히 들어서 있었다. 나는 드디어 체크리스트에서 '기초 보수'를 지울 수 있다는 안도감과 행복감을 느꼈다.

토드가 뒷정리를 시작하자 나는 오두막으로 위풍당당하게 걸어 들어가 분주히 내부를 치웠다. 오두막에 생기를 불어넣는 이 과정은 일종의 의식이 돼 있었다. 불을 피우고 작은 난로가 연기를 힘차게 뿜어내는 것까지 확인하면 다음은 허리케인 램프들 차례였다. 연료통 가득 새 등유를 채우고 불을 붙인 뒤 하나씩 각자의 자리에 뒀다. 하나는 구석의 수납장 위에, 하나는 매트리스 옆 작은 탁자에, 하나는 계단 아래에. 나머지 하나는 커피 테이블로 쓰는 텔레비전 받침대에 올려놓거나 현관문 옆 외벽 고리에 걸어뒀다. 난로의 소리가 미묘하게 달라진 게 느껴져서 토드에게 장작을 하나 추가하고 댐퍼를 4분의 1을 잠가달라고 부탁했다. 토드가 난로를 조작할 동안 잣나무 인센스 스틱을 피워 제단에 뒀다. 여기서 제단이란 누나와 갔던 도예 클래스에서 서툰 솜씨로 만든 세라믹 오두막의 굴뚝을 말했다. 미니 오두막의 굴뚝에 인센스 스틱을 꽂아두면 오두막 안에서도 미니 화목 난로가 타고 있는 것처럼 보였다.

실내가 따뜻해지기 시작하자 우리는 교대로 다락에서 옷을 갈아입고 젖은 옷을 가지고 내려와 난로와 가깝지만 불이 붙지는 않을 곳에 걸어뒀다. 이윽고 옷에서 김이 나며 오두막은 임시 사우나로 변했다. 나는 열기를 조금 식히고 토드와 한 약속을 지키기 위해 일어났다. 그에게 오두막 전통대로 저녁 식사를 대접해야 했다. 메뉴는 립아이 스테이크와 시저 샐러드였다. 맥주와 위스키는 무한 제공이었고.

그날 밤은 먹고, 마시고, 삼촌의 타자기로 이야기를 쓰며 보냈다. 우리는 차례로 타자기 앞에 앉아 이 오두막의 기초만큼이나 황당하고 평범치 않은 줄거리를 조금씩 전개해 나갔다. 시시한 밤이었다. 우리 둘 다 일상에서는 경험하지 못했을 그런 밤. 역시 오두막은 우리에게 꼭 필요한 공간이었다.

토드는 그날 이곳을 처음 방문했다. 새로운 사람에게 오두막을 보여주고 있으니 가슴이 벅차올랐다. 오두막을 사고 거의 3년이 지난 뒤부터는 물건을 더 들여오지 않았다. 좁은 공간의 구석구석이 가득 찼고, 수도 없이 오가며 일을 처리하는 순서, 물건을 두는 자리가 완벽하게 정해졌기 때문이다. 전반적으로 정돈이 잘 돼 있었다.

화목 난로가 있는 구석에는 가죽끈으로 만든 작은 장작 걸이가 있어 마른 오리나무와 단풍나무 장작을 깔끔하게 보관할 수 있었다. 부엌 위의 창턱은 핫소스, 차, 칼 몇 자루, 병따개처럼 없어서는 안 될 생활용품으로 채웠다. 물통 뒤, 부엌 상단 구석에는 오리나무 가지를 끼워넣고 약간의 이끼로 장식해 나무가 오두막을 관통해 자라는 듯 연출했다. 소파 위의 벽에 달린 녹색 선반에는 즐겨 읽는 책과 크리비지 게임 세트, 팬케이크 믹스가 전부 놓여 있었다. 수납장은 키친타월, 위스키, 배터리, 화장지 같은 필수품을 보관하는 곳이었다. 필요한 물건이 수납장 안에 없는 경우는 드물었다. 천장에서는 충전식 배터리팩과 연결된 크리스마스 꼬마 전구가 방 안을 빙 두르고 있었다. 또 천장에는 물방울무늬의 작은 종이 랜턴도 걸려 있어서 마치 달처럼 은은한 푸른색 불빛을 퍼뜨렸다. 하이킹을 하다가 마음에 들어서 주워 온 이끼 조각, 색색의 돌, 독특하게 생긴 나뭇조각도 이곳저곳을 장식했다. 그 모든 것에 즐거운 추억이 담겨 있었다.

오두막을 구성하는 모든 물건은 의미를 지녔다. 그릇과 접시는 전부 도예 전문가가 된 우리 누나의 작품이었다. 머그잔들은 예전에 자동차 여행을 하며 들른 카페와 식당에서 구입한 기념품이었다. 계단 아래에 둔 모카신은 아빠의 신발이었고, 매트리스 위 선반에 놓인 염소와 산 사진은 시애틀에서 유명한 벽화가의 작품으로, 그는 우리 형의 절친한 친구이자 언젠가 내가 여름 캠프에 갔을 때 인솔 교사이기도 했다. 곳곳에 놓인 소품들에 내가 사랑하는 사람과 장소가 깃들어 있었다. 전부 모으는 데도 오래 걸렸다.

시애틀에서는 임대주택과 아파트를 전전하며 이사를 자주 다녔다. 나쁘지 않았지만 집 같은 느낌을 주는 곳은 하나도 없었다. 어디에서도 의미를 찾을 수 없었다. 내게 가장 소중한 물건들을 오두막에 가져다놓는 것이 자연스러워졌다. 겨울을 나기 위해 도토리를 저장하는 다람쥐처럼 나는 내 인생에서 가장 빛나는 조각들을 위츠엔드에 모아뒀다. 그 물건들에 담긴 의미가 약제의 핵심 성분처럼 오두막 전체에 퍼져나갔다. 그저 필요에 따라 산 물건들, 냄비와 프라이팬, 매트리스, 러그, 텔레비전 받침대도 오두막의 단골손님인 우리에게 금세 특별해졌다. 허리케인 램프는 거룩한 성물이 됐고 삐걱거리는 매트리스는 만인의 사랑을 받았다. 난로 아래의 분홍색 타일은 영원히 우리의 기억에 각인될 터였다. 오두막에 존재하는 의미의 깊이와 매력은 마치 살아 있는 생명체처럼 그곳에 발을 들인 모든 사람과 물건에 스며들었다.

오두막은 부활 능력을 지니고 있었다. 플라스틱 텔레비전 받침대를 집안의 가보 같은 소중한 식탁으로 바꾸었고, 1달러짜리 종이 랜턴을 이 세상에 하나뿐인 예술 작품으로 변모시켰다. 싸구려 합판 패널조차 과거의 모험이 기록된 일지로 탈바꿈했다. 방황하는 사람에게 삶의 목적을 되찾아 줬고 이 세상에 아직 좋은 것들이 많다는 사실을 증명해 줬다. 그러니 기회를 잡고 찾아보라고, 불편함을 감수하고 삶이 나아질 수 있다는 믿음에 작게나마 판돈을 걸어보라고 했다. 내가 오두막에 쏟아부은 애정은 언제나 더 큰 보상으로 돌아왔다. 나는 오두막이 앞으로 내게 또 어떤 선물을 안겨줄지 궁금해졌다.

24 오두막 걱정하기 전문가

여름이 본격적으로 찾아왔을 때, 나는 사정상 위츠엔드를 떠나 다른 도전을 하고 있었다. 새로운 만남이 연애로 발전한 덕분이었다. 준비는커녕 전혀 예상하지도 못한 일이었다. 상대의 이름은 케이트Kate였다.

우리는 인디의 직장 근처에 있는 시애틀 시내의 한 바에서 만났다. 세 번째 데이트에 그녀를 오두막으로 초대했다. 겨우 안면만 튼 사람을 따라 휴대전화가 터지지도 않는 숲속 오두막으로 가다니 케이트에게 미쳤냐고 하는 사람도 있을 것이다. 다행히 그녀는 완벽한 제안이라고 생각했다. 우리는 밤새 난로 앞에서 몸을 녹였고 어두운 숲속을 산책하며 별을 구경했다. 아무런 기대 없이 가볍게 뛰어들었기 때문인지 몰라도 우리는 금세 더 깊은 관계로 발전했다. 어느덧 사귄 지 6개월이 지나 있었다. 한 달 뒤에는 장기 여행을 계획하기 시작했다. 8월에 나는 회사를 그만뒀고 동남아시아로 가는 편도 티켓을 끊었다.

돌아오지 않겠다는 뜻은 아니었다. 그냥 한동안 빈둥거리며 스쿠버다이빙을 하고 이상한 과일을 먹고 정글에서 모페드(모터 달린 자전거—옮긴이)를 탈 계획이었다. 그러다 집이 그리워지거나 돈이 떨어지면 돌아가기로 대충 구상만 했다. 나는 이번 여행을 계기로 삭막한 책상과 단순한 카피라이팅 작업에서 벗어나 조금 더 마음에 와닿는 글을 써내려갈 수 있었으면 했다. 오두막에 관한 글을 써서 브라이언에게 조금씩 보내기 시작했다. 마침 브라이언도 비슷한 실험을 하는 중이었다. 요트에 살며 오클랜드의 소란스러운 정박지를 무대로 글을 쓰고 있었다.

막상 떠나려니 찜찜했지만 해외살이에 대한 불안감 때문은 아니었다. 가족과 친구들을 두고 떠나는 것도 쉽지 않았지만 견딜 수 있었다. 내 두려움의 근원은 오두막이었다. 수천 킬로미터 떨어진 곳에서 오두막이 잘 있을지 초조해할 내가 걱정됐다. 토드와 가장자리보를 고쳤고 엄청난 양의 코킹제와 방수 테이프로 누수도 잡아놓아서 오두막을 관리할 사람이 없어도 큰 문제는 없을 터였다. 그리고 이제는 마이크가 있었다. 바로 옆에 사는 이웃과 언제든 직접 연락할 수 있었다. 그래도 떠나기 전 마지막으로 위기 관리를 해두지 않으면 못 견딜 것 같았다.

베트남행 비행기에 오르기 몇 주 전, 나는 위츠엔드를 찾았다. 하지만 몇 달이나 오두막을 비우기 전 무엇을 해야 하는지 알 수 없어서 난감했다. 화장실에 톱밥을 보충하고 대청소를 했다. 창문이 전부 제대로 닫혔는지 확인했다. 도둑이 들 경우를 대비해 커튼은 열어뒀다. 이 안에 들어와 봤자 유통기한 지난 칠리 통조림과 찰스 부코스키Charles Bukowski 책 몇 권밖에 건질 수 없다는 메시지였다. 가스레인지의 프로판 가스통을 화장실로 옮겼다. 혹시라도 폭발하면 다른 곳보다 화장실에서 터지는 편이 나으니까. 그런 다음 데크와 외벽 주위에 쌓인 낙엽을 갈퀴로 쓸었다. 천천히 여기저기 둘러보다 보니 이런 생각이 들었다. 나는 오두막을 정리하러 이곳에 온 게 아니었다. 내게 집과 같은 공간에 작별 인사를 하러 온 것이었다. 여행을 앞두고 설레는 마음과 별개로 이별은 역시 쉽지 않았다. 데크에 앉아 생각에 잠겨 있을 때 누군가의 목소리가 들렸다.

"왔어요?"

진입로 쪽으로 고개를 돌리자 맥주를 들고 다가오는 앤디Andy가 보였다. 그는 머리부터 발끝까지 온몸에 톱밥을 뒤집어쓰고 있었다. 오후에 도착한 뒤로 전기톱 소리가 끊이지 않더니, 어디서 그랬는지 이제야 알 것 같았다.

앤디는 그해 초여름에 만난 이웃이었다. 나보다 1년 먼저 오두막을 사서 들어왔지만 사정상 만나지 못하다가 얼마 전 겨우 인사를 나눌 수 있었다. 확실한 나이는 몰랐다. 이래저래 짐작해 본 바로는 서른 살에서 예순 살 사이 어디쯤인 듯했다. 그의 무한한 낙관주의는 언제 봐도 신선했다. 나는 앤디, 마이크와 금세 친구가 됐고, 숲속의 버려진 길에 자리한 이 작은 마을에서 우정을 쌓을 수 있어 기뻤다. 우리 셋은 각자의 자리에서 저마다 품은 꿈을 실현해 나가고 있었다. 하지만 우리 중 가장 노련한 사람은 앤디였다. 오두막의 꼼꼼한 시공, 날카로운 절단면, 매끄러운 이음새만으로도 알 수 있었다. 앤디의 직업이 목수라는 말을 들었을 때도 그리 놀랍지 않았다.

앤디는 위츠엔드의 끝자락, 도로가 끝나고 자갈 깔린 회전 구간으로 이어지는 지점에 땅을 갖고 있었다. 그의 이름으로 된 구획은 세 개였는데, 각 구획이 회전 구간에서 방사형으로 뻗어 나갔다. 각 부지의 뒤쪽에는 계절에 따라 흐르는 개울이 있었고, 그 너머는 전부 국유림이었다. 앤디는 리버사이즈의 최전선에 있다 보니 야생동물을 가장 먼저 목격하곤 했다. 머피네 집 바로 뒤편의 삼나무에 올빼미가 둥지를 틀었을 때 그 사실을 알려준 사람도 앤디였다. 지금은 전문가 몇 명의 도움으로 거대한 단풍나무 몇 그루를 뽑아 자기 땅의 경계를 정리하고 있었다.

“끝내주는군.” 앤디가 말했다. “저기 아래가 완전히 활짝 열렸어. 햇빛이 그냥 쏟아져 들어오네. 애들은 좀 치우는 게 좋겠다." 마지막 말은 오두막 위의 나뭇가지에 걸린 거미줄을 가리키며 덧붙였다.

그때까지만 해도 내게 나무란 오두막을 미적으로 돋보이게 해주는 존재에 불과했다. 여름에 그늘을 드리워 주고, 가을에 형형색색의 낙엽을 떨어뜨려 줘서 고맙다고만 생각했다. 가끔 나뭇가지가 떨어질 뿐 별다른 문제도 일으키지 않았다. 그리고 숲 속에 오두막을 지은 이유의 절반은 숲 그 자체 아닌가? 나무를 베어낸다면 그 취지에 어긋나지 않을까? 하지만 앤디는 나무들이 문제라고 했다. 적어도 부분적으로는. 진입로 끝으로 와보라 손짓하더니 데크 가장자리에 빽빽이 서 있는 단풍나무 한 그루와 오리나무 두 그루를 가리켰다.

"저기 커다란 가지 보여요? 이 오리나무가 저 오리나무 쪽으로 기울어져 있잖아요. 둘 다 오두막 위로 구부러진 거 보이죠?" 앤디가 말했다. "폭풍 하나만 세게 왔다 하면 그대로 덮칠걸요."

"아." 나는 그 말밖에 할 수 없었다.

만약 앤디의 목표가 내게 새로운 걱정거리를 안겨주는 거였다면 성공이었다. 나는 일명 오두막 걱정하기 전문가였다. 나무가 쓰러지면 어떤 일이 벌어질지 상상하는 것은 그리 어렵지 않았다. 단풍나무 한 그루만 넘어져도 강타당한 오두막은 성냥개비 더미로 변해버릴 게 뻔했다. 우리는 앤디가 아는 수목관리사에게 나무를 보여주기로 했다. 15분 뒤, 처음 보는 사람 두 명이 진입로에 나타났다. 수목관리사라기보다는 평범한 일꾼으로 보였지만 전기톱과 밧줄처럼 나무 전문가가 쓰는 도구는 갖추고 있었다. 나는 목을 쭉 빼고 무슨 말을 하는지 귀담아들었다. 그들은 앤디의 의견에 동의했다. 나무들의 상태가 좋지 않다고 했다.

"세 그루를 베고 길을 정리하는 데 750달러가 들겠네요. 토막 내서 쌓아두는 것까지 원하시면 비용이 추가되고요." 그중 한 사람이 말했다.

"얘네를 꼭 베어야 할까요?"

"고객님. 베느냐 마느냐 하는 단계는 이미 지났습니다. 이제는 시기와 방법을 결정할 단계죠."

그들은 나무 베기 영업에 성공했다고 확신했는지 돌아서서 앤디의 집 쪽으로 걸어가며 "저희 번호로 전화 주세요!"라고 외치고는 모퉁이를 돌아 사라졌다. 나는 한동안 높은 나무에서 시선을 떼지 못했다. 가지가 캐스케이드산맥에서 불어오는 산들바람에 이리저리 흔들렸다. 뇌에서 가장 원초적인 영역들이 이렇게 나를 설득했다. 여태 안 쓰러졌는데 지금 쓰러질 리가 있겠어? 안 그래?

고민됐지만 750달러는 적지 않은 돈이었다. 케이트와 여행을 떠나려고 꼬박꼬박 저축했다. 그 돈은 내가 놓쳤던 수많은 모험을 상징했다. 나는 운에 맡기기로 결심하고 전화 거는 일을 나중으로 미뤘다. 그 대신 떠나기 전 인센스 스틱 몇 개를 피워 오두막 안을 돌아다니며 전체를 꼼꼼하게 점검했다. 몇 주 뒤, 나는 남중국해의 황량한 해변에서 부서지는 파도 위로 달이 뜨는 모습을 보고 있었다. 오두막이 까마득히 멀게 느껴졌다. 거리감 덕분에 걱정을 떨치기도 쉬웠다.

시간은 빠르게 흘렀다. 베트남에서 땀을 뻘뻘 흘리며 늦여름을 보낸 뒤에는 태국 북부의 산악 지대에서 오토바이 여행을 했고 라오스에서 맨발로 볼링을 쳤다. 인도네시아에서는 엄마와 누나를 만나 몇 주간 함께 지냈다. 여행을 시작한 지 몇 달이 지나서 가족들의 얼굴을 보니 좋았지만 한편으로는 집이 그리워졌다. 엄마와 누나를 보내고 나서 우리는 귀국 계획을 세우기 시작했다. 다만 뉴질랜드를 들렀다 가기로 했다. 뉴질랜드는 우리 둘 모두 각자의 버킷리스트에 올라 있던 곳이었다. 이번 기회에 버킷리스트도 하나 달성할 수 있다니 이득 아닌가. 인도네시아에서 출발한 비행기에서 내려 상대습도가 10억 분의 1도 안 되는 곳에 도착했을 때의 안도감은 지금도 잊을 수 없다. 동남아시아의 날씨는 나와 맞지 않았다. 산과 숲이 가득한 뉴질랜드에서는 마치 고향에 돌아온 느낌이 들었다.

비용을 절감하기 위해 여행 초반에는 노동 교환 프로그램에 참여해 크라이스트처치Christchurch 외곽에 있는 대형 양 목장에서 일했다. 우리가 매일 몇 시간씩 목장 일을 도우면 목장에서 숙식을 공짜로 제공해 주는 프로그램이었다. 이 기회를 잘 활용하면 돈을 많이 들이지 않고 타국 생활을 하며 현지인들을 사귈 수 있었다. 하지만 대체로 목장에는 우리 둘밖에 없었다.

목장 주인은 우리에게 목장 안에 있는 학교에 페인트를 칠하고 개조하는 일을 맡겼다. 100년이나 된 학교는 목장 맨 끝에 있는 작은 만에 홀로 자리하고 있었다. 샘물은 있었지만 전기는 들어오지 않았고 화장실도 야외 화장실 하나였다. 우리는 몇 주 동안 햇살을 맞으며 외벽의 헌 페인트를 벗겨내고 썩은 판자를 고치고 지붕의 구멍을 때웠다. 해가 뜰 때 일어나 해변에서 커피를 마셨다. 일을 하다가 오후의 햇살이 뜨거워지면 그늘로 들어가 낮잠을 잤다. 밤에는 바다에서 하루의 땀을 씻어내고 모래사장에 피운 모닥불 옆에서 몸을 말렸다. 내가 상상할 수 있는 가장 이상적인 삶이었다. 내 머릿속에는 오두막으로 돌아가 다시 작업을 하고 싶다는 생각밖에 없었다. 이런 생활 리듬을 휴가 때만이 아니라 내 삶의 중심으로 만들어야 했다.

사무직을 그만두고 일과 거리를 두자 마음속에서 오랫동안 꿈틀대고 있던 생각이 선명해졌다. 내게 건축은 단순한 취미가 아닐지도 몰랐다. 나는 돌아가면 새로운 진로부터 모색하기로 결심했다. 서른두 살에 다시 시작점에 선다고 생각하니 주눅이 들었다. 아무리 생각해도 글만 쓴 지난 10년의 세월이 허무하게 느껴졌다. 좋은 글들을 쓴 것은 후회하지 않았다. 나를 해외로 데려다주고 주인공들의 삶에 변화를 안겨준 이야기들, 꼭 필요하다고 생각해 진심을 담아 쓴 기사들은 절대 후회의 대상이 아니었다. 그 외의 시간이 후회스러울 뿐이었다. 애정이 없는 일을 하며 불가능하다는 사실을 알면서도 언젠가는 회사에 정이 들겠거니 생각했던 시간들 말이다. 그럼에도 끝까지 버틴 것은 현실적으로 일 자체가 그리 나쁘지 않았기 때문이었다. 그게 가장 큰 문제였을지도 모르겠다. 일은 정말 괜찮았다. 하지만 더 나은 삶이 어딘가에 존재하고 내가 그 삶을 놓치고 있다는 감각이 끊임없이 나를 따라다녔다. 그 호기심은 우울, 분노, 좌절, 무기력, 권태처럼 다양한 모습으로 나타났다. 그러다 이 일이 처음부터 내 길이 아니었고 새롭게 출발할 방법을 고민하자고 결심하자 미래가 낙관적으로 보이기 시작했다. 이 마음은 수년 동안 이어진 의심을 확신으로 바꿔줬다.

우리는 크리스마스에 맞춰 귀국했다. 살 곳도, 돈도, 직업도 없는 현실과 직면하기 전 잠시나마 연휴를 즐길 수 있었다. 1월 초에는 시애틀의 유니언호수Lake Union에 묶여 있는 1970년대식 낡은 하우스보트로 이사했다. 단기 임대로 그보다 저렴한 숙소는 구할 수가 없었다. 케이트와 나는 원래 다니던 직장으로 돌아가지 않을 작정이었다. 하지만 정기적인 수입이 필요한 상황에서 선택지가 얼마 없었고 우리는 다시 바 매니저와 카피라이터가 됐다. 다행히 우리에게는 오두막이라는 피신처가 있었다.

나는 새해를 맞이하고 나서야 오두막을 다시 찾았다. 위츠엔드길을 오르는 동안 최악의 상황을 각오했다. 떠나 있는 동안 용기가 나지 않아 마이크에게 확인을 부탁하는 문자조차 보내지 못했다. 내심 무소식이 희소식이라는 기대만 품고 있을 뿐이었다. 언덕을 넘었을 때 가슴에 안도감이 퍼졌다. 오두막은 다친 곳 하나 없이 제자리에 서 있었다.

마이크의 집 바로 너머의 길에 차를 세우고 진입로로 걸어 들어갔다. 커튼 같은 거미줄 뒤에서 갈퀴를 꺼내 데크와 진입로에 두껍게 쌓인 나뭇잎과 가지를 치웠다. 다 치운 뒤에는 차를 가지고 돌아와 열쇠를 꺼냈다. 문이 스르륵 열렸다. 안에 고개를 넣자 소나무 향, 이끼, 삼나무, 연기의 익숙한 냄새가 언제나처럼 강렬하게 나를 맞아줬다. 아무 이상도 없었다. 집에 돌아왔다.

쓰러진 나무를 발견한 것은 다음 날 아침이 밝은 뒤였다. 데크에서 5미터 조금 못 되는 위치에 거대한 단풍나무가 쓰러져 있었다. 지름이 거의 1미터나 되는 나무였다. 높이는 짐작조차 할 수 없었다. 나무가 쓰러진 바닥에 맥주 통만 한 나뭇조각들이 여기저기 흩어져 있었다. 아수라장 속을 걷는데 마이크의 트레일러가 벌컥 열렸다. 마이크가 밖으로 나와 인사를 하고 바로 자초지종을 설명해 줬다.

"아, 패트릭이 여행을 가 있던 여름에 이렇게 됐어요." 마이크가 말했다. "막 저녁을 만들고 있는데 폭발 소리가 들리더라고요. 나가 보니 저게 쓰러져 있었어요. 딱히 바람이 불었던 것도 아닌데 말이죠."

나는 말이 안 나올 정도로 거대한 나무의 잔해를 바라보며 만약 다른 쪽으로 쓰러졌더라면 오두막이 어떻게 됐을지 상상해 봤다. 끔찍한 상상을 떨치고 앤디의 친구들이 문제라고 지적했던 나무를 올려다봤다. 저걸 베어야 했다. 다음 주 월요일, 날이 밝자마자 인근 업체에 전화를 걸었다.

"네. 무엇을 도와드릴까요?"

"안녕하세요. 단풍나무와 오리나무 몇 그루를 베고 싶어 연락드렸습니다."

"네, 높이가 어느 정도 되나요?"

나는 이런 추측에 젬병이었다. 나무 높이를 어떻게 추정하지? 나무 옆에 서서 내 키 180센티미터를 50인분 쌓는다고 상상하면 되나?

"음, 한 300미터쯤?"

"뭐라고요?"

"너무 높은가요? 그럼 30미터? 6미터?"

"25미터로 적어두겠습니다."

25미터가 합리적인 답변이라는 사실을 머리에 새겼다. 아무 지식도 없이 오두막을 소유하게 되면서 이렇게 사소한 정보도 기억해 둬야 한다는 사실을 배웠다. 아는 게 하나 없어도 실전 지식 몇 가지, 은어 몇 개, 업계 기술이나 장비 몇 개로 버무리면 놀라울 정도로 상대에게서 신뢰도를 높일 수 있었다.

조금 더 통화를 하는데 업체 측에서 겨울에는 작업을 할 수 없다고 했다.

"이렇게 기온이 낮은 시기에는 나무가 바스러지기 쉬워서요. 작업이 안전하지 않습니다. 봄에 다시 전화 주세요. 그때 일정을 잡도록 하죠."

전화를 끊고 골똘히 생각했다. 오두막 위로 드리워진 나무들은 눈과 비와 얼음으로 점점 무거워졌고 끊임없이 얼었다 녹기를 반복하고 있었다. 단순히 쓰러질 위험이 있는 나무가 아니었다. 언젠가는 알아서 쓰러질 나무였다. 수목관리 업체에서조차 굳이 자르러 갈 필요 없다고 판단할 정도로.

겨우내 오두막을 찾을 때면 두려움에 시달려야 했다. 난로에서 연기가 뿜어져 나오고 삼나무 가지에 쌓인 눈가루가 폭포처럼 쏟아지는 밤이면 혹시라도 바람이 불까 잠을 이루지 못하고 덜덜 떨며 신음 같은 나뭇가지 소리에 귀를 기울였다. 다락에서 나무 폭탄이 터지고 이끼와 수액으로 뒤덮인 가지가 친구들을 창처럼 꿰뚫는 악몽을 꿨다. 오두막에 왔다가 패닉에 빠지지 않고 떠나는 날은 기적처럼 느껴졌다. 그럼에도 나는 계속 오두막으로 돌아갔다. 위험하지만 피할 수 없는 중독 같았다. 집으로 돌아와서는 봄이 오기만을 간절히 기다렸다.

25 지붕, 더 이상 미룰 수 없다

겨울은 가차 없이 냉혹한 현실로 나를 돌려놓았다. 뉴질랜드의 한적한 만에서 달빛을 벗 삼아 수영하며 여름을 보냈던 케이트와 나는 싸늘한 밤에 얼어붙은 부두를 걸어 내려가야 화장실을 쓸 수 있는 신세가 됐다. 우리는 낡아빠진 하우스보트에서 한 달을 보냈다. 배 밖은 시애틀답지 않게 눈이 자주 내렸다. 그래도 형편은 조금씩 나아졌다. 우리 둘 다 일자리를 구했다. 욕실과 닌텐도 64까지 있는 배로 거처를 옮겼고 나중에는 차고를 원룸으로 멋지게 개조한 곳에서 살게 됐다. 느리지만 천천히 일상으로 돌아가는 중이었다. 비록 한때 탈출했다고 생각했던 일을 다시 할 수밖에 없었지만 그래도 이제 우리에게는 계획이 있었다.

둘만의 힘으로 집을 산다는 것은 꿈같은 이야기였다. 그래서 우리는 맷, 데이나Dayna와 돈을 합쳐 집을 사기로 결심했다. 한정된 자원을 모아 집세를 아낄 수 있었고 가족이나 마찬가지인 친구들과 수시로 만날 수도 있었다. 친구들과 작은 공동체를 이루고 산다는 선택은 단순한 주거 계획이 아니라 우리의 유대를 보여주는 증거였다. 삶이 아무리 팍팍해도 좋은 친구들이 있으면 버틸 수 있다는 믿음에서 비롯된 결정이기도 했다. 친구들과 있으면 행복했다. 그런 만남을 더 편하게 이어가고 싶었다. 우연히 집을 살 돈도 없었을 뿐이다. 맷은 칠리 스튜를 잘 만들고 한 번에 너무 많은 양을 요리하는 버릇이 있었다. 우리는 그릇을 들고 아래층으로 내려가면 됐다.

우리의 계획에는 이런 생각도 포함돼 있었다. 만약에 이러면 어떨까? 넷이서 대출금을 분담하면 달마다 내야 하는 금액이 확 줄어든다. 그러면 나도 일을 그만두고 집 짓는 일을 해 볼 수 있지 않을까? 여행을 마치고 직장으로 복귀한 그해 겨울, 나는 다시 온라인에서 브라이언과 채팅을 시작했고 우리의 대화는 갈수록 진지해졌다. 브라이언의 삶은 지루했다. 내 삶도 지루했다. 우리는 오두막을 짓고 싶었다. 기본적으로 그랬다. 우리는 매일 아침 상쾌한 공기를 맞으며 나무 집을 만드는 환상을 수도 없이 반복했다. 새 오두막을 스케치한 그림을 주고받고, 앞으로의 계획을 길게 이야기했다. 책임감 없는 어른이라는 소리를 듣지 않으면서 매일 숲에서 무언가를 만들려면 어떻게 해야 할까. 머릿속으로 시나리오를 써 내려갔다.

늦겨울에 위츠엔드의 방치된 오두막 하나가 매물로 나오자 우리의 대화는 더욱 진지해졌다. 내 오두막처럼 작지만 상태는 그럭저럭 괜찮았다. 화장실이 없고 주차 공간이 좁다는 점이 흠이었지만 그 정도는 감수할 만했다. 그 오두막은 일주일도 안 돼 약 3만 달러에 팔렸다. 오두막을 짓는 환상을 가로막는 문제는 언제나 하나였다. 돈. 절대로 비용을 맞출 수 없다고 생각했다. 우리는 내 오두막 같은 매물이 재료비보다 조금 비싼 가격에 거래될 줄 알았다. 네 배나 비싼 금액은 상상도 하지 못했다. 우리가 모르는 사이에 부동산 시장이 좋아졌고, 이제는 계산이 맞아떨어지기 시작했다. 저렴한 부지만 구하면 일을 때려치우고 맨땅에 오두막을 지어 팔거나 임대할 수 있었다. 게다가 우리는 진로를 변경하는 과정을 빠르게 건너뛰고 꿈꾸던 직종에 곧장 뛰어들기로 했다. 언젠가 오두막을 짓겠다는 꿈을 품고 실제 건축 현장에서 수년간 경력을 쌓는 대신 숲속으로 들어가 직접 그 방법을 알아내기로 했다. 저렴한 땅만 찾으면 바로 시작할 수 있었다. 몇 달, 몇 년이 걸릴지도 모르지만 괜찮았다. 그때까지 준비하면서 토지와 목재를 살 돈을 조금씩 모으고 있으면 되니까.

맷, 데이나와 함께 집을 사는 계획. 이것이 그동안 이해하지 못했던 '지출은 줄이고 저축은 늘리는 비법'의 해답이었다. 나는 속도를 더 내기 위해 부업을 시작했다. 낮에는 시애틀 외곽에 있는 IT 회사에서 계약직 카피라이터로 근무하고 저녁에는 프리랜서로 같은 일을 했다. 정말 미칠 뻔했다. 하루에 열여섯 시간을 컴퓨터 앞에 앉아 있는 날이 많았다. 주말에는 전자책이나 이메일 템플릿, 블로그, SNS 포스팅 작업을 하느라 바빴다. 그래도 탈출구에 다가갈 돈을 모으는 과정이라 생각하면 고통을 견디기가 수월해졌다. 틈틈이 기회가 생길 때마다 오두막으로 달려가 연습도 했다.

진정으로 따뜻한 봄날은 5월 말에나 찾아왔다. 나는 키보드에서 손을 떼고 케이트와 위크엔드로 떠났다. 쉬지 않고 내리던 비가 몇 주 만에 그쳤다. 우리는 화창한 날을 기념하기 위해 내 1976년식 혼다 CB550을 타고 나가기로 했다. 나는 그 오래된 오토바이를 좋아했다. 기름이 새고 전자장치도 말썽이었지만 달리고 있으면 행복했고 보고만 있어도 좋았다. 반짝거리는 파란색 몸체도, 크롬 장식과 가죽 장식도 정말 아름다웠다. 살면서 스스로가 멋지다고 생각해 본 적은 많지 않았다. 하지만 그런 날이 있다면 대체로 그 오토바이를 타고 있을 때였다.

우리는 멀리 돌아가는 길을 택했다. 폴시티Fall City, 카네이션Carnation, 듀발Duvall의 농지와 하곡은 새로 심은 작물에서 돋아난 싹으로 온통 푸른색이었다. 스카이코미시강의 남쪽 강둑을 따라 시골길을 달리다 강을 건넜고 술탄에서 2번 국도로 진입해 인덱스 방향으로 계속 나아갔다. 거대하고 울창한 상록수 숲이 나타나며 도로가 좁아지는 지점부터는 숲이 그림자를 드리워 체감온도가 급격히 떨어졌다. 나무를 뚫고 들어온 햇살이 바닥에 닿자 썩은 낙엽층에서 김이 피어올랐다.

킥스탠드가 부드러운 자갈길에 빠지지 않도록 오토바이를 데크 위에 세웠다. 엔진이 식으며 오토바이에서 파열음이 나고 기름이 흐를 동안 우리는 데크에 앉아 미리 싸온 샌드위치와 음료수로 요기를 했다. 정말 완벽에 가까운 날이었다. 모든 게 순조로웠다. 행운이 우리를 지켜주는 듯했다. 이렇게 운이 좋아도 되나 의심스러울 만큼. 앞으로의 일을 생각하면 좋은 징조는 아니었다.

그날은 단순히 오토바이를 타러 오두막에 온 것이 아니었다. 머릿속에 구상한 프로젝트가 있었다. 몇 주 전, 비 오는 날 오두막에 들렀을 때 새로운 누수를 발견했다. 하지만 이번에는 더 높은 곳에서 물이 새고 있었다. 지붕 꼭대기와 가까운 굴뚝 위에서. 마이크, 머피, 앤디가 자기 사다리를 공짜로 써도 좋다고 했지만 오두막 꼭대기에 손이 닿을 만큼 키가 큰 사람은 없었다. 창의력을 쥐어짜 다른 해결책을 찾아냈다. 그 해결책이란 바로 케이트였다. 우리는 계획을 세웠다.

케이트가 알루미늄 덕트테이프를 들고 낡은 다락 사다리를 오르기로 했다. 참고로 이 사다리는 지붕 끝에서도 가장 낮은 지점에 겨우 닿았다. 나는 케이트가 올라가기 전에 남는 밧줄로 '안전벨트'를 만들었다. 케이트의 허리에 밧줄을 감고 서른 개에서 마흔 개쯤 되는 사각매듭으로 고정했다는 뜻이다. 케이트가 사다리 끝에서 밧줄 끝을 지붕 능선 너머로 던질 예정이었다. 미리 대기하던 내가 밧줄을 잡아당기면 케이트를 지붕 능선까지 끌어 올릴 수 있을 터였다. 그런 다음 케이트가 한 손으로 밧줄을 필사적으로 붙잡고 반대쪽 손으로 지붕의 이음새와 나사에 테이프를 덕지덕지 붙이기로 했다. 지붕에서 떨어지면 목이 부러질 위험이 있었지만 케이트는 이 계획이 위험하기보다 합리적이라고 생각했다. 이런 사고방식은 내가 케이트를 사랑하는 무수한 이유 중 하나였다. 케이트가 사다리에 발을 올리고 10분 뒤, 우리는 고속도로를 질주하고 있었다. 케이트의 오른손은 피로 물든 키친타월에 싸여 있었다. 그 위에 덕트테이프를 되는 대로 감고 병원으로 가는 내내 손을 높이 치켜들었다. 검지를 여덟 바늘이나 꿰매야 했다.

계획 자체는 성공했다. 사다리 끝에 선 케이트를 내가 지붕 능선까지 끌어 올렸고, 케이트가 손이 닿는 곳마다 테이프를 붙여 덕트테이프 한 롤의 절반을 썼다. 작업이 끝난 뒤 나는 케이트가 사다리에 안전하게 착지하도록 천천히 내려줬다. 하지만 사다리 몇 칸을 내려왔을 때 사고가 터졌다. 못 쓰게 된 테이프 조각 하나가 지붕 가장자리에 붙어 있었단다. 내려오는 길에 그 모습을 본 케이트가 지붕에서 테이프를 떼어내려고 파리를 쫓듯 손을 휘둘렀다. 그 순간, 녹이 잔뜩 낀 금속 지붕 끝에 손가락이 걸렸고 순식간에 봉변을 당했다.

우리는 키친타월 반 롤과 덕트테이프로 응급조치를 했다. 그녀의 머리에 헬멧을 씌우는 데는 약간의 팀워크가 필요했지만 금방 출발할 수 있었다. 욱신거리는 키친타월 덩어리를 높이 치켜든 채 먼로의 응급실까지 평소 40분 걸리는 거리를 20분 만에 주파했다. 어떻게 된 일이냐는 의사의 질문에는 미끼를 문 벌레처럼 케이트를 질질 끌고 다녔다는 부분을 생략하고 그냥 지붕을 고치다 다쳤다고 설명했다. 돌아가는 길, 손가락을 여덟 바늘이나 꿰맨 케이트는 이 어이없는 상황에 웃음을 멈추지 못했다.

우리는 몇 주 뒤 오두막으로 다시 돌아갔다. 케이트의 손가락은 잘 아물고 있었다. 하지만 새로 발견된 누수는 전혀 해결되지 않았다. 이슬비가 내리는 초여름 아침, 나는 밖에 서서 지붕을 바라봤다. 눈뜨고 봐줄 수가 없었다. 사방에 코킹제와 테이프 조각이 붙어 있었다. 절반은 완전히 녹슨 상태였다. 가장자리도 무거운 나뭇가지에 얻어맞아 찌그러졌다. 확실한 해결책은 하나뿐이었다.

지붕 수리에 실패하고 굴뚝 누수를 해결하지 못했다는 좌절감은 몇 년 동안 쌓이고 쌓여 내 마음 깊은 곳에 단단한 고치처럼 자리를 잡았다. 이제 변태가 완성되려 하고 있었다. 껍질을 뚫고 나온 것은 여과되지 않은 날것의 결의였다. 코킹제를 제거하고 나사를 풀고 테이프를 뜯어내자. 굴뚝을 들어내고 주변을 감싼 실리콘 고리를 뜯어버리자. 금속을 벗기고 그 아래에 무엇이 있든 긁어내자. 나무가 드러날 때까지, 마침내 멀쩡한 부분이 나올 때까지 계속 긁어내자. 그런 다음 처음부터 다시 시작하는 거다. 땜질은 질렸다. 더는 못 하겠다. 전부 갈아엎을 때가 왔다.

26 결국 내가 손대야 한다는 것

7월에는 수목관리 업체에서 오두막 위로 기울어진 오리나무 두 그루와 단풍나무 한 그루를 베러 나왔다. 생각보다 위험한 상황이라는 것 같았다. 앤디가 소개해 준 팀은 아니었다. 그쪽은 전화하니 없는 번호라고 했다. 견적을 받기 위해 만난 수석 수목관리사는 나와 위츠엔드길에 서서 나무의 이곳저곳을 레이저포인터로 가리켰다. 오리나무 두 그루 모두 곰팡이가 곳곳에 생겨 번지기 시작했다고 했다. 그가 나무껍질 사이에 난 거무스름한 반점을 레이저포인터로 가리키며 말했다. "여기가 이 나무에서 제일 약한 지점입니다. 썩은 부위가 번져서 나무가 결국 부러지는 건 시간문제예요." 단풍나무는 건강했고 설령 쓰러지더라도 오두막 쪽으로는 쓰러지지 않는다는 진단이 나왔다. 단풍나무는 베지 않기로 했다.

첫 진단을 하고 다음 예약을 잡아 실제 작업을 하기까지는 몇 주가 걸렸다. 드디어 그날이 왔을 때, 나는 사무실에 갇혀 사랑하는 사람이 수술을 받을 동안 불안하게 기다리는 보호자처럼 안절부절못했다. 나무를 베는 일이 흔하다지만 최악의 상상을 하지 않을 수 없었다. 눈에 보이지 않았던 썩은 부위가 번져 나무가 쓰러지면 어쩌지? 그래서 누군가 다치면? 오두막이 부서지면 어떡해? 마이크의 집이 박살 나면? 새먼베리와 고사리 덤불이 아닌 다른 것 위로 나무들이 쓰러지면 어쩌나 정말 걱정이었다. 그날 저녁, 수목관리사가 구형 휴대전화로 찍은 저화질 사진을 한 장 보내왔다. 작업은 아무 문제 없이 끝났다. 진입로 옆에 거대한 통나무 더미가 산처럼 쌓여 있었다. 사방이 톱밥투성이였다. 잠시 나무들에 애도를 표했지만 곧 안도감이 파도처럼 밀려들었다. 자는 동안 나무가 덮칠까 봐 전전긍긍하던 밤은 이제 안녕이었다.

지붕 공사는 나무를 다 벤 뒤에 시작하기로 했다. 나무가 쓰러져 오두막이 망가질 수도 있으니까. 새 지붕을 달고 나서 그런 일을 당하면 마음이 얼마나 쓰라리겠는가. 사실 계획할 시간도 필요했다. 나는 지붕의 모든 것, 구조와 구성 요소, 서까래, 칼라타이(지붕의 양쪽 경사면을 연결하는 가로형 목재로 서까래가 벌어지는 것을 방지해 준다—옮긴이), 릿지빔(지붕 꼭대기에 놓여 서까래들이 기대는 중심 구조물—옮긴이) 등을 집중적으로 공부하기 시작했다. 철물에 관한 책도 읽었다. 골조 부재들을 더 단단히 엮어주는 허리케인타이와 보강판에 관해 읽었다. 지붕 전용 깔개, 시트, 접착제, 고정 부품의 리뷰들도 꼼꼼히 읽어봤다. 아스팔트 슁글과 금속 패널의 장점도 비교해 봤다. 좁은 골짜기나 경사 변화 지점에 빗물이 스며들지 않도록 금속 지붕 시공업자들이 작은 철판 조각을 정교하게 자르고 구부려서 플래싱 장치를 만드는 영상도 수없이 봤다. 몇 개는 즐겨찾기 해놓고 반복해서 시청했다. 마치 계산기나 휴대전화 사용이 금지된 중요한 시험을 준비하는 수험생이 된 기분이었다.

결전의 주말을 앞두고 엄마 집이 있는 체할리스Chehalis까지 한 시간 반을 달려 픽업트럭을 빌렸다. 빨간색 포드 레인저와 대형 연장 사다리는 주말에 오두막에서 대규모 작업을 할 때마다 마스코트처럼 함께하는 존재가 됐다. 시애틀로 돌아와서는 자재들을 모으기 시작했다. 들춰 보면 나무가 썩어 있는 곳이 더 많을지 모르니 합판도 몇 장 준비해야 했다. 질기고 튼튼한 방수 시트도 두 롤 샀다. 거대한 고무 테이프처럼 생긴 재료인데 금속 패널 아래로 물이 들어가도 외장재를 보호해 준다고 들었다. 파형강으로 만든 금속 패널, 지붕용 특수 나사 한 박스도 챙겼다. 나사마다 작은 실리콘 와셔가 달려 있어서 나사를 타고 물이 구멍으로 스며들 염려가 없었다. 코킹제 네 통, 굴뚝을 감쌀 실리콘 고리도 새로 구매했다. 연장 사다리, 지붕 자재, 그리고 내가 가진 거의 모든 공구가 트럭 적재함에 실렸다. 운전석에도 빈 공간이 없었다. 내 친구 켈런도 함께하기로 했다. 첫 번째 대규모 작업 파티 이후로 오두막의 창립 멤버가 된 켈런은 당시 아래층 내벽 마감재에 못을 박아 넣는 임무를 맡았었다. 그는 따뜻하고 화창한 날 산속에서 모처럼 일을 할 생각에 흥분한 상태였다. 우리는 산으로 올라가는 길에 먼로의 프레드마이어에 들러 맥주, 얼음, 감자칩, 계란, 소시지, 핫소스로 적재함의 빈 곳을 채웠다. 양심상 바나나도 몇 개 추가했다.

우리는 언제나처럼 오두막에 도착하자마자 아이스박스에 얼음과 맥주와 상하기 쉬운 음식부터 보관했다. 세라믹 디스펜서의 물통을 교체하고 프로판 가스통의 잔량을 확인했다. 나는 데크를 쓸고 화장실의 거미줄을 빗자루로 걷어냈다. 오두막 안에서는 가방을 정리하고 찬장에 동결 건조 식품을 채워 넣었다. 마지막으로 남은 일들을 해치우면 긴장감이 샘솟지 않을까 생각했다. 계획을 포기해 버리면 속 편하지 않을까? 물이 새도 감당할 수 있을 정도인데 지붕을 파괴하느니 그냥 두는 쪽으로 마음이 기울지 않을까? 마음이 이렇게 반응하리라 예상했다. 하지만 아니었다. 햇살 아래에서 오두막을 고칠 생각을 하니 가슴이 설레고 두근거렸다. 그동안 공부하고 연마한 기술로 눈에 보이는 무언가를 창조할 수 있었다. 오두막을 더 나은 공간으로 만들고 오래오래 버티도록 도와줄 수 있었다.

우리는 철거한 지붕 자재를 트럭 적재함에 싣기 위해 공구를 진입로 끝에 내려놓고 자재들을 정리해 공간을 마련했다. 사다리를 최대 높이로 펼쳐 부드러운 자갈길에 세우고 흔들리지 않도록 켈런이 아래쪽 가로대를 밟았다. 그런 다음 내가 드릴을 들고 반대쪽 손으로 가로대를 잡으며 사다리를 오르기 시작했다. 굴뚝을 잡아주는 지지대를 내리고 굴뚝 아래쪽에 두른 실리콘 고리를 제거하는 작업이 첫 번째 순서였다. 그러려면 주변을 조금씩 파내는 작업도 같이 해줘야 했다. 수년 동안 지붕 수리에 실패하며 쌓인 나사와 코킹제는 퇴적층을 이루어 쉽게 떨어지지 않았다. 하지만 그 덩어리들을 파헤치는 일은 뜻밖의 만족감을 줬다. 그 안에는 누수 문제를 해결하려다 실패한 흔적과 오두막에서 만든 추억이 켜켜이 쌓여 있었다. 실리콘에서 향수를 느끼는 게 말이 되나? 하지만 나는 이 느낌을 받아들이기로 했다. 정교한 기술보다는 끈기로 요상하고 끈적거리는 나사 덩어리를 떼어냈다. 드디어 지붕 아래쪽이 드러났다. 실리콘 고리를 밀어 올려 옆으로 던지고 굴뚝을 비틀어 떼어낸 뒤 아래로 가지고 내려왔다.

찰나지만 꼭 필요했던 간식 시간이 지난 뒤, 이번에는 드릴 대신 망치와 쇠지레를 들고 다시 위로 향했다. 사다리 끝까지 올라가 녹슨 강철 띠로 덮인 지붕 능선에 도착했다. 이 지붕은 아마 수십 년 전에 설치됐을 터였다. 큰 납작머리 못으로 아래의 합판에 고정돼 있었다. 세월과 비바람이 할퀴고 간 흔적이 선명했다. 가까이서 보니 못이 대부분 빠져나온 상태였다. 그 틈으로 물이 스며들었을 가능성이 컸다. 아직 잘 박혀 있는 듯한 못 머리 아래에 지렛대 끝을 끼우고 들어올렸다. 못은 버터에 꽂혀 있었던 것처럼 쑥 뽑혀 나왔다. 다음 못은 손가락으로 뽑아냈다. 30초 뒤, 지붕의 녹슨 캡이 쇳소리를 내며 땅바닥으로 떨어졌다. 나는 본격적으로 작업을 시작했다.

지붕의 경사가 심해 그 위를 걷기는 힘들었지만 조금씩 자신감이 붙었다. 우리는 체계적으로 작업을 했다. 내가 각 패널의 못을 뽑고 패널을 지붕 가장자리로 밀어 보냈다. 그러면 켈런이 패널을 받아서 진입로에 쌓는 식이었다. 이 부분이 제일 위험했다. 패널이 무겁지는 않았다. 10킬로그램도 되지 않았으니까. 하지만 크기나 생김새가 싱글 침대와 비슷해 다루기가 힘들었다. 게다가 케이트의 손가락 덕분에 최근에 발견한 사실이지만 지붕 가장자리는 파상풍으로 발전할 수 있는 온갖 상처의 지름길이나 마찬가지였다. 지붕에서 미끄러진 패널 하나가 죄 없는 사람 위에 떨어진다면 대형 사고로 이어질 수 있었다. 켈런도 자칫 목이 잘릴 수 있다는 사실을 알았는지 신중하게 일을 했다. 장갑도 꼈다. 책임감에 프로 의식마저 느껴졌다. 장갑을 착용했어도 맥주 캔을 시원스레 던지는 능력은 사라지지 않았다.

얼마 지나지 않아 마지막 구역만 남았다. 수십 년간 쌓인 녹과 때, 이끼가 접착제처럼 세 개의 패널을 붙들고 있었다. 못을 보이는 대로 다 뽑았지만 패널은 아무리 흔들어도 떨어지려 하지 않았다. 더 좋은 방법이 떠오르지 않았다. 나는 로데오 카우보이처럼 오두막 꼭대기에 올라타 그 흉물을 움켜쥐고 퇴마 의식을 치르듯 마구 흔들어댔다. 금속 뜯기는 소리가 천둥처럼 울렸다. 더 세게 흔들었다. 낡은 패널이 비명을 지르며 녹가루와 먼지를 뿜어냈지만 여전히 떨어질 기미가 없었다. 지붕이 목숨을 걸고 싸우는 것만 같았다. 한 계절만 더 살게 해달라고, 이번 겨울은 빗물이 새는 일이 없을 것이라고 애원하는 듯했다. 하지만 나는 지붕의 본색을 알았다. 이 자식은 구제 불능인 허풍쟁이였다. 나는 지붕에서 몸이 날아갈 각오로 양손으로 패널을 꽉 움켜쥔 채 몇 번의 계절이 바뀔 동안 누수를 겪으며 쌓인 분노를 떠올리며 힘껏 잡아당겼다. 내 손에서 미끄러진 패널은 기적적으로 남아 있는 못 한 개를 축으로 한 바퀴 빙글 회전하더니 각도와 관성을 이기지 못하고 섬뜩한 비명과 함께 홈통을 찢으며 추락하기 시작했다. 비명이 멎기까지 몇 분은 걸린 듯했다. 나는 고개를 들어 켈런을 보고 외쳤다. “해냈어!” 이제는 정말 돌이킬 수 없었다.

지붕은 기본적으로 네 겹으로 이루어져 있다. 가장 아래가

서까래로, 벽의 스터드(벽체의 기둥 역할을 하는 수직 부재—옮긴이)처럼 지붕 구조의 강도를 책임지는 역할이다. 서까래 위에는 대개 합판 재질의 덮개를 깔아 지붕의 표면을 견고하고 균일하게 만든다. 덮개 위에는 방수 목적으로 두툼한 펠트지나 고무판을 까는데, 가게에서는 보통 고무판을 커다랗고 묵직한 롤 형태로 판매한다. 하지만 내 오두막에는 이 재료를 사용한 흔적이 없었다. 합판 곳곳에 펠트지 비슷한 것이 붙어 있었지만 대부분 낡은 목재가 그대로 드러난 상태였고, 예상할 수 있겠지만 썩어 문드러지기 직전이었다.

낡고 녹슨 금속 패널 사이로 물이 스며든 곳마다 곰팡이가 피어 있었다. 썩어버린 합판은 검은색으로 변해 있었다. 물론 굴뚝 주변에서 검은 반점을 본 적은 있었다. 케이트가 누수를 고치려다 응급실 신세를 져야 했던 지붕 능선 부근에서도. 하지만 그것은 시작에 불과했다. 물에 젖어 썩은 얼룩이 지붕의 합판 전체에 물방울무늬처럼 찍혀 있었다. 나는 지붕 한두 군데만 문제라 생각하고 수년간 누수와 싸움을 벌였다. 하지만 지붕 전체가 무너지고 있었을 줄이야. 심지어 오래전부터 이런 상태였다니. 레이와 내가 굴뚝 주변에 만든 결함은 빙산의 일각이었다. 굴뚝 구멍을 내면서 누수가 생겼지만 그 덕분에 오히려 결정적인 신호를 알아차린 셈이었다. 누수는 지금 당장 지붕을 손보지 않으면 끝장이라는 경고였다.

켈런이 낡은 금속과 상한 목재를 모아 트럭 옆에 말끔하게 쌓을 동안 나는 썩은 합판 제거 수술을 집도하기 시작했다. 내가 합판을 한 장씩 제거할 때마다 치수를 외치면 켈런은 새 합판을 잘라서 내게 던졌다. 우리가 자연스러운 리듬을 찾으며 지붕도 서서히 되살아났다.

썩은 합판을 새 합판으로 교체하는 작업은 늦은 오후까지 계속됐다. 오리나무가 사라지는 바람에 머리 위의 태양이 오두막에 직사광선을 내리쬈다. 점점 무더워졌다. 내가 무리한 선택을 하지만 않았어도 괜찮았을 텐데. 나는 전통적인 지붕용 방수지 대신 접착력 최강에 무게도 장난 아닌 고무 코팅 시트를 선택했다. 윗면은 한여름에 아이들을 태우려고 사는 싸구려 고무보트 같았다. 조잡한 나사로 노가 달려 있고 '이글3000'처럼 쓸데없이 거창한 이름이 붙은 애들 장난감 말이다. 시트 밑면은 순수한 타르 재질 같았다. 타르는 기온이 오르면 녹아내려 끈적거리다 못해 자석처럼 들러붙는 성질이 있었다.

시트의 폭은 1미터가 조금 안 됐다. 길이는 지붕 너비처럼 약 3미터였고 무게는 감자 몇 자루와 비슷했다. 이상적인 환경에서는 지붕 길이에 맞춰 시트를 자르고 지붕 위로 가지고 올라가 주름 없이 깔끔하게 펼치면 된다. 하지만 현실은 달랐다. 사다리에 다가가기도 전에 엉켜버릴 게 분명했다. 시트를 자르는 것도 불가능했다. 칼날을 꾹 대자 주변에 검은색 찌꺼기만 눌러

붙었다. 접착제가 실로 무기급이었다. 인간 파리잡이처럼 그 안에 엉켜 영원히 빠져나오지 못할까 봐 두려웠다.

사다리 끝에 다다랐을 즈음, 셔츠와 손과 종아리와 신발은 내가 들고 있던 시트에 전부 달라붙어 있었다. 접착면이 맨살에 달라붙어 더 화가 났다. 사다리를 두 번만 더 올라갔다가는 이 세상에 태어난 날처럼 피부가 매끈해질 기세였다. 나는 시트를 전략적으로, 또 체계적으로 펼치겠다는 계획을 포기하고 지붕으로 몸을 날렸다. 몸에 엉망으로 달라붙은 이 덩어리를 떼어내야 했다.

다행히 접착제는 새로운 희생자를 노리고 있었다. 나는 천천히 몸을 떼어낸 뒤 지붕에 시트를 붙이며 할 수 있는 만큼 주름을 폈다. 다음에 지붕을 교체할 사람이 누구인지는 몰라도 합판까지 통째로 다 제거해야 할 것이다. 이 물건이 제 발로 떨어질 일은 결코 없을 테니까. 진입로로 다시 내려와 첫 번째 시트를 잘 붙였는지 살펴봤다. U자 모양에 주름도 자글자글했지만 어쨌든 지붕에 붙어 있었다. 시간이 갈수록 작업은 수월해졌다. 혹시 접착제가 바이러스 같은 거였나? 온몸에 접착제가 묻은 뒤로는 나를 아군으로 인식했는지 나를 제외한 다른 것들에만 달라붙었다.

맷, 데이나, 에이미Amy, 케이트가 와서 나와 켈런을 거들어줬다. 맷은 합판 위에 시트를 펼쳐 주름 없이 매끈하게 붙이는 작업을 돕겠다고 나섰다. 지붕에 두 사람이나 올라가면 사실 위험했다. 아무리 친한 친구라 해도 사다리를 같이 쓰기가 쉽지 않지만 우리는 해냈다. 먼 곳까지 손을 뻗기 위해 한 명이 장갑 낀 손을 쭉 내밀며 몸을 앞으로 기울이면 한 명은 그에 맞춰 뒤로 몸을 기울였다. 우리는 금세 요령을 터득해 마치 저예산 '태양의 서커스' 같은 묘기를 선보일 수 있게 됐다. 차이가 있다면 신음이 더 많이 들린다는 것뿐이었다.

다행히 시트의 주름을 펼 때 친구들의 도움을 받을 수 있었고, 지붕 반대쪽은 그늘이 져 작업하기가 훨씬 수월했다. 우리는 시트를 햇빛에 노출하지 않는 법을 터득했다. 필요한 만큼 자르고 붙이기 쉽게 다시 마는 법도 익혔다. 그렇게 오두막 뒤쪽은 주름 하나 없이 완벽하게 완성됐다. 해가 저물 즈음, 마지막 시트까지 다 붙였다. 우리는 이만 철수하기로 하고 장비를 그대로 뒀다. 기왕이면 내일 새 지붕의 그늘에서 정리할 계획이었다.

바깥의 화덕에 장작 몇 개를 던져 넣고 저녁을 만들기 위해 불을 피웠다. 얼마 전 내가 가져온 웨버Weber 사의 그릴은 점토로 만든 화덕 가장자리와 크기가 딱 맞았다. 그날 밤 우리는 타코로 배를 채우고 카드놀이를 몇 판 했다. 내가 제일 좋아하는 모기 퇴치제인 레펠Repel의 레몬 유칼립투스향을 넉넉히 뿌렸는데도 끈질기게 달라붙는 모기와 전투도 벌였다. 온종일 힘들게 일한 덕분에 평소보다 일찍 잠에 들 수 있었다.

아침 식사는 푸짐했다. 지글지글 구운 햄스테이크에 계란프라이, 해시브라운, 소시지도 곁들였다. 우리는 천천히 준비하며 다음 계획을 검토했다. 자재와 금속, 패널나사를 다시 확인하고 드릴 배터리를 충전했다. 화장실에 갔다 와서 해시브라운을 하나 더 먹고 또 화장실로 갔다. 가스레인지에 커피포트를 세 번째로 올린 뒤, 맷과 나는 드릴과 산더미 같은 나사를 챙겨 지붕으로 올라갔다. 아래에서 켈런은 금속 패널을 한데 모았고 케이트와 데이나는 새로운 형태의 표류목 벤치를 구상했다.

시트를 다 붙였으니 다음은 지붕에 가로로 나무판자를 깔고 그 위에 금속 패널을 붙일 차례였다. 나무판자는 지붕에 공기층을 만들어 금속 패널의 부식을 방지하는 역할을 했다. 하지만 생각지 못한 이점도 있었다. 맷과 나는 사다리 없이도 판자를 발판 삼아 지붕을 산양처럼 누빌 수 있었다. 우리는 아주 능숙하게 지붕을 기어올랐다. 그러나 지붕 위에 있는 물건들을 간수하는 데는 영 서툴렀다. 나사들이 아래로 쏟아졌다.

폭 90센티미터에 길이 3.6미터 정도 되는 금속 패널들은 이 작업에 맞춰 설계된 작은 셀프 태핑 나사로 고정했다. 셀프 태핑 나사란 미리 구멍을 뚫을 필요도 없이 스스로 금속을 뚫고 그 밑의 나무까지 파고드는 나사를 말했다. 물론 어디까지나 이론상의 이야기였고 실제로는 그냥 마케팅 문구일 가능성이 더 컸다. '셀프 태핑 나사'라는 말은 열 살 때의 나를 '스스로 방을 청소하는 아이'라고 묘사하는 것이나 마찬가지였다.

드릴 속도를 점차 높이며 지속적으로 압력을 가하니 나사가 작은 구멍에 파고들어 박히기까지 몇 초밖에 걸리지 않았다. 이상적인 상황에서는 한 손으로 나사를 고정하고 반대쪽 손으로 드릴을 쥐어 방향을 잡아줘야 한다. 하지만 사다리나 가로로 깔린 나무판자를 필사적으로 붙잡고 있는 우리에게 남는 손이 하나뿐이었다. 우리는 마찰력이 나사를 고정해 주기를 빌며 나사를 드릴에 끼우고 심호흡을 한 뒤 손을 뻗는 짓을 반복했다. 나사가 비트에서 빠지지 않도록 조심하며 나사 끝을 금속 표면에 대고 드릴의 방아쇠를 당겼다. 처음에는 부드럽게, 그러다 점점 속도와 압력을 높여갔다. 긴장하고 숨을 참으며 혈관이 터질 정도로 손에 힘을 줬다. 운이 좋으면 나사가 박혔다. 하지만 대개는 욕설이 터지고 나사가 지붕에서 진입로로 굴러떨어졌다. 켈런이 주기적으로 나사를 보충해 줬다. 패널들이 하나씩 지붕으로 올라왔고 진입로에 쌓여 있던 패널의 수는 줄어들었다. 금속 옷을 입은 지붕의 새로운 자태는 오두막과 아주 잘 어울렸다.

그날 저녁, 나는 왕복 톱을 들고 혼자 사다리 위에 서서 새로 덮은 지붕을 바라봤다. 구멍 하나 없이 완벽했다. 금속 패널들은 매끈하고 튼튼했다. 작은 나사들의 줄 맞춤도 깔끔했다. 쓸데없이 정교했지만, 해놓고 나니 만족감이 굉장했다. 애쓴 보람이 있었다. 지붕을 통째로 뒤집어도 그대로 떠 있을 것만 같다는 생각이 들었다. 하지만 아직 끝이 아니었다. 끝내려면 망가뜨려야 했다. 굴뚝 구멍의 부활 의식이 필요했다. 4년 전, 나는 진입로에서서 레이가 왕복 톱으로 지붕을 자르고 뿌연 톱밥과 금속 부스러기 사이로 얼굴을 내미는 모습을 공포에 질려 지켜봤다. 그 시절의 나는 구멍이 엉망으로 뚫릴까 봐 불안해했다. 하지만 지금의 나는 지붕 전체를 새로 덮는 작업을 마무리하는 중이었다. 반짝이는 새 금속 때문인지는 모르겠지만 옛날 생각이 났다.

기술이 쌓이고 자신감이 붙었다고 해도 고속으로 돌아가는 고출력 왕복 톱을 금속에 박는 일은 여전히 불안했다. 왕복 톱은 불안을 기계로 구현해 놓은 듯한 장치였다. 때로는 톱날이 진동하는지, 세상이 뒤흔들리고 있는지 구분하기도 힘들었다. 나는 왕복 톱의 혼란스러운 성질을 존중하기로 했다. 서두르지 않고 구멍 자리를 두꺼운 마커로 신중하게 표시한 뒤 그 중앙을 드릴로 뚫어 왕복 톱의 출발점을 만들었다. 이 작업을 위해 톱날도 새것으로 교체했다. 날이 예리하면 그나마 덜 날뛰지 않을까 싶어서.

왕복 톱은 평소처럼 무서운 소리를 내며 작동하기 시작했다. 그 소리는 왕복 톱과 연결된 아래의 발전기 소리보다 더 컸다. 나는 두꺼운 검은색 선을 따라 왕복 톱을 움직였다. 금속 톱날이 어찌나 빠르게 움직이는지 잘 보이지도 않았다. 만약 누군가가 온몸에 긴장을 유지한 채 얼마나 오래 숨을 참을 수 있느냐고 묻는다면 이렇게 대답할 것이다. 지붕에 굴뚝 구멍을 뚫는 시간만큼은 견딜 수 있다고. 톱날이 무뎠다면 마지막 조각을 자르기 전에 이미 기절했을지도 모른다. 동그란 모양의 금속이 오두막 바닥으로 쨍그랑 소리를 내며 떨어지자, 나는 숨을 헐떡이며 내뱉었다. 첫 숨은 거대한 안도의 한숨으로 터져 나왔다. 구멍은 다시 태어났다. 깔끔해 보였다. 완벽했다.

맷과 켈런이 내게 굴뚝을 다시 건넸고 나는 다락 바닥의 브래킷에 굴뚝을 끼워 넣은 뒤 세게 비틀어 조였다. 연통을 어떻게 연결하는지 알아내려고 별별 고생을 했던 기억이 문득 떠올랐다. 그걸 알아내는 데 몇 주나 걸렸었지. 다음으로는 주황색 실리콘 고리를 끼워 지붕의 구멍과 굴뚝 연통 사이의 틈을 메웠다. 원래 있던 굴뚝에서 누수가 발생했던 이유는 기존의 고리를 연통과 제대로 연결하지 않았기 때문이었다. 이번에는 철저하게 순서를 지켰다. 우선 고리를 따라 실런트를 두툼하고 빈틈없이 꼼꼼하게 발랐다. 그러고 나서 굴뚝 고리를 씌우니 실런트가 사방으로 균일하게 밀려 나왔다. 다음으로 부츠의 테두리를 따라 0.5인치 간격으로 나사를 박았다. 비행기 날개를 고정하는 리벳처럼 촘촘하게. 그만큼 튼튼하게 만들고 싶었다. 또 나사 위에 지붕용 실런트를 여러 겹 바르고 굴뚝과 부츠가 매끈하게 이어지도록 손으로 반죽을 빚었다. 몇 시간 동안 굴뚝과 지붕 사이의 틈을 완벽하게 메우고 흔들리는 굴뚝 상단에 금속 지지대를 부착했다. 굴뚝 위에 빗물 덮개를 씌우고 아래로 내려왔을 때는 해가 지기 직전이었다. 8월에 기온도 27도를 넘었지만 난로에 종이를 넣고 작게 불을 붙였다. 진입로에 서서 전체 풍경을 눈에 담고 싶었기 때문이다.

굴뚝에서 새빨간 불꽃이 팝콘처럼 터져 나왔다가 연회색 연기와 함께 사라졌다. 반짝이는 금속 지붕은 석양의 모든 입자까지 반사하고 있었다. 주위의 어둑한 상록수 숲과 대조돼 마치 빛을 뿜어내는 것 같았다. 실상은 헛간에 지붕을 다시 덮는 일일 뿐이었지만 우리가 이룬 성과는 그보다 훨씬 컸다. 우리의 얼굴에 떠오른 미소만 봐도 알 수 있었다. 묘하지만 바로 그 순간 오두막이 완성됐다는 사실을 깨달았다.

처음부터 모든 역사를 지켜보지는 못했다. 조지가 평지를 찾다 다른 사람의 땅에 작은 오두막을 짓기 시작했을 때 나는 그곳에 없었다. 크리스가 오두막을 사서 그만의 손길로 창문과 데크 골조를 추가했을 때도 나는 없었다. 비록 오두막을 세운 사람은 내가 아니었지만, 완성만큼은 내 손으로 해냈다는 기분이 들었다. 내가 발견했을 때의 상태를 보면 앞서 오두막에 들어와 생활한 사람은 없었다. 아마 우리의 첫 번째 작업 파티 때 사람이 처음으로 이 안에서 하룻밤을 보내지 않았을까.

선배들의 노고에는 평생을 감사해도 부족할 것이다. 오두막은 마치 따라서 칠하기만 하면 되는 컬러링북처럼 내 인생에 등장했다. 밑그림은 다 그려져 있었다. 인내와 정성을 다해 색을 채우면 될 뿐이었다. 바탕이 빈약했으면 버거워 견디지 못했을 것이다. 반대로 너무 완벽했다면 호기심이 생기지 않아 이렇게 깊이 몰입하지도 못했을 것이다. 오두막을 샀을 때만 해도 나는 기초의 역할이 무엇인지, 지붕을 어떻게 쌓는지 전혀 몰랐다. 하지만 그동안 많은 것을 배웠고 이제는 기초와 지붕, 그 사이에 있는 모든 것을 수리할 수 있었다.

이곳의 역사는 내가 처음 건축에 끌렸던 이유와도 관련이 있었다. 그래, 나는 공구를 좋아했다. 바깥에서 몸을 쓰는 것도 좋아했다. 작은 수수께끼도, 냄새도, 함께 집을 짓는 친구들과 나눴던 유대감도 좋았다. 하지만 그게 전부는 아니었다. 나는 자주 조지를 생각했다. 결국 땅에 가라앉아 버린 첫 번째 콘크리트 블록을 놓던 모습을. 조지 덕분에 나는 몇 번이나 부엌에 엎드려 굴러 들어간 통조림 수프를 꺼내야 했다. 우리는 바위와 모래와 자갈 더미 위에 선 11.9제곱미터의 공간에서 밤새 웃고 울고 노래하고 배우며 수많은 날을 보냈다. 조지는 그날 숲에서 자신이 무엇을 시작했는지 몰랐을 것이다. 오두막이 내게 어떤 의미가 됐는지를 생각하면, 지금의 결과들은 기적 같은 우연의 연속이었다. 한편으로는 10년, 20년, 30년 뒤 누군가가 사랑에 빠질 만한 공간을 만들고 싶었던 내가 이곳에 보탠 노력 또한 선명하게 보였다. 무언가를 만들다 보면 시간이 천천히 흘렀다. 땀과 노력은 수십 년간 이어질 결과물로 바뀌었다. 사무실에서 이메일을 작성해 수천 명에게 보내도 내가 받을 수 있는 관심은 30초가 최대였다. 대부분은 삭제로 끝났다. 하지만 계단에 디딤판을 고정할 때는 달랐다. 이 행위는 평생에 걸친 이야기의 시작점이 될 수도 있었다. 잠을 청하러 다락으로 올라가거나, 숲에서 비를 맞으며 뛰어놀다 흠뻑 젖은 옷을 갈아입고 다시 아래로 내려오는 가족들과 친구들의 발자취가 세대를 넘어 이어질 수도 있었다. 건축에는 때때로 지각 변동과도 같은 보상이 뒤따랐고 나는 그 매력에 완전히 사로잡혔다.

공구를 정리하고 있으니 자연스럽게 거기에 시선이 머물렀다. 다들 엉망진창이었다. 드릴은 외벽용 스테인으로 여기저기 얼룩져 있었고 긁히고 파인 자국이 가득했다. 원형 톱의 신세도 다르지 않았다. 검은색 고무 손잡이는 닳고 닳아 진회색으로 변했다. 온갖 모양, 크기, 색상의 나사도 상자에 반쯤 남은 채로 수북이 쌓여 있었다. 나사 하나하나가 이곳을 더 근사하게, 나를 더 행복하게 만들어준 작업들을 떠올리게 했다. 내게는 연장선 서너 개, 다양한 드릴 비트와 부속으로 가득한 상자 몇 개도 남아 있었다. 크롬과 강철과 고무 재질의 손잡이들이 제멋대로 튀어나온 공구 보관함은 꽃이 흘러넘치는 꽃다발처럼 보였다. 그 안에 새것은 없었다. 그렇지만 낡아 보이지도 않았다. 잘 길들어 손맛이 생긴 공구들로 더 많은 작업을 할 수 있을 것 같았다.

밤늦게까지 지붕 완공을 축하하고 싶었지만 그날은 일요일이었다. 집으로, 일터로 돌아가야 하는 사람들이 있었다. 우리는 다음번 방문으로 파티를 연기했다. 비가 조금 내리면 더 좋겠다고 이야기했다. 금속 지붕에서 빗물이 흘러 내려오는 모습이 얼마나 근사하겠는가. 그때를 기약하며 재활용 업체와 쓰레기 처리장으로 갈 낡은 지붕재들을 차에 실었다. 그리고 해가 질 무렵 리버사이츠를 떠났다. 집으로 가는 길에 햄버거와 밀크셰이크를 먹으러 스타트업의 드라이브인 식당에 잠시 들렀다. 주차장은 산에서 주말을 보내고 도시로 돌아가는 가족들과 친구들로 바글거렸다. 여름이면 늘 이랬다. 바깥에 서 있는 차들을 살펴봤다. ATV를 가득 실은 트럭들이 눈에 띄었다. 차에 보트를 싣고 가는 사람들도 있었다. 캠핑카 대여섯 대와 캠핑카에서 사는 밴라이퍼들도 보였다. 등산 장비와 암벽등반용 밧줄을 실은 트럭도 많이 보였다. 다들 주말을 어떻게 보냈는지 알 수 있는 증거들이었다. 그 사이에 낡은 지붕재를 실은 트럭이 한 대 있었다. 두툼하게 말린 지붕재는 거인의 녹슨 시가처럼 트럭 적재함 밖으로 1미터 가까이 삐져나와 있었고 그 주위에는 공구와 남은 식료품이 널려 있었다. 다른 사람들이 그 모습을 보고 부러워할지 궁금했다. 당연히 부러워하겠지. 나라도 그랬을 테니까.

27 '아무렴 어때'의 날들

가을이 왔다가 물러났다. 나는 가상의 건축 프로젝트를 위해 돈을 모으려고 일을 계속 늘렸다. 하지만 브라이언이나 나나 계획을 실현할 수 있을지 막막하기만 했다. 가장 큰 문제는 주말에도 돈을 번답시고 이메일 템플릿과 구글 광고를 제작하느라 오두막에 가지 못한다는 점이었다. 겨울에 접어들었을 무렵, 휴식이 간절해졌다. 일기예보를 보니 눈이 많이 온다고 했다. 딱 떠나기 좋은 타이밍이었다.

떠나기 전날 밤 도로 상태가 어떤지 묻기 위해 마이크에게 문자를 보냈다. 마을 회비로 제설을 한다고 했지만 이는 큰길에만 해당하는 이야기였다. 위츠엔드길의 눈을 치우려면 마이크,

앤디, 머피, 크리스와 내가 직접 일정을 잡고 비용도 부담해야 했다. 전에 오두막에 왔을 때 이 주제를 꺼냈지만 다들 별 관심을 보이지 않았다. 최악의 경우라 해도 언덕 아래에 차를 세우고 걸어 올라가면 그만이었다. 나야 등산할 준비가 늘 돼 있었으니까. 그래도 마이크가 도로 상황을 확인해 준 덕분에 쇼핑 계획을 조정할 수 있었다. 오두막까지 걸어 올라가야 한다면 맥주 한 묶음보다는 위스키 한 병을 챙기는 편이 합리적이었다. 마이크가 알아본 바로 길은 완전히 막혀 있었다. 좋아, 위스키의 밤이다.

먼로의 프레드마이어에서 인디와 함께 스테이크, 커피처럼 꼭 필요한 것들을 사는데 문득 이런 생각이 들었다. 밧줄로 끄는 썰매가 있으면 짐을 운반하기가 훨씬 수월해지지 않을까? 추가로 장을 보러 언덕을 다시 내려갈 때도 차가 있는 곳까지 썰매를 타고 가면 좋잖아? 다행히 프레드마이어와 주차장을 같이 쓰는 스포츠용품점이 있었다. 우리는 장을 본 물건들을 차에 싣고 그곳으로 향했다. 곧 언덕길을 올라야 할 텐데 괜히 걸어서 힘을 뺄 이유는 없었다.

매장 안으로 들어가 보니 최근에 내린 눈 때문에 사람들이 썰매란 썰매는 거의 다 쓸어 간 상태였다. 싸구려 플라스틱으로 만든 썰매만 9.99달러에 팔고 있었고 색상도 빨간색과 파란색뿐이었다. 우리는 썰매를 하나씩 고르고 밧줄을 찾아 나섰다. 매장을 어슬렁거리던 우리의 발걸음이 총 진열대 앞에 멈춰 섰다.

유리 케이스 안에 기름을 잘 먹인 강철 덩어리가 가득했다. 총기 소지에 찬성하든 반대하든 간에 총은 많은 사람에게 흥미로운 주제라고 생각한다. 나도 딱히 총을 소유할 생각은 없었지만 걸음을 멈추고 구경하지 않을 수 없었다. 진열장 안에는 수십 가지 총이 있었다. 내가 즐겨 봤던 2차 세계대전 영화에 나와서 익숙한 루거 권총부터 제임스 본드의 것과 비슷한 소형 권총, 로보캅의 손에 있어도 어색하지 않을 커다란 현대식 총까지. 한쪽 구석에서 반짝거리는 총 두 자루가 눈에 들어왔다. 콜트Colt 사의 피스메이커였다. 스파게티 웨스턴 영화에서 보안관들이 사용하던 총과 완전히 똑같았다. 은색 총열과 상아 손잡이가 특징인 거대한 리볼버. 우리는 그제야 알아차렸다. 이 진열장에 있는 총들은 전부 비비탄총이었다.

"저기요? 총기 코너에 누구 없어요?! 좀 도와주세요!"

인디는 상아 손잡이가 달린 피스메이커에서 눈을 떼지 못했다. 상아 장식은 모조 상아도 아니었다. 옅은 황백색을 흉내만 냈다. 상아 같은 색. 그뿐이었다.

"찾으시는 제품이 있나요?" 빅 파이브 스포팅 굿즈(미국의 스포츠용품점 — 옮긴이)의 직원 데이브Dave가 말했다.

"콜트 피스메이커요."

"이거요?" 데이브가 총열이 파란색이라는 점만 다른 총을 가리키며 물었다.

"우리가 바보로 보여요? 총열이 파란색인 총을 누가 삽니까? 상아 손잡이도 없는데!" 데이브에게 이 대사를 그대로 읊지는 않았지만 가벼운 웃음으로 메시지는 확실히 전달했다.

"어, 하하, 아니요. 은색 총열에 상아 손잡이 달린 거요." 당연히 그거지.

데이브는 무심히 그 총을 꺼내(죽을 때까지 용서하지 못할 행동이었다) 우리에게 들어보라며 건넸다.

"오, 묵직한데." 인디가 절대 반지를 발견한 골룸처럼 눈을 반짝이며 말했다. 정말이었다. 인디가 건네준 총을 받아 들자 무게에 감탄이 나왔다. 진짜 총과 다를 바 없는 느낌이었다. 총이라고 해봐야 초등학교 5학년 때 내기에 져서 친구의 아버지가 갖고 있던 엽총을 건드려본 게 전부라서 썩 의미 있는 감상은 아니었겠지만.

"저게 가격인가 보죠?" 내가 데이브에게 물었다.

"네, 129달러 99센트요."

"흠."

내가 총을 돌려주자 데이브는 그 총을 진열장에 넣었다. 인디와 낚시 코너로 물러나 의논을 시작했다.

"꽤 비싸네." 내가 말했다. 안 사도 아무 지장이 없는 물건이라 더 비싸게 느껴졌다. 애초에 비비탄총이 필요하지도 않았다. 오두막에 이미 하나 있었으니까. 우리는 초창기부터 오두막에 플라스틱 소총 모형을 들여놓고 20미터 거리의 덩굴단풍나무에 빈 깡통을 매달아 쏘는 놀이도 자주 했다. 주로 모닝커피를 마시며. 잠을 깨기에 아주 탁월한 방법이었다.

"저 총 살까 봐." 인디가 마음을 먹은 듯 대답했다. 나는 이 기회를 놓치지 않았다.

"사라." 분명 우리 둘 다 저 총을 원하고 있었다. 하지만 잘 구슬리면 인디가 전액을 부담하지 않을까? 나는 오두막에 총을 보관하면 자연히 따라올 즐거움만을 누리고. 어차피 총을 사면 내 오두막에 둘 것 아닌가. 인디는 머릿속으로 조금 더 계산기를 두드리더니 결국 포기를 선언했다.

"아니야, 필요 없을 것 같아. 그냥 가자."

우리는 침울하게 밧줄과 썰매만 들고 계산대로 향했다. 내 머릿속에는 총 생각밖에 없었다. 계산원이 바코드를 찍을 동안, 인디에게 속삭이듯 말을 걸었다. 속삭임도 아니고 신음에 가까웠다. "내가 40달러 보탤게."

"총도 살게요." 인디가 큰 소리로 외쳤다. 어디로 사라졌는지 모르겠는 데이브를 부르는 소리였다.

들뜬 마음으로 진열장으로 돌아갔다. 데이브는 열쇠가 만 개쯤 걸려 있는 듯한 열쇠고리에서 진열장 열쇠를 다시 찾아야 했다. 딱 봐도 짜증 나 죽겠다는 표정이었다. 다시 계산대로 돌아가는 우리의 쇼핑 카트에는 썰매, 밧줄, 총, 코끼리 떼도 쓰러뜨릴 만큼 많은 비비탄이 한가득 담겨 있었다. 바보들의 바이애슬론 대회에 필요한 준비물을 완벽하게 갖췄다.

내가 인디를 돌아보며 말했다. "알리바이가 필요하겠는데." 계산대에 선 데이브는 입꼬리조차 올리지 않았다.

차로 가는 길에 인디가 상자를 뜯고 총을 꺼내려 했다.

"야, 미쳤어? 주차장에서 총을 그냥 막 꺼내면 안 돼." 내가 불안하게 주위를 둘러보며 말했다.

"진정해. 여기는 먼로잖아. 여기 있는 사람 절반은 지금 총을 갖고 있을걸." 덩치 큰 개조 트럭과 전미총기협회 스티커가 붙어 있는 차들로 가득한 주차장에서 그 말에 반박할 수가 없었다.

우리는 썰매와 밧줄을 차에 싣고 고속도로로 나갔다. 인디는 새로 산 총을 무릎에 두고 어린아이처럼 힐끔거리며 즐거워했다. 입에서 키득키득 새어 나오는 웃음이 인디가 입고 있는 칼하트와 필슨 틴클로스 옷과 어울리지 않았다. 옷만 보면 금광에서 건빵과 옷감 두어 필을 사러 내려온 광부 같은데 말이지. 오두막은 인디가 본모습을 드러낼 수 있는 완벽한 장소였다. 옆자리에서 총열을 돌리며 방아쇠를 당기는 연습을 하고 있으니 도로에 시선을 고정하기가 어려웠다.

구불구불한 길을 따라 술탄과 골드바를 지나자 짙은 상록수의 가지들이 최근에 쏟아진 눈의 무게를 이기지 못하고 점점 더 휘어지는 모습이 보였다. 출발하기 전 확인한 페이스북에 따르면 리버사이츠에는 눈이 거의 60센티미터가 내렸다고 했다. 빨리 그곳으로 가고 싶었다. 평소의 풍경은 낡은 오두막, 불에 탄 마약 제조용 밴, 버려진 채 녹을 뒤집어쓴 차, 진흙탕 길로 가득해 보기만 해도 우울했다. 반면 눈 내리는 날에는 온 세상이 깨끗하고 아름다워졌다.

고속도로에서 리버사이츠 쪽으로 빠져나와서 보니 도로의 제설 작업이 막 끝난 듯했다. 우리는 얼어붙은 솔송나무와 삼나무 숲을 천천히 통과했고 늘 물방울이 떨어져 '세차장'이라는 별명이 붙은 절벽 옆을 조심스럽게 지나며 고드름으로 변한 물줄기에 감탄했다. 오두막으로 가는 갈림길에 도착하니 어느 친절한 이웃이 위츠엔드길의 눈도 다 치워놓은 뒤였다. 썰매를 원래 용도로 쓸 일은 없을 것 같았다.

소중한 추억으로 남을 오후를 빨리 시작하고 싶은 마음에 우리는 미친 듯이 진입로의 눈을 치우고 차를 세운 뒤 작업에 착수했다. 눈더미에 맥주병을 꽂아놓고 장갑을 꼈다. 돌아가신 삼촌의 선물이었던 스노슈즈의 끈을 꽉 동여맸다. 인디는 피스메이커에 비비탄을 최대 용량으로 장전하고 손잡이에 새 이산화탄소 실린더를 끼웠다. 우리가 밖으로 나가 눈밭을 신나게 뛰어다닐 준비를 마쳤을 무렵, 마이크가 부스스한 모습으로 트레일러에서 나와 인사를 건넸다. 썰매 두 대와 주머니에 가득한 맥주병, 우리 손에 들린 총을 보고도 무슨 짓을 벌일 생각이냐고 따로 묻지 않는 점은 마이크의 성품을 보여주는 증거였다. 마이크는 환히 웃으며 재미있게 놀라고만 했다. 헤어지기 전, 마이크에게 자랑한다고 콜트 피스메이커를 들어 보였다.

"짠! 이거 콜트 피스메이커예요!"

"오, 멋진데요! 나랑 똑같은 거네요!"

마이크가 가끔 총을 갖고 다닌다는 사실은 알고 있었다. 아침마다 총을 옆에 차고 길을 걷는 습관이 있다는 말도 본인에게서 여러 번 들었다. 동네 순찰을 겸한 운동 루틴이라고 했다. 마이크가 산책하는 모습을 생각하면 기분이 좋아졌다. 오두막을 지켜주는 경호원이 있는 느낌이었으니까. 걸을 때 콜트 피스메이커를 들고 있다고 생각하면 더욱 안심됐다. 하지만 마이크에게는 솔직해야 했다. 우리가 동급이라고 생각하면 곤란했다.

"아, 근데 이건 그냥 비비탄총이에요." 내가 고백했다.

"오, 나돈데요!" 마이크가 유쾌하게 대답했다.

그렇게 우리는 동네를 수호하는 임무를 맡고 길을 나섰다. 오두막이 우리의 기술을 연마하는 장소만은 아니었기 때문이다. 때로는 아무 걱정 없는 장소였다. 그냥 가서 세상을 다 잊고 좋은 친구와 플라스틱 썰매와 비비탄총으로 누릴 수 있는 짜릿한 스릴만 생각해도 충분한 곳. 때로는 훗날 향수로 남을 추억들을 잔뜩 쌓아두러 가는 곳이기도 했다. 어떤 날은 아무렴 어때 하는 일들만 가득했다. 그리고 언제나 그렇듯 완벽했다.

28 위츠엔드에게

몇 달 뒤, 브라이언과 나는 리버사이츠에 있는 빈 땅 한 곳에 말도 안 되게 낮은 가격을 제시했다. 곧바로 땅 주인에게서 거래하자는 연락이 왔다. 5월에는 둘 다 직장을 그만두고 위츠엔드 아랫길의 숲에서 고사리를 뽑기 시작했다. 새 오두막을 지으려면 숲의 바닥에 아무것도 없어야 했다.

그해 여름, 우리는 해가 떠 있는 시간을 다 바쳐 일하며 상상 이상으로 근사한 결과물을 만들어냈다. 새 오두막에는 웅장한 노출형 보, 성당처럼 높은 천장, 스테인드글라스 유리창이 있었다. 마감재로는 일본의 목재 보존 기법인 쇼스기반shou sugi ban으로 불에 그을린 소나무를 사용했다. 온수가 나오는 샤워 시설,

1,000도에서 인분을 태우는 화장실은 물론 냉장고까지 만들었다. 처음에는 8월 완공을 목표로 시작했지만 거의 1년이 지나서야 '집 팝니다.'라는 표지판을 박아 넣을 수 있었다.

처음에 새 오두막을 팔 계획은 없었다. 남에게 세를 주거나, 가족과 친구들이 쓸 수 있도록 비워줄까도 생각했다. 직장을 그만두고 오두막을 짓는다는 생각 자체가 허황한 꿈처럼 느껴졌기에 완성하고 나면 어떻게 할지 진지하게 생각해 본 적이 없었던 것 같다. 오두막을 완성한 뒤에는 쪼들렸던 자금 사정이 우리의 다음 행보를 정해줬다. 우리는 결국 오두막을 떠나보내기로 했다. 언젠가 이 모든 과정을 다시 시작할 수 있기를 바라는 마음으로.

그해에 위츠엔드의 오두막은 최후의 시험을 치렀다. 길 바로 아래에 새 오두막을 짓는 동안 나는 브라이언과 이곳에서 생활했다. 한때 끔찍한 움막 같았던 곳이 이제는 진정한 의미의 집으로 변해 있었다. 거센 눈보라가 몰아치는 겨울에는 따뜻한 은신처가 돼줬고, 봄과 여름에는 모기떼를 막아줬다. 공기가 막 쌀쌀해지는 초가을에도 체온을 높이기에 그보다 완벽한 장소는 없었다. 야외 화장실도 우리를 돕는지 분뇨통이 가득 차 넘친 적이 없었다. 꼭 『성경』에 나오는 기적을 경험하는 기분이었다.

새 오두막이 팔리자 초조해지기 시작했다. 이제는 뭘 해야 할까. 오두막의 달인이라고 할 수는 없었지만 드릴을 시험한다고 셋집 벽장에 구멍을 뚫던 몇 년 전과 비교하면 전문가 비슷한 수준으로 발전해 있었다. 위츠엔드의 오두막을 둘러보니 그동안 우리가 저지른 실수, 한편으로는 익숙해진 실수가 전부 눈에 들어왔다. 틈이 벌어진 벽 패널, 항상 기울어진 바닥, 머피의 말대로면 판자를 너무 좁게 붙여 다 썩어버린 데크까지. 사방에 문제가 널려 있었다. 이제는 해결할 방법을 알았지만 도무지 손볼 마음이 생기지 않았다.

친구가 무딘 칼날로 들쭉날쭉 자른 가장자리는 소중한 추억으로 내 가슴에 박혔다. 나는 모든 못, 나사, 장식이 어쩌다 그 자리에 들어갔는지 알았다. 한쪽 벽의 합판에는 지저분한 부츠 자국이 아직도 또렷하게 남아 있었다. 우리가 첫 번째 작업 파티 때 그 위를 조심성 없이 지나다니다 그대로 세워 붙였기 때문이었다. 부주의하게 새긴 발자국은 내가 죽을 때까지 잊지 못할 환상적인 시간의 증거로 남았다. 무언가를 짓고 싶었지만 오두막을 재건할 수는 없었다. 더 많은 작업을 하고 싶었다. 무수한 결점과 상관없이 지금 이대로도 완벽한 오두막을 망칠 수 없었다. 두 가지 욕망 사이에서 이러지도 저러지도 못하고 갈등하던 중 결국 내가 나아갈 길은 하나라는 사실을 깨달았다. 완전히 새로운 곳을 찾아 다시 사랑에 빠지는 방법밖에 없었다. 나는 무거운 마음으로 위츠엔드의 오두막을 팔기로 했다.

결정은 순식간이었다. 팬데믹이 닥치자 도시에서 탈출할 수 있는 곳들의 값이 천정부지로 치솟았다. 거리두기를 하라고 하자 사람들 눈에 갑자기 숲속의 작은 오두막이 매력적으로 보이기 시작한 모양이었다. 인근 부동산 중개업자와 이야기를 나누고 이틀이 지났을 때 내 오두막이 온라인 사이트에 매물로 등록됐다. 다음 날 저녁, 구매자의 가격 제안을 받아들였다. 돌이켜보면 매매가 빨리 진행돼 다행이라는 생각이 든다. 조금이라도 지체됐다면, 가격을 낮출까 고민해야 했다면, 한 번이라도 브레이크가 걸렸다면 괜히 판다고 했나 후회하다가 결국에는 오두막을 놓지 못했을 테니까.

내게 위츠엔드의 오두막은 단순한 오두막 이상의 의미를 지닌 곳이 됐다. 스승이자 순교자였으며, 몇 군데 멍은 들었지만 새로운 기술을 배울 수 있는 기회를 줬다. 오두막이 아니었더라면 결코 건축에 대한 열정을 발견하지 못했을 것이다. 종종 이런 생각을 했다. 만약 무책임하게 오두막을 사기로 결정하지 않았더라면 지금쯤 나는 어디에 있었을까? 다른 꿈을 찾았을 수도 있겠다. 열기구 조종사나 유리공예가나 매 훈련사가 됐을지도 모른다. 꿈을 포기하고 만족스럽지 않은 직업과 일상에 안주했을지도 모르고. 하지만 한 가지는 확실했다. 그 작은 오두막은 내 인생의 방향을 근본적으로 바꿔놓았다. 위츠엔드의 오두막을 팔았던 그해 여름, 나는 브라이언과 리버사이츠로 돌아가 새 오두막을 지었다. 이 오두막은 지금까지 소유하고 있다. 오두막을 지을 동안 주중에는 이제 본업이 된 목수 일을 했다.

이 책이 어떤 내용이냐는 질문을 받았을 때 처음에는 낙후된 동네에 버려진 오두막을 사서 특별한 공간으로 만들기 위해 최선을 다하며 겪은 좌충우돌 모험담이라고 대답했다. 삶의 목적을 찾아 헤매던 중 오두막을 통해 새로운 직업을 찾고 더 나아가 훨씬 풍요로운 삶을 살게 됐다는 부분은 설명에서 슬그머니 빼버리곤 했다. 왜 그랬나 생각해 보면 진정한 깨달음의 순간이 없었기 때문인 것 같다. 천지가 뒤집히는 변화의 순간은 단 한 번도 찾아오지 않았다. 이 이야기가 영화로 만들어졌다면 음악이 고조되고 눈시울이 뜨거워지며 모든 것이 잘되리란 확신이 드는 컷은 단 하나도 존재하지 않았을 터였다. 그런 순간이 있었다면 더 괜찮은 이야기가 탄생했을지도 모르겠다. 하지만 나는 오두막을 통해 정반대의 사실을 배웠다. 인생에서 그런 순간은 상상도 할 수 없을 만큼 드물었다. 그래서 변화의 순간을 찾기가 쉽지 않은 것이다. 아무리 노력해도 불가능하다고 생각하게 된다.

그보다 우리는 조용하고 끈질긴 목소리를 자주 경험한다. 그 목소리를 듣고 있으면 궁금해진다. 다른 가능성은 없을까? 장기적으로 우리에게 조금 더 이로운 변화는 무엇일까? 귀를 기울여 그 목소리를 키웠을 때 벌어지는 일이 바로 이 책의 내용이다. 이 이야기를 하니 우리의 물놀이가 떠오른다.

놀이의 이름은 없다. 차가운 물가에 친한 친구들끼리 모였을 때 지키는 신성한 사회적 약속일 뿐. 우리는 오두막 근처의 강가에서도 자주 그 놀이를 했다. 그곳을 좋아해 어느 계절이든 산책을 나가 풍경을 감상했다. 무더운 여름에는 당연히 수영도 했다. 하지만 강물이 유독 차갑고 구름이 따뜻한 햇볕을 가리는 가을이나 늦봄에도 종종 그곳을 찾았다. 물가에 있으면 누군가가 꼭 뛰어들자고 제안했다. 당연히 웃음이 터져 나왔다. 농담이니까. 듣기만 해도 끔찍한 농담. 물이 얼마나 차가운데. 수건도 없고. 물론 수건은 언제나 없었다. 그러니 정말 황당한 제안이었다. 하지만 그 경험은 얼음처럼 차가운 물이 전부가 아니라는 사실을 가르쳐줬다.

수면 위로 솟구쳐 올라오며 "유후!"라고 외치고 강기슭으로 다시 헤엄쳐 갈 때부터 알았다. 바위 위로 몸을 끌어올리고 미친 듯이 뛰는 심장을 느끼며 발밑으로 차가운 돌을 느끼고 머리 위로 눈 덮인 산의 풍경을 보는 그 순간이 오늘 하루, 더 나아가 이번 주의 하이라이트가 되리라는 사실을 확신했다. 기억에 영원토록 새겨진 각주처럼 그 순간을 결코 잊지 못할 것을 알았다. 진정으로 소중한 것이 무엇인지도 알았다. 그렇게 특별한 깨달음 속에 그곳에 서서 웃고 소리를 지르고 미소를 지었다. 언제나 그 안으로 뛰어들 가치가 있었다. 호기심을 품고 모험에 뛰어든다면, 약간의 추위만 용감하게 견뎌낸다면 믿을 수 없을 만큼 따뜻한 온기가 우리를 기다리고 있었기 때문이다.

마지막으로 위츠엔드를 떠나던 날, 진입로에서 나를 기다리는 케이트를 두고 오두막을 한 번 더 둘러봤다. 난로 위의 인센스 스틱에서 연기가 피어오르고 있었다. 분명 내 앞날은 희망적이었다. 오두막을 판 돈으로 워싱턴주 올림픽반도에 있는 땅을 샀다. 삼나무, 더글러스전나무, 솔송나무, 단풍나무, 마드론나무가 울창한 5에이커 규모의 숲이었다. 여름이면 엘크가 잠을 자는 넓은 초원이 있었고, 언덕 아래로 기울어진 곳에서는 후드운하Hood Canal의 코발트색 물결을 멀리서도 감상할 수 있었다.

한동안은 새 부지에 똑같은 오두막을 짓는 단꿈에 빠졌다. 다락 바닥의 물 빠진 페인트 색 같은 디테일을 하나도 놓치지 않으려고 구석구석 사진도 찍어뒀다. 하지만 결국 깨달았다. 이사를 결심한 이유는 궁극적으로 새로운 무언가를 창조하고 싶었기 때문이었다는 것을. 다시 사랑에 빠지고 싶었다. 안전지대를 벗어나 조금은 위험한 도전을 하고 싶었다. 그것이 행복일 테니까. 물론 달라지지 않는 점도 있을 것이다. 나는 고민 끝에 몇 가지 물건은 팔지 않기로 했다. 이곳의 심장과도 같던 화목 난로는 잘 포장돼 새로운 보금자리에 들어갈 날을 기다리고 있었다. 하지만 낡은 수납장, 청록색 싱크대, 부엌 세트 등은 오두막에 남았다. 그리고 나는 새 주인을 위해 부엌에 허리케인 램프와 인센스 스틱, 편지 한 장을 남겼다.

안녕하세요.

저는 열일곱 살에 대학 진학을 위해 집을 떠났습니다. 그리고 10년이 지나서야 내 집처럼 느껴지는 공간을 찾을 수 있었죠. 이곳은 제 첫 오두막이었습니다.

보고 나서 바로 다음 날에 충동적으로 구입했어요. 당시에는 지금 모습의 껍데기만 존재하고 있었습니다. 바닥도, 데크도, 진입로도, 가스레인지도 없었고요. 저와 친구들은 영혼을 바쳐 이 오두막을 제2의 집으로 만들었습니다. 그러는 동안 평생 헤아리지도 못할 만큼 많은 웃음과 눈물과 추억이 이 공간에 스며들었습니다.

저희는 낡은 콜맨 버너로 두툼한 립아이 스테이크를 구워 먹고, 진입로 주변의 자갈을 수없이 퍼 나르고, 모닝커피를 마시며 비비탄총을 쐈습니다. 봄이면 새먼베리와 고사리를 따고 가을이면 둘러앉아서 모닥불을 피웠죠. 여름에는 차가운 강물에 발을 담갔고 겨울에는 첫눈이 내리기를 손꼽아 기다렸습니다.

이곳은 저희의 아지트이자, 도피처이자, 안식처였습니다. 즉흥적 모험을 수없이 떠났던 베이스캠프였고요. 영원히 잊지 못할 소중한 추억의 장소로 기억될 겁니다. 겉모습만 보면 별로 대단하진 않습니다. 배수용 양동이 하나가 놓인 가로 3미터, 세로 3.6미터의 공간일 뿐이죠. 하지만 선생님도 과거의 제가 그랬듯 어떤 가치를 발견하고 이 오두막을 구입하셨으리라 생각합니다. 등유 램프의 밝기가 딱 적당하고, 가스레인지에서 맛있는 음식이 익어가고, 불꽃이 탁탁 튀는 화목 난로 옆에 발을 올려놓았을 때, 모든 것을 내가 원하는 대로 만든 그 순간에, 바깥세상은 잠시 사라질 겁니다. 그때 굴뚝에서 피어오르는 불꽃이 순수한 마법처럼 느껴질 거예요.

오두막은 저와 제가 사랑하는 사람들에게 그런 선물을 줬습니다. 이제 다른 분들에게도 그 기회를 드릴 수 있어 기쁩니다. 부디 마음껏 누리시기를.

선생님께 작은 선물을 남겼습니다. 잣나무 인센스 스틱과 석유 램프인데요, 오두막에 올 때마다 항상 사용하던 것들이에요. 추운 겨울밤에 삽으로 진입로의 눈을 치우고 나서 집 안을 아늑하게 만들 때 사용해 보세요. 따뜻한 여름밤에는 데크를 밝히고 모기를 쫓는 데 사용하시고요. 친구들과 함께 사용해도 좋고, 혼자 쓰셔도 좋습니다. 단 하룻밤이라도 어딘가로 탈출했다는 느낌이 필요하다면 언제든 꺼내서 써보시기를 바랍니다. 제가 보장하죠. 이 작은 오두막을 더 살아 숨 쉬게 만들어 줄 겁니다.

당신을 응원하며

패트릭

감사의 글

이 책은 10여 년간의 현장 조사가 축적된 결과물이니 이 자리를 빌려 아주 특별한 자료 수집 활동에 참여해 준 팀원들에게 감사를 전해야겠습니다.

맷, 다락 벽의 패널 때문에 기하학과 씨름하고 침대와 진입로의 배수로를 만들어줘서 고마워. 오두막에 틀어박혀서 음악을 듣고 웃음을 나누며 보냈던 시간은 더욱 잊지 못할 거야. 위츠엔드가 내게는 평생토록 간직할 우정의 놀이터였어.

데이나, 지붕 작업 때는 조수로, 벤치 작업 때는 프로젝트 매니저로 활약하며 맷과 나와 함께 즐거운 밤들을 함께 보내줘서 고마워. 포도가 감자칩 맛을 본다면 창피해서 얼굴을 못 들 거라는 사실을 너는 인정해 줬지.

제임스, 새로운 계단 프로젝트를 진행하다 결국 다 뜯어버리고 사다리를 만들었지만 그때 같이 도와줘서 고마워. 역시 포기한 게 옳은 선택이었어.

인디, 많고 많은 여행을 함께하고 트위스티드 티와 먼지맛 부리또를 먹는 전통을 지켜줘서 고마워. 썰매를 타면서 한 비비탄총 10종 경기도 즐거웠지. 네가 만든 장작 걸이는 지금도 그 자리에서 사람들을 열받게 하고 있을 거야. 다락에서 헤드램프의 빨간 불빛을 보며 이러다 뇌졸중이 오는 건 아닌지 걱정할 정도로 미친 듯이 웃었던 그날 밤 일은 절대 못 잊을 거야.

켈런, 지붕 작업을 도와주고 실내의 벽을 덮어주고 심야에 노래 부르기 대회를 열어줘서 고마워.

에이미, 뭘 제대로 도와준 적이 있었는지 잘 기억나진 않지만 아무튼 고마워. 왜 그런 거야, 에이미?

댄, 나무 상자 지붕을 달아줘서 고마워. 네가 망치를 찾던 저녁도 기억난다. 가장 고마운 점은 언제나 오두막에 마법 같은 기운을 불어넣어 줬다는 거야. 그리고 알렉스, 너는 오두막에 언제나 꼭 필요한 친구였어.

토드, 기초를 고치느라 나와 함께 진흙탕을 기어다니고 글을 쓰는 데도 도움을 줘서 고마워.

키어스틴, 칼리, 말리아, 요스와, 세라, 댄, 잭, 케이시, 케이시, 켈시, 허스테드. 너희 같은 멋진 친구들 덕분에 오두막에서 멋진 추억을 쌓았어. 모두 사랑해.

브라이언, 계단과 장클로드의 사제 센터 콘솔과 향신료 선반과 탁자를 만들어줘서 고마워. 포기한 것들도. 내게 할 수 있다는 자신감을 심어주고 모든 과정을 함께해 줘서 고맙다.

켈리, 이 세상에서 제일 장작을 잘 패는 내 친구. 화장실까지 가서 방귀를 뀌고 오두막의 모든 프로젝트에 도움을 줘서 고마워. 일은 많았지만 보람찼잖아? 맞지?

마틴, 그 플레이리스트와 함께한 시간은 내 평생 잊지 못할 최고의 주말로 남을 거야. 몇 시간 동안이긴 했지만 우리 그때 정말로 다 같이 튀르키예로 이사 가야 한다고 생각했었지.

루이스, 샘, 벤, 질, 니키, 론, 브라이언, 매디, 트레버, 로건, 제일린. 나를 열렬히 응원해 주고 산으로 찾아와 줘서 고마웠어요. 여러분이 왔다 갈 때면 내게 이런 가족이 있다니 행운이라고 자랑스럽다고 늘 생각했습니다.

케이트, 화장실 선반을 만들고 지붕에 테이프를 붙여줘서 고마워. 손가락 일은 미안하고. 무엇보다도 세 번째 데이트 장소로 오두막이 괜찮다고 믿어줘서, 나만큼이나 그곳을 사랑해 줘서, 나를 응원해 줘서 고마워. 당신이 아니었다면 숲에서 계속 무언가를 뚝딱뚝딱 만드는 지금의 나는 없었을 거야.

마지, 너는 글을 모르는 강아지라 이 책을 읽지는 못하겠지만 이 세상에서 가장 큰 칭찬을 받을 자격이 있어.

마지막으로, 가장 고마운 사람을 꼽자면 어머니일 겁니다. 제가 인생에서 감사하는 모든 것은(아주 많아요) 직접적이든 간접적이든 어머니 덕분입니다. 아버지도 분명 자랑스러워하실 거예요.

P.S. 무한대로 감사해야 할 것들: 치즈잇 크래커, 레이니어 맥주, 봉지 얼음, 허리케인 램프, 헝그리잭 해시브라운 오리지널(훨씬 구하기 어려운 헝그리잭 해시브라운 치즈맛도), 프리토스 콘칩, 거미들, 우마렉스 콜트 피스메이커 리볼버 싱글 액션 아미 6연발, 177구경 에어 피스톨 비비탄총, 낼리 할라피뇨 핫칠리, 새먼베리, 부엉이, 스바루 전륜구동차, 블루투스 스피커, 밴드 본 이베어, 먼로의 프레드 마이어와 로우스, 내일 등산을 가자고 말만 하고 실제로는 가지 않는 버릇, 전기톱, 3인치 데크 나사, 자갈, 프레시 익스프레스의 시저 샐러드(레귤러 말고 슈프림 버라이어티 제품), 시어스로벅 사의 배불뚝이 난로, 이케아 푸톤 매트리스, 플레이아데스 성단, 잣나무 인센스 스틱, 마른 양말, 휘슬링 포스트 살룬 술집, 고어텍스, 레펠 모기퇴치제 레몬 유칼립투스향, 립아이 스테이크, 헤드램프, AAA 건전지, 5갤런 양동이, 이부프로펜, 프로판, 키친타월.

옮긴이 **유혜인**

경희대학교 사회과학부를 졸업했다. 글밥아카데미 출판번역 과정을 수료하고 현재 바른번역에서 영어 번역가로 활동 중이다. 옮긴 책으로는 『잃어버린 이름들의 낙원』, 『늑대 사이의 학』, 『데드 스페이스』, 『사라진 소녀들의 숲』, 『붉은 궁』, 『아이가 없는 집』, 『모조품』, 『살인자의 숫자』, 『봉제인형 살인사건』, 『꼭두각시 살인사건』, 『엔드게임 살인사건』, 『아임 워칭 유』, 『인 어 다크, 다크우드』, 『우먼 인 캐빈 10』, 『위선자들』, 『악연』 등이 있다.

내 작은 숲속 오두막으로

초판 1쇄 발행 2026년 2월 9일
초판 2쇄 발행 2026년 3월 9일

지은이 패트릭 허치슨 **옮긴이** 유혜인

발행인 윤승현 **단행본사업본부장** 신동해
편집장 정다이 **책임편집** 김다혜
디자인 데일리루틴 **교정교열** 이보람
마케팅 최혜진 강효경 **홍보** 송임선
국제업무 김은정 김지민 **제작** 정석훈

브랜드 웅진지식하우스
주소 경기도 파주시 회동길 20
문의전화 031-956-7357(편집) 031-956-7088(마케팅)
홈페이지 www.wjbooks.co.kr
인스타그램 www.instagram.com/woongjin_readers
페이스북 www.facebook.com/woongjinreaders
블로그 blog.naver.com/wj_booking

발행처 (주)웅진씽크빅
출판신고 1980년 3월 29일 제 406-2007-000046호

ISBN 978-89-01-29940-2 03840